조선의 영웅호걸과
부국강병 인터뷰

조선의 영웅호걸과 부국강병 인터뷰

초판 1쇄 발행	2022년 09월 26일
초판 2쇄 발행	2022년 10월 26일

신고번호	제313-2010-376호
등록번호	105-91-58839

지은이	이원승
발행처	보민출판사
발행인	김국환
기획	김선희
편집	손명희
디자인	김민정

ISBN	979-11-92071-84-8 03980

주소	서울시 강서구 마곡서로 152, 두산타워 A동 1108호
전화	070-8615-7449
사이트	www.bominbook.com

• 가격은 뒤표지에 있으며, 파본은 구입하신 서점에서 교환해드립니다.
• 이 책은 저작권법에 의하여 보호를 받는 저작물이므로 무단 전재와 복사를 금합니다.

해미읍성 축성 600주년 기념 특집

조선의 영웅호걸과 부국강병 인터뷰

이원승 지음

독자 : 웬 해미읍성! 해미읍성은 해미읍에 있나요?
저자 : 아니요, 충남 서산시 해미면에 있습니다.
독자 : 그러면 해미읍성은 충청도 시골 변두리에 있는 별(★) 볼 일 없는 곳이네요.
저자 : 아니요. 해미읍성은 조선 시대에 충청도 최고 지휘관인 충청 병사(★)가 있었습니다.
독자 : 아이 구! 몰랐습니다. 그러면 해미읍성과 관련된 영웅호걸은 누구인가요?
저자 : 태종·세종·효종, 이순신·황진·조숙기 장군, 다산 정약용 등입니다.
독자 : 와, 조선 최고의 영웅호걸들! 저자께서 이분들과 인터뷰를 하게 된 동기와 주제는?
저자 : 조선 지방성 축성 배경으로부터, 영웅호걸들의 리더십과 부대편성·무기체계·교육훈련·교리 발전 노력, 조선 군사들의 생활상, 천주교 박해 등과 관련하여 21세기 독자들의 눈높이에 맞추어 대화를 나누고, 특히 21세기와 미래가 요구하는 부국강병의 길을 찾아 정책적으로 실천하는 방안을 모색하는 것입니다.

책머리에

저자는 36년간 군 생활을 하고, 그 후 10년간 대학교수를 역임했다. 정년퇴임 후 저자는 국가와 국민에 감사하며 남은 삶 동안 보람 있는 일을 찾아 국내·외 주요 군사 유적지를 둘러보았다. 그리고 다음과 같은 이유로 본 책자를 집필하게 되었다.

첫째는 조선 시대 군사 유적지의 역사와 문화에 관심이 있는 독자들에게, 저자의 답사 경험과 연구 결과를 공유하기 위한 것이다.
독자들은 해미읍성을 포함하여 조선 시대 여러 군사 유적지를 둘러보았을 것이다. 그러나 당시에 이곳을 지키던 군인들의 함성은 이미 사라졌고, 관련 책자도 거의 없으므로, 과거 이곳에 있었던 무수한 이야기를 파악하여 여행의 기쁨과 교훈을 찾기가 어려울 것이다.

이에 저자는 1차로 조선왕조실록을 포함한 사료(史料)를 통해, 조선 전기에 충청도 최고사령부가 주둔했던 해미읍성과 관련된 인물들을 찾아서 그들의 업적을 살펴보았다. 그리고 저자는 2차로 이들의 묘소와 전사(戰死)한 곳을 찾아 정중하게 인터뷰를 시도하였다. 그 결과 놀라운 사실을 발견했다. 해미읍성은 그동안 잊힌 조선 지방성의 하나지만, 파고들면 들수록 지금 우리 시대가 절실히 요구하는 영웅호걸과 부국강병의 교훈을 찾을 수 있었다.

저자가 찾아낸 영웅호걸은 당시 군(軍) 통수권자 태종·세종·효종, 충청 병사 조숙기와 황진 장군, 충청병영 군관 이순신, 다산 정약용, 해미 현감 겸 호서좌영장 등이었다. 특히 저자가 꼭 찾고 싶었던 영웅! 충청도 군사 중에 조국을 위해 순국한 군인과 무명용사들의 발자취를 상당 부분 찾을 수 있었다.

저자는 해미읍성 축성 600주년을 기념하여, 독자들과 배움의 기쁨과 여행의 기쁨을 공유하며, 나아가 영웅호걸이 전하는 메시지를 정책적으로 구현하여 후손들에게 물려줄 수 있도록 해미읍성과 전국 지자체 현충 시설의 바람직한 미래 모습을 제시하였다.

둘째는 후손과 후배 군인의 한 사람으로서, 조선 시대는 물론 반만년 동안 순국한 호국영령들을 추모하기 위한 것이다.

600년 역사를 지닌 서산 해미읍성을 방문해본 독자들은 이순신 장군이 초급장교 시절에 해미읍성에 근무한 사실만 알 수 있고, 조선 전기에 이곳에 근무했던 여러 지휘관(충청 병사)과 군인의 업적에 대해서는 잘 알지 못한다. 그리고 조선 후기에 이곳에 근무했던 지휘관(호서좌영장)과 군인들은 천주교 신자를 잔인하게 고문하고 죽이는 악역을 주로 수행한 것으로 인식할 것이다.

그러나 임진왜란 시 해미읍성에 주둔하고 있었던 충청 병사인 황진 장군과 충청도 군사는 1593년에 경기도 안성 죽주산성에서 대승을 거두고 진주성에 파병되어 조국 수호를 위해 일본군과 싸우다 장렬히 전사하였다. 이 밖에도 해미읍성에 주둔하고 있던 군인 중에는 국가의 명을 받아 조국을 위해 순직한 군인도 많이 있다. 그러나 안타깝게도 이들을 추모하는 무명용사비, 충혼탑, 그리고 박물관은 건립되어 있지 않다.

충남 청양군 칠갑산에 있는 충혼탑에는 청양지역에서 의병 활동을 하다가 순직한 의병장 최익현과 민종식을 비롯하여, 청양 출신 인사 중에서 임진왜란부터 6·25전쟁 기간 동안 순직한 호국영령들의 명단이 기록되어 있다. 그리고 해미읍성보다 서열이 낮았던 충남 홍성의 홍주성에도 역사관이 있다. 이런 관점에서 관련 사료를 찾아 해미읍성과 관련된 영웅호걸과 군인들의 업적을 정리하여, 이들을 추모하고 선양하는 방안을 제시하였다.

셋째는 해미읍성과 조선 지방성의 가치를 재조명하여, 유네스코 세계유산으로 등재되는 데 조금이라도 이바지하기 위함이다.
해미읍성은 조선 시대의 평범한 지방 성(城)이 아니다. 해미읍성은 조선 전기 충청도 최고 서열의 성으로서, 이곳에서 충청도 향토방위 임무와 함께, 때로는 국가의 명에 따라 다른 도(道)에 파병되어 조국 수호에 이바지했던 유서 깊은 곳이다.

또한, 보존 상태도 양호한 편이다. 이미 유네스코 세계유산으로 등재된 수원 화성, 남한산성, 그리고 백제 역사 유적지구의 일부로 등재된 공주 공산성처럼, 해미읍성 단독, 또는 전북 고창읍성, 순천 낙안읍성, 그리고 진주의 진주성과 함께 유네스코 문화유산으로 공동 등재하는 방안 등을 마련하는 데 조금이라도 이바지하기 위해 본 책자를 집필하였다.

넷째는 저자가 평생 직업군인으로, 또한 개인적으로 천주교 신자로서 부끄러운 마음에 기인한 것이다.
적어도 평생 직업군인이었고, 천주교 신자라면 해미읍성을 비롯한 군사 유적지와 해미순교 성지에 대해 지인들에게 잘 설명해줄 수 있어야 하나, 부끄럽게도 그렇게 하지 못했다.

왜냐하면, 사관학교나 군에서는 현대전과 미래전에 관해 연구를 주로 하다 보니, 조선 시대의 역사와 군사 유적지에 관한 연구는 다소 소홀히 하였다. 그리고 천주교 신자들과 성지순례를 하면서도 사전 연구가 부족했기 때문에, 이번 기회에 관련 자료를 수집하고 본 책자를 집필하게 되었다.

다섯째는 본 책자 발간을 계기로 군부대와 학교에서 조선 시대 군사 유적지 여행과 향토사에 관심 있는 국군장병, 그리고 군사 분야에 관심 있는 학생을 대상으로 '역사동아리'를 만들고, 저자보다 더 깊이 있고 폭넓은 연구를 진행하는 데 본 책자가 조금이라도 활용되기를 바라기 때문이다.
미래의 주역들이 역사동아리를 통해 자기 발전을 도모하면서 인근 지역 군사 유적지를 즐겁게 답사하며, 전국에 있는 군사 유적지의 역사와 영웅호걸, 특히 무명용사들의 활약상을 발굴하여 부국강병의 교훈을 도출한다면 매우 바람직하다고 생각한다.

저자는 이번 기회에 그동안 역사에 묻힌 채 기억 속에서 멀어지고 있는 조선 시대 지방성 중에서, 충청도 해미읍성과 관련된 인물들의 활동상을 집중 조명하였다. 물론 저자가 여건이 뒷받침되는 한, 앞으로도 조선 8도 지방성에 대한 판도라의 상자를 열고, 그곳에서 조국 수호를 위해 헌신하신 영웅호걸과 대화를 지속하며 부국강병의 교훈과 미래 발전상을 제시하고 싶다. 그러나 여기에는 시간, 노력, 건강, 예산 면에서 분명히 한계가 있다.

따라서 이런 노력은 후배 군인들이 주역이 되어 연구를 추진해주길 바란다. 왜냐하면 저자를 비롯하여 21세기 군인들은 '화랑의 후예'이고, '충무공의 후예'이며, 그리고 조국을 위해 순국한 선배 군인, 즉 영웅을 절대 잊어서는 안 되는 후배 군인이기 때문이다. 그리고 역사동아리 요원들이 어느 군사 유적지 하나에 관해 연구를 마칠 때마다, 부대장은 담당 지역 문화원장, 향토 사학자, 인근 대학교수를 초빙하여 세미나를 하는 것이 바람직하다고 생각한다.

저자는 저서를 집필하기로 마음먹고, 다음은 "어떤 내용을 어떤 수준으로 수록해야 독자들에게 도움이 될 것인가?"를 고민하였다.
이에 저자는 현장에서 답을 찾기 위해 해미읍성을 방문하여 해미읍성 관람객들을 가장 많이 접하는 12년 경력의 해미읍성 김영숙 문화해설사의 의견을 들었다. 의견수렴을 하며 흥미 있는 내용을 소개하면 다음과 같다.

저자 : 관람객들이 가장 많이 하는 질문은 무엇인가요?

해설사 : 맛집입니다. 그래서 맛집 리스트를 작성해서 문의하는 분들에게 제공하고 있습니다.

저자 : 어느 맛집을 가장 많이 찾나요?

해설사 : 백종원 대표가 지도해준 해미읍성 앞의 여러 식당과 호떡집을 찾습니다.

저자 : 백종원 대표가 호떡을 맛있게 만드는 방법도 알려주었나요?

해설사 : 백 대표가 이곳에서 우연히 호떡을 먹어보고 정말 맛있다고 하여, 지금은 그 호떡집에 불이 났어요. 줄을 서서 한참 기다려야 합니다.

저자 : 해미읍성과 관련한 질문들은 누가 주로 하나요?

해설사 : 관람객들의 대부분은 단체로 관광버스를 타고 이곳에 왔다가 기념사진을 찍는 데 관심이 많고, 개인적으로 이곳을 찾는 국내 관람객과 외국인들이 여러 가지 질문을 합니다.

위와 같은 일반적인 독자들의 눈높이를 고려하여 역사 대중화 차원에서 쉽게 이해되도록 본 책자를 집필하였지만, 여러 분야에서 부족한 점이 많이 있을 것이다. 바라건대, 이 졸저의 부족함을 꾸짖고 보완해주기를 삼가 기대한다. 끝으로 **이 책이 나오기까지 도움을 주신 분들과 기관들을 소개**한다.

　① 조국 수호를 위해 헌신한 군 통수권자-선배 군인-조상들
　② 조국 수호를 위해 헌신 중인 군 통수권자-후배 군인-국민
　③ 경국대전, 조선왕조실록 등 소중한 기록유산을 남겨준 우리 선조들
　④ 한자로 된 소중한 기록유산을 한글로 번역하고 이를 독자들이 이해하기 쉽게 정보를 제공하는 여러 기관과 종사자들(한국고전번역원, 한국학중앙연구원, 서울대학교 규장각한국학연구원 등)
　⑤ 소중한 문화유산을 관리, 전시, 홍보하는 전국의 박물관과 도서관 종사자
　⑥ '국가문화유산포털시스템'을 통해, 해미읍성을 포함한, 궁궐·종묘, 조선 왕릉, 유네스코 등재유산, 3D 문화유산 자료를 제공하는 문화재청
　⑦ '한국역사정보통합시스템'을 통해, 독자들에게 각종 기록 유산들의 원문은 물론, 우리말로 번역한 '고전국역서'들을 제공하는 국사편찬위원회
　⑧ 홈페이지를 통해, 군사사(軍事史) 관련 자료들을 제공하고 있는 국방부 군사편찬연구소와 졸저를 감수해주신 조성훈 전 군사편찬연구소장
　⑨ 과거·현재·미래의 국방 분야를 전문적으로 소개하는 국방일보 임직원

⑩ 충청남도 역사와 문화재 발굴조사 등의 업무를 하는 충청남도 역사문화연구원

⑪ 해미읍성을 담당하는 서산시청과 관련 기관, 서산시 학예연구사와 문화해설사 등

⑫ 서산 향토사를 연구하는 서산문화원 편세환 원장과 임직원

⑬ 이순신 장군 후손 이수열 육군 중령, 충청 병사 조숙기 후손 조규태 경상국립대 명예교수, 충청 병사 황진 후손 황의옥 장수황씨 무민공파 종중 회장, 한미친선군민협의회 박정기 회장, 충남 청양군 충혼탑 건립추진위원장 안선영 선생, 해미읍성역사보존회장(윤명병, 김종완), 미래군사학회 최장옥 회장, 한국전략문제연구소 주은식 소장, 윤일영 대전대 교수, 나태종 충남대 교수, 이종호 건양대 교수, 정명복 공주대 교수, 금강퀴즈 김창길 대표, 아이템플 미디어 이승래 대표, 수필가 황보성 등

⑭ 『한국 천주교회 총람(2013~2017년)』을 발간한 한국천주교주교회의 등

끝으로 이름을 일일이 기록하지 않았지만 도움을 주신 많은 분과 보민출판사 임직원, 그리고 나의 가족과 친지에게 감사하며 사랑을 전한다.

2022년 10월

이 원 승

차례

| 책머리에 | • 4

제1장 즐기면서 인터뷰 준비하기

1. 기초정보 수집하기 • 16
- 스마트폰 • 17
- 언론 보도자료 • 35
- 서산 해미읍성 안내 팸플릿 • 37
- 문화관광해설사에게 해설 요청 및 질문 • 38

2. 전문정보 수집하기 • 41
- 웹사이트
- 전문 서적 및 연구 논문
- 언론 보도자료
- 정보공개청구(질문)
- 전문가 면담

제2장 조선 전기, 해미읍성의 영웅호걸과 인터뷰

1. 군(軍) 통수권자 태종 이방원 • 44
2. 충청 병사 조숙기 • 69
3. 충청병영 군관 이순신 • 107
4. 충청 병사 황진 • 194
5. 조선 전기, 역대 충청 병사 • 223

제3장 조선 후기, 해미읍성의 영웅호걸과 인터뷰

1. 군 통수권자 효종 • 227
2. 선정을 베풀었던 호서좌영장 겸 해미 현감 박민환 • 260
3. 생활상 • 280
   ■ 하멜(외국인이 본 조선 후기 백성과 군인들의 생활상) • 283
   ■ 다산 정약용(천주교 신자, 해미읍성 유배 생활) • 312
4. 조선 후기, 역대 호서좌영장 겸 해미 현감 명단 • 353

제4장 인터뷰 후속 조치 (1) : 서산 해미읍성

1. 해미읍성 일부 역사적 복원 • 359
   (1) 여장 및 총안 • 359
   (2) 탱자나무 및 해자 • 362
   (3) 비석군 • 363
   (4) 진남문 문루의 성벽에 새겨진 글씨 • 364

2. '박물관' 건립 • 366
3. '왜란 · 호란 순국 무명용사의 비' 건립 • 382
4. '왜란 · 호란 호국영령 충혼탑' 건립 • 404
5. 역사와 흥미를 결합한 축제형 콘텐츠 구축 • 421
   (1) 이순신 군관의 진법훈련 및 화포 사격 시연 • 421
   (2) 황진 장군과 충청 군사 출정식 • 425
   (3) 황진 장군배 전국 궁도대회 • 428
   (4) 서산 해미읍성 정기 음악 연주회 및 시문학 발표회 • 429
   (5) 진남루 경로잔치 • 433

제5장 인터뷰 후속 조치 (2) : 전국 지자체 현충시설

1. 한자로 된 호국영령 위패 옆에 한글 해설판 부착 • 437
(1) 필요성 • 437
(2) 사례(진주성 창열사) • 437
(3) 추진방안 • 439

2. 5천 년 조국 수호 무명용사탑 & 충혼탑 건립 • 444
(1) 필요성 • 444
(2) 사례(서산시) • 445
(3) 추진방안 • 446

| 맺음말 | • 449

| 참고문헌 | • 456

제1장
즐기면서 인터뷰 준비하기

1. 기초정보 수집하기
- 스마트폰
- 언론 보도자료
- 서산 해미읍성 안내 팸플릿
- 문화관광해설사에게 해설 요청 및 질문

2. 전문정보 수집하기
- 웹사이트
- 전문 서적 및 연구 논문
- 언론 보도자료
- 정보공개청구(질문)
- 전문가 면담

1 기초정보 수집하기

문화유산을 즐겁게 방문하고 많은 것을 얻어가려면?

공자님 말씀대로, 모르는 것을 배워서 알게 되는 것은 큰 기쁨이자 즐거움이다. 그런데 불행하게도 우리 국민의 대부분은 입시 위주의 주입식 교육을 오랫동안 받아왔기 때문에, 고등학교 졸업 후에는 자신의 전공과 직업에 관련된 분야를 제외하고는 스스로 즐겁게 공부하지 않는 편이다.

① 문화유산을 방문하는 한국인 관람객의 경우
  ㉠ '남이 장에 가니까 나도 간다'라는 식으로 방문(특정 문화유산 방문하기 전에 스마트폰으로 관련 정보를 거의 미확인)
  ㉡ 안내 팸플릿 획득 및 숙지 노력 미흡
  ㉢ 문화관광해설사 활용 미흡 등

② 외국인 관람객의 경우
  ㉠ 해미읍성을 포함하여, 한국의 문화유산을 방문하기 전에 호기심을 갖고 인터넷, 관련 서적과 논문, 언론 보도자료 등을 토대로 사전에 즐겁게 연구
  ㉡ 안내 팸플릿을 보물처럼 간직 및 숙지
  ㉢ 사전 질문 내용 준비, 문화관광해설사에게 질문 등

③ 외국인들이 공부를 즐기게 된 배경
  ㉠ 미국 중·고등학교의 교육방식
  ■ 충분한 시간을 두고 인터넷, 관련 서적, 언론 보도자료를 확인
  ■ 조를 편성 → 현장 방문 → 즐겁게 발표 및 토론

  ㉡ 이스라엘
  ■ 질문의 생활화 : 부모들은 자녀가 학교에 다녀오면 시험 성적을 묻는 대신, 오늘 학교에서 선생님에게 무엇을 질문했는지 확인

이런 관점에서 저자는 해미읍성은 물론, 전국에 흩어진 우리의 소중한 문화유산을 찾는 독자들이 제대로 즐기고, 이곳을 거쳐간 영웅호걸들과 뜻깊은 인터뷰를 나누는 데 필요한 수단과 방법을 제1장에서 제시하였다.

■ 스마트폰

정보의 홍수 시대에 스마트폰으로 전국의 여행 정보를 정확하게 파악하려면, 문화유산을 담당하는 지자체의 홈페이지를 검색하기를 바란다. 해미읍성의 경우는 '서산시청' → '서산시청 누리집' → '문화관광' → 서산 9경 중에 제1경인 '해미읍성'을 검색하면 다음과 같은 정보를 얻을 수 있다.

(1) 여행 정보

| 상세정보 | 답사기 | 오시는 길 | 주변 정보 |

〈서산시청의 해미읍성 안내 자료〉

해미읍성에 대한 상세정보, 답사기, 오시는 길, 그리고 주변 정보[1]를 파악하려면 위 그림의 하단부를 참고 바란다. 금강산도 식후경이라는데, 주차장과 해미읍성 주변의 맛집들은 홈페이지 화면에 있는 "항공 VR"을 잘 살펴보면, 아래와 같이 해미읍성 성곽 바로 옆에 주차장이 보이고, 주변에 많은 건물이 보일 것이다. 이 건물들이 대부분 맛집이니 편안히 주차하고 원하는 맛집을 선택하면 된다.

〈해미읍성과 인근 식당 및 주차장〉 (출처 : 서산시청)

참고로 저자는 2021년 봄부터 2022년 가을까지 해미읍성을 여러 차례 방문하여 주변의 식당가를 살펴보았다. 이곳에는 백종원 대표가 지도해준 식당도 있으니, 이곳을 찾고 싶다면, 스마트폰으로 '서산 해미읍성 백종원 골목식당'을 검색 바란다. 그러나 저자가

---

1 주변 정보에는 서산시 주요 관광지와 음식점, 그리고 숙박업소 정보가 수록되어 있다.(검색일 : 2022. 7. 17.)

해미읍성의 여러 식당에서 시식해본 결과, 메뉴도 다양하지만 모두가 맛이 있었다.

〈해미읍성 인근의 식당가 모습〉 (출처 : 저자)

저자가 다녀본 전국의 문화유산 중에서 해미읍성은 주차도 쉽고 깨끗한 맛집들도 많이 있으니, 이제부터는 해미읍성의 역사와 문화 정보를 알아보자.

(2) 해미읍성의 역사와 문화 정보

스마트폰으로 '서산시청' → '서산시청 누리집' → '문화관광' → '해미읍성' → '상세정보'를 검색하면 다음과 같은 정보를 얻을 수 있다.[2]

---

2 서산시청 홈페이지(www.seosan.go.kr, 검색일 : 2022. 7. 17.)

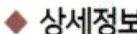

(3) 문화재청에서 제공하는 모바일 앱 '나만의 문화유산 해설사'

　해미읍성을 포함하여 전국에 흩어진 우리의 문화유산을 쉽고 정확하게 이해하려면 문화재청에서 제공하는 '나만의 문화유산 해설사' 앱(어플)을 스마트폰에 설치 바란다. 이곳에서 '서산 해미읍성'을

검색하면 다음과 같은 정보를 얻을 수 있다.[3]

〈서산 해미읍성〉 (출처 : 문화재청)

 화면에는 해미읍성 해설 자료(우리말, 중국어, 일어, 영어)와 사진 10장, 서산시 문화유산 체험 여행 '다큐', 그리고 해미읍성 소개 '영상'

3 　문화재청 모바일 앱, "나만의 문화유산 해설사". (검색일 : 2022. 7. 17.)

이 있다. 문화재청에서 제공하는 모바일 앱 '나만의 문화유산 해설사'에서 제공하는 해미읍성의 해설 자료는 다음과 같다.

> 고려 말부터 국정이 혼란한 틈을 타서 왜구가 해안지방에 침입하여 막대한 피해를 입히는 바, 이를 효과적으로 제압하기 위하여 조선 태종17년(1417)부터 세종3년(1421) 사이에 당시 덕산(德山)에 있던 충청병마도절제사영(忠淸兵馬都節制使營)을 이 곳에 옮기고자 축성(築城)되었으며, 효종3년(1652)에 병마절도사영(兵馬節度使營)이 청주로 옮겨가기 전까지 230여 년간 군사권을 행사하던 성으로 있다가 병마절도사영이 청주로 이설되고 해미현의 관아가 이 성으로 옮겨졌으며, 1914년까지 겸영장(兼營將)이 배치되는 호서좌영으로서 내포지방의 군사권을 행사하던 곳이었다.
>
> 해발 130m인 북동쪽의 낮은 구릉에 넓은 평지를 포용하여 축조된 성으로서, 성벽의 아랫부분은 큰 석재를 사용하고 위로 오를수록 크기가 작은 석재를 사용하여 쌓았다. 성벽의 높이는 4.9m로서 안쪽은 흙으로 내탁되었으며 성벽 상부 폭은 2.1m 정도이다. 성문은 동·서·남·북 4곳에 있는데 네모지게 잘 다듬은 무사석(武砂石)으로 쌓았으며, 주 출입구인 남문은 아치모양의 홍예문으로 이루어져 있다.
>
> 이 읍성에는 동헌을 비롯하여 아사(衙舍) 및 작청(作廳) 등의 건물들이 빼곡히 있었으며, 천주교 박해와 관련된 유적도 일부 남아 있다. 1974년에 동문·서문이 복원되었고, 1981년 성내 일부를 발굴한 결과 현재의 동헌 서쪽에서 객사와, 현재의 아문 서쪽 30m 지점에서 옛 아문지가 확인되었고, 관아외곽석장기지(官衙外廓石牆基址)가 발견되었다. 성의 둘레에는 적이 쉽게 접근하지 못하도록 탱자나무를 돌려 심어서 탱자성이라는 별칭이 있었다.

참고로 위 해설 내용 중에서 주황색으로 된 글씨들을 클릭하면, 이들에 대한 용어 해설 내용을 알 수 있으니 참고 바란다.[4]

---

4 **덕산** : 충청남도 예산군과 서산시에 있는 산, **축성** : 성을 쌓음
　겸영장 : 조선 시대에 지방 수령이 겸임하여 각 지방 진영(鎭營)의 군사를 통솔하는 일을 맡아보던 무관 벼슬

(4) 국립국어원에서 제공하는 모바일 앱 '표준국어대사전' 검색

앞서 소개된 내용 중에서 잘 모르는 내용(병마도절제사, 병마절도사, 호서좌영, 내포 지방, 무사석, 동헌, 객사, 아문, 관아, 석장기지 등)은 스마트폰에 '표준국어대사전' 앱을 설치하고 검색하면 다음과 내용을 알 수 있다.

① 병마도절제사(兵馬都節制使) : 조선 초기에 각 지방의 병마를 지휘하던 종 2품의 무관 벼슬. 세조 12년(1466)에 병마절도사(兵馬節度使)로 고쳤다. 통상 '병마도절제사'와 '병마절도사'는 '병사(兵使)'로 칭한다.
② 호서(湖西) : '충청남도'와 '충청북도'를 아울러 이르는 말
③ 호서좌영 : 검색 결과 없음
④ 내포 지방 : 검색 결과 없음
⑤ 무사석(武砂石) : 네모반듯하게 다듬어 성벽이나 담벼락에 높이 쌓아 올린 돌
⑥ 동헌(東軒) : 지방 관아에서 고을 원이나 감사, 병사, 수사 및 그 밖의 수령들이 공사(公事)를 처리하던 중심 건물
⑦ 객사(客舍) : 고려·조선 시대에 각 고을에 설치하여 외국 사신이나 다른 곳에서 온 벼슬아치를 대접하고 묵게 하던 숙소. 또한, 조선 시대에 주로 왕의 위패[5]를 봉안하고 공식행사를 하던 곳
⑧ 아문(衙門) : 관아의 출입문

아사 : 관아의 건물
작청 : 군아(郡衙)에서 구실아치가 일을 보던 곳
이들 용어의 출처는 '표준국어대사전'이다. 그러나 '덕산'은 저자가 충남 예산군 이강렬 학예연구사와 함께 현장 확인(2022. 7. 15.) 결과, '산'이 아니고, '지명'(충남 예산군 덕산면)이며, 덕산에 있던 충청병마도절제사영의 위치는 '덕산초등학교 일대'로 추정된다.

5 표준국어대사전에서 '객사(客舍)'를 검색하면 '위패'라는 표현이 있다. 그러나 '전패(殿牌)'를 검색하면 객사에는 '전패'를 봉안한다고 제시되어 있다. '전패'가 맞는 표현이다. 따라서 같은 사전이라도 교차검증이 필요하다.

⑨ 관아(官衙) : 벼슬아치들이 모여 나랏일을 처리하던 곳
⑩ 석장기지(石墻基址) : 검색 결과 없음

(5) 포털사에서 제공하는 '어학사전'과 '지식백과' 등 활용

'표준국어대사전' 앱에서 검색 결과가 없거나, 추가적인 내용을 파악하려면 포털사에서 제공하는 '어학사전'이나 '지식백과'를 활용한다.

① 호서좌영(湖西左營) : 충청도에 있던 다섯 개 병영 중의 하나로, 해미에 설치되어 있었다.(네이버 어학사전)
② 내포 지방 : 현재 충청남도 서북부 지역인 당진시, 서산시, 예산군, 홍성군, 태안군 일대를 말한다.(나무위키)
③ 관아(官衙) : 조선 시대 관원들이 정무를 보던 건물들로, 지방 관아의 경우는 동헌, 객사, 아문, 수령의 살림채인 내아(內衙), 육방(육방)의 우두머리가 집무하던 작청(作廳), 좌수·별감이 집무하던 향청(鄕廳), 회계사무를 관장하던 공수청(公須廳), 군 장교의 장청(將廳), 죄를 다스리는 형방청(刑房廳), 노복들의 관노청(官奴廳), 죄인을 가두는 형옥(刑獄) 등으로 구성되었다.(한국민족문화대백과사전)
④ 형옥(刑獄) : 형벌(刑罰)과 감옥인 옥사(獄舍)를 아울러 이르던 말(한국고전용어사전과 표준국어대사전 내용 종합)
⑤ 석장기지(石墻基址) : 목조 건축물이 세워지는 기초부의 석 구조물이 있던 터전(문화재 정보와 라이프 성경사전 내용 종합)

⑹ 해미읍성이 행정구역상 해미읍이 아닌, 충남 서산시 해미면에 있는데, 왜 "읍성"이라고 하는가?

스마트폰으로 '성곽'과 '성곽의 종류'를 검색하여 종합해보면, 다음과 같이 '읍성'과 함께 이와 관련된 배경지식을 얻을 수 있다.

① 성(城)과 성곽(城郭)의 개념

외적의 침입이나 자연재해로부터 인명과 재산을 보호하기 위하여 인위적으로 쌓은 구조물이다. 전형적인 성곽은 네모꼴로 쌓은 성과 다시 그 바깥에 네모꼴로 쌓은 곽(郭)으로 구성되는 이중의 벽으로 구성된다. 안쪽의 것을 성(城), 또는 내성(內城)이라 하고, 바깥쪽의 것을 곽(郭) 혹은 외성(外城)이라 부른다. (한국민족문화대백과사전)[6]

② 성곽의 종류

먼저 성곽을 축조한 목적과 기능으로 구분하면, 왕궁과 종묘사직을 지키기 위한 도성(都城), 해미읍성과 같이 지방의 행정·경제·군사의 중심지에 축성한 읍성(邑城)이 있다. 그리고 유사시에 대비하여 방어용·도피용으로 쌓은 산성(山城), 창고를 보호하기 위한 창성(倉城), 군사적 요충지에 쌓고 군인이 주둔하던 진보(鎭堡), 왕이 행차할 때 일시 머물기 위한 행재성(行在城), 국경과 요새지에 쌓은 행성(行城, 일명 長城) 등이 있다.

---

[6] '한국민족문화대백과사전'은 한국학중앙연구원의 역사 전문가들이 제작하였다. 여기에 제시된 내용들 중에서 질문할 내용이 있으면 정보공개청구로 질문이 가능하다.

또한, 지형에 따라서는 남한산성처럼 산에 쌓은 산성, 해미읍성처럼 평지에 쌓은 평지성(平地城), 그리고 절충식인 평산성(平山城)이 있다. 그리고 해미읍성은 충청 병사가 이곳에 주둔했던 시절에는 '해미내상성'이라 칭하였다.

(7) 성곽의 구조

〈해미읍성 성곽 구조〉 (출처 : 서산시청 및 저자)

해미읍성은 높이 약 5m, 둘레 약 1.8km의 성벽을 따라 동서남북으로 4개의 성문[7]이 있고, 포루[8] 2개소가 설치되어 있으며, 성벽 외부로 북문 주위에 해자가 설치되어 있다. 서산시청에서 제공한 성곽 구조 자료와 저자가 답사하면서 촬영한 사진들을 종합하여 제시하면 다음과 같다.

그리고 성벽 내부에는 관아 건물(호서좌영 누각, 동헌, 객사, 내아, 옥사), 정자(청허정), 그리고 1866년 병인박해 때 천주교 신자들을 이 나무에 매달아 고문했다고 전해지는 회화나무(일명 호야 나무), 민속가옥, 활터 및 국궁장, 야외 조선 시대 무기 전시장, 전통 주막 등이 있다.

호서좌영 누각　　　동헌　　　객사
내아　　　청허정　　　활터

7　4개의 성문에서 사방을 관측할 수 있는 누각(樓閣)이 있는 성문은 동문(잠양루, 岑陽樓), 서문(지성루, 枳城樓), 남문(진남문, 鎭南門) 3개소이며, 북문에는 누각이 없다.

8　포루는 성벽의 일부를 바깥으로 튀어나오게 만든 치(雉) 위에 지은 목조 건물로, 총포 사격이 가능한 포루(砲樓)와 군사들이 망을 보면서 대기하는 포루(舖樓)가 있다. 해미읍성의 포루는 망도 보고 총포 사격도 가능한 적대(敵臺)와 유사한 것으로 추정된다.

옥사

호야나무

민속가옥

야외 조선 시대 무기 전시장

전통주막

〈해미읍성 성곽 내부 구조물〉 (출처 : 저자)[9]

조선 시대의 일반적인 성곽의 구조는 성문과 옹성, 해자, 포루, 치, 여장, 총안 등으로 구성되었다. 옹성(甕城)은 성문을 은폐하고 성문에 접근하는 적들을 측방과 후방에서 공격할 수 있도록 성문 앞에 설치한 시설물이고, 해자(垓子)는 성곽 외부에 깊은 도랑을 파서 적의 접근을 차단하는 장애물이다. 그리고 성벽에는 총포를 설치하기 위해 만든 누각인 포루(砲樓)[10], 성벽을 일부 돌출시켜 성벽에 접근하는 적들을 정면과 측면에서 공격할 수 있는 치(雉)가 있다.(표준국어대사전)

---

9 이 책자의 사진은 저자가 직접 촬영한 것이 많이 있다. 이하 사진 출처가 저자인 경우는 저자의 표시를 생략한다.

10 포루는 2개 종류가 있다. 성벽의 일부를 바깥으로 튀어나오게 만든 치성 위에 지은 목조 건물로, 대포 사격이 가능한 포루(砲樓)와 군사들이 망을 보면서 대기하는 포루(舖樓)가 있다. 수원 화성에는 2종류의 포루가 있다.

그리고 성벽 위에서 아군이 몸을 숨기고 총안을 통해 적을 공격할 수 있도록 설치된 여장(女墻)이 있다. 통상 여장 한 칸에는 구멍이 3개 정도 뚫려 있는데, 이를 총안이라 하며, 총안은 먼 곳으로 총을 쏠 수 있도록 수평으로 뚫린 원총안(遠銃眼) 2개와 근거리 사격용으로 경사지게 뚫린 근총안(近銃眼) 1개로 구성된다. (위키백과)

이와 같은 전투 시설물들은 조선 시대에 축성된 서울성곽, 수원화성, 청주 상당산성, 문경새재 관문 등에 대부분 설치되어 있으나, 현재 해미읍성에는 성문과 성벽, 포루, 해자만 설치되어 있고, 아래 사진과 같이 전투에 긴요한 옹성, 치, 여장과 총안들이 설치되어 있지 않다.

〈일반적인 조선 시대 성곽과 비교 시, 해미읍성에 없는 전투 시설〉

(8) 해미읍성의 정문(진남문)을 통과하여 관아 건물들이 있는 곳으로 걸어가면 '營左西湖'라고 새겨진 누각을 만나게 된다. 오른쪽에서 왼쪽으로 읽으면 한글로 '호서좌영'이라는 글인데, 여기서 '호서'의 뜻은?

〈호서좌영 아문 누각〉

스마트폰으로 '호서'를 포함하여, 추가로 '호남', '영남', '영동', '영서'까지 검색하여 지명 유래를 알아보면 다음과 같다. (네이버 지식백과)

① 호서 : 어느 호수의 서쪽이냐에 대해서는 다양한 의견이 있으나, 주된 흐름은 제천의 '의림지' 서쪽을 의미하며, 이는 현재 충청도 지역이다.
② 호남 : 김제의 '벽골제' 이남 지역으로, 현재 전라도 지역이다.
③ 영남 : 어느 고개(嶺, 령)의 남쪽이냐에 대해서는 다양한 의견이 있으나, 현재 문경새재라고 불리는 '조령'(鳥嶺)의 남쪽인 경상도 지역이다.

④ 영동 : 강원도를 태백산맥을 기준으로 동서로 나눌 때, 동쪽에 해당하는 지역으로, 여기서 말하는 고개는 대체로 대관령으로 보고 있다.
⑤ 영서 : 강원도를 태백산맥을 기준으로 동서로 나눌 때, 서쪽에 해당하는 지역이다.

다음은 '향토문화전자대전'에서 소개하는 '충청병마절도사의 기상, 해미읍성'을 검색하여, 충청병마절도사영과 호서좌영에 대해 이해가 용이하도록 저자가 재구성하여 제시하면 다음과 같다.

① 충청병마절도사영(忠淸兵馬節度使營)
조선 시대에 충청도 향토방위를 담당한 최고 지휘관(충청 병사)과 참모들이 충청도에 산재한 예하 부대와 군인들을 지휘하던 지휘부(= 사령부)를 의미한다. **충청병마절도사영의 현대적 의미로는 충청도 향토사단 사령부와 유사**하며, 통상 '병마절도사영'은 '병영(兵營)' 또는 '병사영(兵使營)'이라 칭한다.

② 호서좌영(湖西左營)
조선 후기 충청도 향토방위를 담당한 지휘관(충청 병사)과 참모들이 지휘부(= 사령부)를 해미에서 청주로 이전한 후, 해미현감이 해미현 수령 임무에 추가하여, 충청 병사의 지휘를 받는 5개 부대[전영(前營), 후영(後營), 좌영(左營), 우영(右營), 중영(中營)]의 하나인 좌영(左營)의 지휘관을 겸직하면서 참모들과 함께 해미현 인근 지역에 산재한 예하 부대와 군인들을 지휘하던 지휘기구를 의미한다.
호서좌영의 현대적 의미로는 충청도 향토사단 사령부 예하 5개 여단 중의 1개 여단 본부와 유사하다. 참고로 당시 호서전영은 홍주(현재 홍성)에, 호서후영은 충주, 호서우영은 공주, 호서중영은 청주에 위치하였다. 위 5개 부대의 세부적인 내용은 제2장에서 소개하겠다.

※ 독자들이 충청지방의 성곽 여행을 개념 있게 하려면?
충청 병사 지휘부가 있던 해미읍성으로부터, 충청 병사의 지휘를 받았던 홍주(현 홍성)·공주·청주·충주의 읍성과 산성, 그리고 충청 수사 지휘부가 있었던 보령 충청수영성을 방문하고, 이어서 호서 5영과 충청수영의 지휘를 받았던 여러 군·현의 성들을 방문하는 것이 바람직하다고 생각한다.

(9) 해미읍성, 해미성지, 주변 맛집 소개 동영상을 유튜브로 즐기기

지금까지 파악한 배경지식을 토대로 해미읍성을 방문하기 전에 해미읍성과 해미 천주교 성지 관련 유튜브를 보면 이해하기 쉽고 즐겁게 시청할 수 있을 것이다. 왜냐하면, 아는 만큼 보이는 것이 많아졌기 때문이다.

유튜브로 관련 정보들을 검색하여 동영상 편수와 조회 수를 비교해보면, 해미읍성이나 해미 천주교 성지를 소개하는 내용보다 백종원 대표와 관련된 맛집들 소개 내용이 비교 자체가 불가능할 정도로 월등히 많다. 이 점은 시사하는 바가 크다. 여러 지자체에서는 성곽 주변 맛집에 백종원 대표를 초빙하여 홍보하는 것이 필요하다고 본다.

해미읍성과 천주교 성지 소개 동영상은 서산시에서 최선을 다해 제작했지만, 조회 수는 불과 약 1천~4만 회밖에 안 된다.[11] 그러나 백종원 대표와 관련된 해미읍성 맛집과 호떡집은 조회 수가 약 500

---

11 검색일 : 2022. 6. 30. 기준

~700만 회에 이른다.

① 해미읍성 역사 관련 동영상(YouTube)

㉠ 600년의 역사가 살아 숨 쉬는 해미읍성
㉡ 조회 수 1.4천 회, 2년 전
㉢ 출처 : 서산시 TV

② 해미읍성 축제 관련 동영상

㉠ 서산 해미읍성 축성 600주년 홍보영상 하이라이트
㉡ 조회 수 3.9만 회, 1년 전
㉢ 출처 : 서산여행

③ 해미읍성 천주교 성지 홍보 동영상

㉠ 역사를 품은 해미 천주교 순례길
㉡ 조회 수 673회, 1년 전
㉢ 출처 : 서산시 TV

④ 해미읍성 맛집 관련 동영상

㉠ 조회 수 671만 회, 1년 전
㉡ 출처 : SBS

〈곱창집〉

㉠ 조회 수 506만 회, 1년 전
㉡ 출처 : SBS

〈호떡집〉

■ 언론 보도자료

앞서 소개한 바와 같이 해미읍성을 포함하여 우리의 소중한 문화유산을 찾기 전에 스마트폰으로 관련 정보를 수집하고 해미읍성을 방문한 독자들은 얼마나 될까? 저자도 처음에는 이런 노력이 없었기에 아는 것이 없었고 얻는 것도 부족했다. 모든 것은 뿌린 대로 거두는 것이니 이제부터는 좀 더 알려고 노력해서 더 많은 것을 보고 즐기기를 권한다.

다음 단계는 역사·문화 전문 기자들이 독자들의 눈높이에 맞게, 쉽고 흥미 있게, 또한 현장감 있게 작성한 신문을 보는 차례다. 해미읍성을 소개한 언론 보도자료는 많이 있지만, 독자들의 역사·문화 연구 방법론 차원에서 주요 언론 보도자료를 제목 위주로 소개하면 다음과 같다. 신문사별로 새로운 정보들을 많이 수록하니, 자주 볼 것을 권한다.

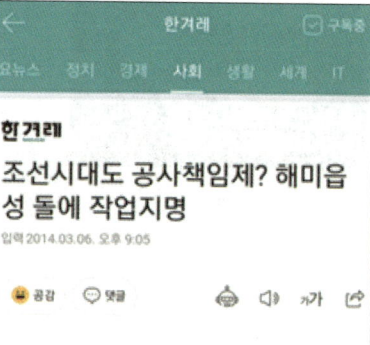

〈 출처 : 연합뉴스(2020. 10. 28.) 〉   〈 출처 : 한겨레(2014. 3. 6.) 〉

〈 출처 : 조선일보(2019. 5. 2.) 〉   〈 출처 : 중앙일보(1996. 12. 11.) 〉

〈출처 : 충청일보(2017. 8. 24.)〉

■ 서산 해미읍성 안내 팸플릿

　독자 중에는 과거에 해미읍성을 포함한 우리의 소중한 문화유산을 찾으면서 담당 지자체에서 많은 예산과 노력을 투자하여 제공하는 안내 팸플릿을 읽어보지 않은 경우도 많았을 것이다. 그러나 앞서 소개한 바와 같이 스마트폰과 언론 보도자료를 통해 관련 정보를 사전에 학습했다면 안내 팸플릿 내용이 궁금할 것이다. 그리고 그동안 학습한 내용을 토대로 안내 팸플릿 내용을 읽어보면 아는 내용이 많이 있으므로 매우 반갑고 즐거울 것이다. 서산 해미읍성 팸플릿을 제시하면 다음과 같다. 이해가 안 되는 내용은 표시했다가 문화해설사에게 질문하기 바란다.

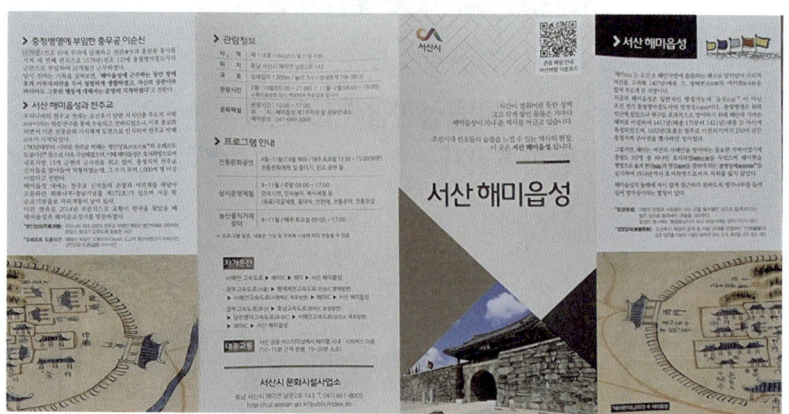

■ 문화관광해설사에게 해설 요청 및 질문

문화관광해설사는 주로 과거에 역사 교사를 역임했던 분들이 자원봉사로 문화유적을 찾는 관광객들에 문화유적에 대한 전문적인 해설을 해주는 고마운 분들이다. 전국에 약 3천여 명이 있는데, 해미읍성에는 2명의 해설사가 있다. 해미읍성 방문 시 문화관광해설사의 해설을 듣기 위해서는 스마트폰으로 사전에 해미읍성을 담당하는 '서산시청' → '문화관광' → '관광종합안내'를 검색, 해미읍성 관광안내소 전화번호(041-688-3069)로 예약을 하면 된다. 문화관광해설사로부터 최대한 설명을 잘 듣고 질문을 통해서 많은 것을 얻고 싶다면 준비할 사항이 있다.

첫째, 문화관광해설사는 단순히 생업을 전제로 하는 여행 안내자가 아니고 대부분 자원봉사자니, 은사님처럼 예우를 갖추는 것이 바람직하다.

둘째, 질문할 내용을 사전에 준비했다가 설명을 충분히 듣고 질문을 하는 것이 바람직하다.

중요한 것은 질문할 내용을 사전에 준비하는 것인데, 이는 지금까지 소개한 것처럼 우선 스마트폰, 언론 보도자료, 서산 해미읍성 안내 팸플릿을 통해 해미읍성에 대한 배경지식을 갖춰야 한다. 그리고 이렇게 배경지식을 습득하는 과정에서 질문할 내용을 준비했다가 질문하는 것이 좋다. 스마트폰, 언론 보도자료, 서산 해미읍성 안내 팸플릿을 통해 착실하게 학습을 했다면, 해설사에게 질문할 내용과 건의 사항의 예시는 다음과 같다.

① 질문 (1)

　해미읍성 축성연도에 대해 여러 자료를 찾아보니 지금부터 600년 전인 1421년이 대부분이지만, 1491년이라는 자료도 있는데, 어느 것이 정확한가요?

② 건의

　서산 해미읍성 안내 팸플릿을 보면, 각자석(刻字石)에 대한 설명이 있어요. 그런데 표준국어대사전을 찾아보았는데, '각자석'이란 단어가 없네요. 서산시청에 건의하여 '각자석' 대신, 우리말로 '성벽 쌓은 돌에 새긴 글자' 또는 '글자를 새긴 성돌'처럼 미래 세대를 위해 안내 팸플릿을 수정하면 좋겠습니다. 등

2 전문정보 수집하기

어떻게 망자들과 대화를 할 수 있을까?

　해미읍성을 거쳐간 조선 시대 군인들은 이미 모두 망자(亡者)가 되었다. 망자들의 숨결을 느끼며 역사적인 대화를 하고 싶다면, 그들을 만나기 전에 그들에 대한 전문정보를 수집하고 대화 자료를 준비해야 한다.

　독자들은 모두 '어떻게 망자들과 대화를 할 수 있는가?'라며 의문을 제기할 것이다. 그러나 이미 독자들은 망자들과 대화 경험이 있을 것이다. 우선 독자들은 기쁠 때나 슬플 때나 부모님 산소에 성묘하면서, 또한 꿈속에서 다음과 같은 대화를 나눈 적이 있을 것이다.

독자 : 부모님을 본받아 힘든 일들을 잘 이겨내고자 열심히 노력했더니 이번 사업에 성공했습니다. 감사합니다.
부모 : 그래, 수고 많았다. 자만하지 말고 더욱 노력하거라!
독자 : 부모님 말씀대로 더욱 성실하게 살았어야 했는데 저의 노력이 부족했습니다. 다음에는 더 좋은 모습으로 찾아뵙겠습니다.
부모 : 지금 힘들다고 실망하지 마라. 부모도 너희들의 행복을 바라며 힘든 일을 참고 열심히 일하며 노력했던 것을 기억하고, 조금만 더 참고 힘내거라!

이처럼 평소 가까웠던 부모와 자식 간의 대화는 물론, 생사를 같이했던 전우 묘지를 찾아 소주잔을 기울이며 생전에 함께 생활하며 나누었던 대화나 행동을 떠올리면서 많은 대화를 했던 경험이 있을 것이다. 이런 수준의 대화가 가능한 것은 부모님과 전사한 전우들의 언행을 많이 기억하고, 모든 면을 잘 알기 때문이다. 이런 관점에서 조선 시대 지방 성의 주인공들과 대화를 나누는 데 필요한 전문 정보수집 방법은 '참고문헌'에 자세히 제시하였으니, 잘 활용 바란다.

제2장
조선 전기, 해미읍성의
영웅호걸과 인터뷰

1. 군(軍) 통수권자 태종 이방원

2. 충청 병사 조숙기

3. 충청병영 군관 이순신

4. 충청 병사 황진

5. 조선 전기, 역대 충청 병사

1 군(軍) 통수권자 태종 이방원

> ### 🌱TIP
>
> ### 노력의 결과는?
>
> 우리 속담에 "지성(至誠)이면 감천(感天)이다"라는 말이 있다. 이는 지극한 정성은 하늘도 감동하게 하고, 무슨 일이든 정성을 다하면 좋은 결과를 맺는다는 것이다. 이런 신념을 갖고 저자는 제1장에서 제시한 바와 같이, 지금은 모두 하늘나라에서 영면(永眠) 중이지만, 과거에 해미읍성 축성을 지시한 조선 제3대 국왕이자 군 통수권자인 태종 이방원을 비롯하여 해미읍성에서 근무했던 조선 시대 선배 군인들과 대화하기 위해, 기초정보와 전문정보를 수집하였다.
>
> 그러나 저자는 이런 노력으로도 부족하다고 생각하여, 이분들이 영면 중인 묘소나 전사(戰死)한 곳을 찾아 정중히 인사드리고, 선배 군인들의 업적과 희생을 기리며 인터뷰를 요청하였다. 이런 노력의 결과는? 조선 시대 선배 군인들 모두 저자의 인터뷰 요청을 흔쾌히 받아들이고, 저자와 독자들의 궁금증에 친절히 답변해주면서 조국의 부국강병을 기원하였다.
>
> 그렇다면 왜 영면 중인 조선 시대 군인들은 저자의 인터뷰 요청을 받아들였을까? 이는 "정승 집 개가 죽으면 문상을 하러 가도, 정승이 죽으면 문상을 가지 않는다"라는 우리 속담이 그 이유를 대변해주고 있다.

동서고금을 통해 세월이 흐를수록, 직계 조상들의 이름, 업적, 그리고 묘소도 제대로 기억하지 못하는 것이 현실이다. 몇 백 년 후배 군인이 선배 군인의 발자취를 찾아서 추모하고 대화를 요청하는 것이 너무나 기특하고 반가워서, 자다가도 얼른 깨어나서 반길 일이라 생각하였기 때문이다.

그러면 조선 시대 군인들이 저자와 독자의 궁금증에 대해 어느 정도 수준까지 답변해줄 수 있을까? 이는 우리가 대화 상대, 특히 선배 군인들과 대화를 나누기 전에 그들의 행적에 대해 아는 만큼 응답이 올 것이다.

(1) 문안 인사

저자 : 21세기 어느 군인이 삼가 하늘나라에서 편히 영면(永眠) 중이신 조선의 3대 국왕이시고, 군 통수권자이셨던 태종 임금님께 문안 인사를 드리며 대화[12]를 청합니다. (2022. 5. 10.)

태종 : 반갑습니다. 궁금한 것은 무엇이든지 편히 물어보세요. 기억나는 범위에서 답변을 주겠습니다.

저자 : 사실은 제가 이곳 헌릉[13]을 찾아뵙기 전에, 국왕의 얼굴 모습을 연상하며 대화를 나누기 위해, 조선의 역대 국왕 초상화인 어

---

12   태종을 비롯한 조선 시대 영웅호걸들이 이해할 수 있도록, 이하는 '인터뷰' 대신, '대화'라는 용어를 사용한다.
13   헌릉은 조선 3대 태종과 원경왕후 민씨의 능이며, 소재지는 서울 서초구 헌인릉길 36-10이다.

진(御眞)을 찾아보았는데, 유감스럽게도 현존하는 것은 전주 경기전에 있는 태조 어진과 서울 국립고궁박물관에 있는 영조와 철종 어진밖에 없기에 아쉬움이 있습니다. 아무튼 국왕께서 이렇게 대화에 응해주시고, 편하게 대해주시어 감사합니다.

〈헌릉 주변 전경〉

〈헌릉〉

태종 : 정성이 지극하구려. 세월이 흐를수록 나를 기억해주는 후손들도 줄어들고, 특히 내가 잠들어 있는 이곳 헌릉은 관광이나 휴식 목적으로 찾아오는 후손들은 있으나, 저자처럼 부국강병(富國强兵)을 위한 목적으로 찾아오는 경우는 거의 없어요. 특히 내가 비록 이곳에 잠들어 있지만, 우리나라가 더욱 부강하고 강한 군대를 보유한 나라가 되기를 바라는 마음은 지금도 변함이 없습니다. 또한, 후손들에게 꼭 전하고 싶은 이야기도 많이 있는데, 이렇게 먼 길을 찾아와 대화를 청하니 너무 반갑고 기쁩니다. 자, 궁금한 것이 있으면 편하게 말해 보시구려.

TIP

저자가 태종 이방원과 인터뷰를 시도한 이유는?

일반적으로 해미읍성을 방문한 독자들이 태종 이방원에 대해 얻을 수 있는 정보는 아래와 같다.

첫째, 해미읍성 소개 안내판과 팸플릿에 "태종이 1416년에 서산 도비산으로 강무(講武)를 왔다가 해미읍성 축성을 지시하였다"라는 내용이 있다.

둘째, 매년 10월, 해미읍성에서 태종 강무 행렬과 태종 수라상 체험 행사를 보면, 태종이 이 근처에 사냥하러 왔다가 수라상과 문화행사를 즐기는 수준이다.

위와 같은 제한된 정보를 인지한 독자들은 태종에 대해 대체로 다음과 같은 상상을 하게 될 것이다.

첫째, 태종을 비롯한 역대 조선 국왕들은 한가하게 지방으로 사냥이나 다니고 수라상이나 대접받았을 것이다. 그래서 조선이 망한 것 아닌가?

둘째, 도대체 강무가 무엇인가? 그리고 왜 이곳에 해미읍성을 구축하라고 지시했을까? 태종의 업적은 무엇인가? 등

따라서 **저자는 조선왕조실록을 비롯한 여러 역사적 사료를 토대로, 태종을 조선의 국왕보다는 군 통수권자로서 이룩한 실제 업적을 재조명**하여, 독자들의 여러 궁금증에 대한 답변과 함께 시대를 초월하여 교훈이 될 내용을 제시하기 위해, 아래의 순서대로 인터뷰를 시도하였다.

① 문안 인사
② 해미읍성 축제 관련
③ 해미읍성 축성(築城) 관련
④ 강무(講武) 관련
⑤ 대마도 정벌 관련
⑥ 4군 6진 개척 관련
⑦ 무기체계 관련
⑧ 국가안보 관련
⑨ 21세기 독자들과 대화

(2) 해미읍성 축제

저자 : 감사합니다. 그러면 편한 질문부터 드리겠습니다. 해미읍성이 있는 서산시에서는 태종께서 1416년에 서산 도비산으로 강무(講武)를 왔다가 해미읍성을 축성하라고 지시한 것을 기념하여, 매년 10월에 태종 강무 행렬과 태종 수라상 체험 등의 행사를 하고 있습니다. 이를 하늘에서 지켜보신 소감은 어떠신지요?

〈해미읍성 강무행렬〉 (출처 : http://www.travelitoday.com)

〈수라상〉 (출처 : https://cafe.naver.com/xodksdjaak)

태종 : 너무나 고맙지요. 이 행사를 정성스럽게 준비하고 진행하는 축제 수행 기관, 관계 공무원, 지역주민, 그리고 이곳을 찾는 독자들에게 고맙다고 전해주시오.

저자 : 수라상의 밥과 반찬은 맛있게 드셨나요?

태종 : 잘 먹었습니다. 그런데 놀란 것이 있어요. 나를 비롯하여 조선 시대 역대 국왕들은 백성들의 민생고를 해결하기 위해 나름 노

력했지만, 봄철이 되면 보릿고개로 굶거나 굶어 죽는 백성들이 많아서 가슴 아파했지요. 그런데 지금은 이곳에서 귀한 수라상을 마음껏 먹고 즐길 수 있으니 후손들이 자랑스럽군요.

저자 : 혹시 국왕의 고향인 함경도 함흥에서도 현재 이런 축제를 하면서, 후손들이 수라상을 마음껏 먹고 즐기나요?

태종 : 북한에는 이런 축제도 없고, 지금도 보릿고개를 못 넘기며 굶어 죽는 백성들이 있지요. 그래서 나는 이곳에서 축제를 즐기면서도, 한편으로 같은 후손들이지만 북한에서 태어나 고생하는 후손들을 생각하니 너무 가슴이 아프군요. 빨리 통일이 되고 모두 잘 살기를 진심으로 바랄 뿐이오. 그러나 통일되기 전이라도, 북한 주민들이 최소한 굶어 죽지는 않도록 인도적 지원과 함께, 탈북자들에게도 따뜻한 배려가 있기를 바랍니다.

(3) 해미읍성 축성(築城)

저자 : 국왕께서는 도비산에 강무(講武)를 오셨다가 해미현에서 하루를 머무르신 바가 있습니다. (1416년 2월 16일 '태종실록') 그 후 해미읍성을 축성하고, 이곳에 충청도의 육군을 총지휘하는 지휘관인 충청 병사와 그의 참모들이 이곳에서 지휘하도록 지휘부인 충청병영을 설치하라고 지시하셨는지요? 독자들을 위해 쉽게 말씀드리면, 충청도의 육군을 총지휘하는 향토사단장과 참모들이 위치하는 사단사령부가 예전에는 내륙지역인 예산군 덕산면에 있었습니다. 그

런데 왜 해변인 해미에 성을 축성하고 이곳으로 사단사령부를 이전하라고 지시하셨는지요?

태종 : 옛날이나 지금이나 국가 방위의 핵심은 주적(主敵) 규모와 공격 방향에 따라 군부대를 배치하는 것이라 생각하오. 당시의 주적은 북방의 여진족과 남방의 왜구들이었어요. 특히 왜구의 일부는 동해안으로도 침입하였지만, 주력은 삼국시대부터 숙달된 항해술로 한반도 서해 연안으로 이동한 후에 강을 따라 내륙 깊숙한 곳까지 침입하여 영·호남과 충청도 서해안 백성들을 죽이고, 재물을 약탈했지요.

특히 고려 말에는 왜구가 대규모로 빈번하게 침입하자, 대대적인 소탕 작전을 했지요. 대표적으로 1376년 최영 장군이 지금 충남 논산인 홍산에서 대승을 거둔 홍산대첩, 그리고 1380년 왜선 5백 척이 지금 충남 서천 금강 입구인 진포에 침입했을 때 최무선이 화포로 왜선을 모두 불살랐던 진포대첩, 이때 상륙한 왜구가 전라도 남원 황산에서 노략질을 하자 저의 부친(이성계)께서 이들을 섬멸한 황산대첩 등이 있지요.

그 후에도 왜구의 침입은 계속되었습니다. 이에 대한 대책을 세우기 위해 강무차 장차 세종이 될 충녕대군과 함께 충청도에 와보니, 당시 덕산(현 예산군 소재)에 있는 충청병영은 해안으로부터 멀리 떨어져 있었습니다. 따라서 왜구의 침입 시 신속한 출동이 어려워 총제 이지실에게 이전할 위치를 찾아보라고 지시했지요. (1417년

1월 4일 '태종실록')

조사 결과 이곳 해미가 최적지라고 보고받았습니다. 그래서 이곳에다 성을 쌓고 지휘부를 이전하였답니다. 21세기 독자들의 이해를 돕기 위해 쉽게 말하자면, 당시 남방의 주적인 왜구의 위협에 신속 대응하기 위해, 내륙 덕산에 있던 충청도 향토사단 사령부를 해안가인 해미로 이전하라고 지시하였고 성을 축성하였지요.

저자 : 그 후 해미읍성 축성 공사는 누가 했고, 언제 준공되었는지요?

태종 : 1417년부터 충청도의 큰 고을인 충주, 청주, 공주, 홍주(홍성) 백성들을 포함하여 각 군과 현의 백성들을 동원하였습니다. 이들의 노고로 해미읍성은 1421년(세종 3)에 준공되었습니다. 그리고 '해미읍성'이란 호칭은 21세기 독자들이 이 호칭에 익숙해 있기에 지금까지 들고 있었는데, 사실은 조선 시대에 종 2품 병사와 참모들이 주둔했던 성(城)을 '내상성(內廂城)'이라 칭하였지요. 따라서 조선 전기에 충청 병사와 참모들이 이곳에 주둔하고 있을 때는 '해미내상성(海美內廂城)'이라고 칭하였습니다.

현재 지도와 조선 시대 지도에 표기한 해미읍성 위치와 주변 지형

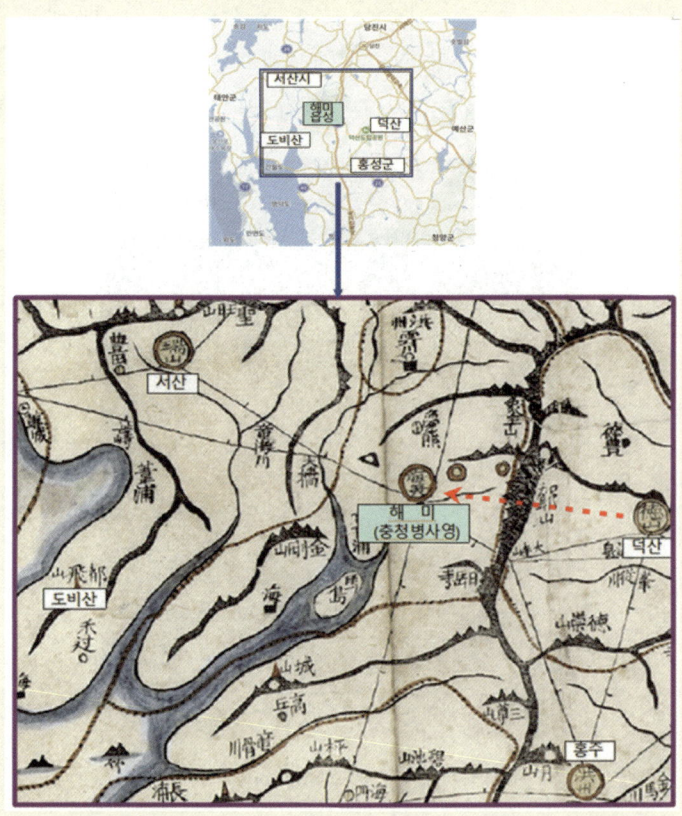

〈출처 : 네이버 지도(상단)와 대동여지도(하단)에 저자가 재구성〉

① 대동여지도 출처 : 서울대학교 규장각한국학연구원 '역사 지리정보 서비스'
② '홍주'는 현 '홍성', '덕산'은 현 '예산군 덕산면', '도비산'은 현 '서산시 부석면'에 있다.

(4) 강무(講武)

 저자 : 서산시를 포함하여, 현재 여러 지자체에서는 조선 시대 국왕의 강무와 관련한 축제를 많이 하고 있습니다. 저를 포함하여 독자들은 국왕이 사냥하고자 하는 지방의 군사와 백성들을 동원하여 사냥하고, 사냥이 끝난 후에 잡은 동물로 잔치를 베푸는 것으로 알고 있습니다. 21세기 독자들을 위해, '강무'에 담긴 국왕의 깊은 뜻을 후손들이 제대로 재현하고 있는지 알려주시면 감사하겠습니다.

〈강무도〉 (출처 : 세종대왕기념사업회)[14]

14 　세종대왕은 군사의 조련을 위해 해마다 봄·가을에는 조정에 유도대장(留都大將)만을 남긴 후 세자와 문무 대신과 좌우군을 이끌고 경기 양주와 강원 평강 등지의 강무장에 나아가 산짐승 사냥과 군사훈련을 하였다. 서울 동대문구 회기로 56(청량리동) 소재 세종대왕 박물관이 소장하고 있는 이 그림의 내용은 세종이 세자 문종(文宗)과 문무 대신, 그리고 좌우군을 이끌고 평강에서 강무하는 광경이다. 태종 이방원이 장차 세종이 될 충녕대군과 문무 대신 및 좌우군을 이끌고 서산 도비산에서 강무하는 그림은 전해지지 않으나, 태종 재위 기간 중에 태종이 충녕대군과 문무 대신 및 좌우군을 이끌고 강무하는 광경도 이와 유사했으리라 판단된다.

태종 : 현재 여러 지자체에서 강무와 관련한 행사를 해주어 감사하지만, 사실 **나는 무예 강습 훈련인 강무 행사를 다음과 같은 목적으로 수행**했지요.

첫째, 군 통수권자로서 국가 안보태세의 현장 확인입니다. 앞서 설명한 바와 같이 왜구의 해안 침입에 대비한 충청도 육군 최고사령부 위치가 적절한가를 현장 확인한 후에, 부적절하다고 판단되어 사령부 위치를 내륙에서 이곳 해안가로 이전토록 하였지요.

둘째, 차기 군 통수권자가 될 왕자, 특히 장차 세종이 될 충녕대군을 강무에 참여시켜 군사 지휘 능력을 배양시키기 위함이었소. (1416년 2월 9일 '태종실록')

셋째, 국가 총력전 대비 태세를 확인하기 위함이었소. 이는 내가 강무를 할 지방을 병조판서(현 국방부장관)에게 약 1주일 전에 알려주면, 병조판서는 그 지방의 병사(현 향토사단장)에게 지시하여, 그 지방의 군사를 수령(현 시장 및 군수)과 함께 동원하여 강무를 할 장소에 집결하면 왕이 직접 확인을 하였지요. (국조오례의 '군례')

지금도 전시에는 예비병력을 총동원하듯이, 당시에 동원한 충청도 병력은 약 7천 명이었습니다. (1416년 2월 4일 '태종실록') 나는 현지에서 이들의 동원태세를 점검하고, 사냥할 동물을 가상 적(假想 敵)으로 하여 이들의 사냥 능력을 보면서 지방 군사들의 훈련상태를 점검하였습니다. 또한, 사냥한 동물로 잔치를 베풀어 이들의 사기를 높여주었지요.

저자 : 21세기 군 통수권자와 군인, 공무원, 국민 등 여러분들에게 꼭 필요한 좋은 말씀을 주시어 감사합니다.

(5) 대마도 정벌

저자 : 태종께서는 조선 8도의 영토를 보존하고 나아가 대마도까지 정벌하였는데, 현재는 분단된 남북의 모습을 보여드리게 되어 후손의 한 사람으로서, 특히 후배 군인으로서 부끄럽게 생각합니다. 먼저 대마도 정벌을 위한 전쟁 준비는 어떻게 하셨는지요?

태종 : 내가 국왕으로 부임하면서 해적 소굴인 대마도를 당장 정벌하고, 대마도에 조선 군사들을 영구 주둔시키고 싶었던 것도 사실이오. 그러나 군 통수권자는 손자병법에 나와 있듯이 전쟁은 국가의 중대사이므로 감정에 치우치지 않고 신중하게 적과 아군의 능력 등을 고려해서 결정해야 합니다. 따라서 병조판서를 포함한 여러 대신들의 의견을 종합하고, 내가 강무를 통해 우리 군의 총력전 대비태세를 직접 확인한 결과, 국왕 부임 초기에는 제반 능력이 부족하였소.

그래서 나는 부국강병이 우선이라 생각하고, 국왕 재임 18년 기간 동안 토지를 많이 개간하여 백성을 잘 먹고 잘 살게 하면서, 조세를 늘려 전쟁에 필요한 무기·장비·물자 등을 준비하였습니다. 또한 잡색군을 편성하고 훈련했으며, 매년 1~2회 정도는 국왕이 직접 강무를 통해 점검하였지요. 그 결과 잡색군도 대마도 정벌에 참여하였지요. 그리고 대마도와 일본에는 우리의 첩보원을 파견하여 적정(敵情) 파악을 해보니, 내가 국왕 18년차가 되었을 때 이제는 대마도를 정벌해도 승산이 있다고 판단하게 되었지요.

저자 : 그러면, 국왕 재임 시절에 왜 대마도를 정벌하지 않고, 세종에게 왕위를 물려준 후, 상왕의 자격으로 1419년 6월(세종 1년)에 대마도를 정벌하셨나요?

〈대마도 정벌도〉 (출처 : 전쟁기념관·한국문화정보원 '공공누리 제1유형')

태종 : 힘든 일은 내가 하고, 전공(戰功)은 아들 세종에게 넘겨주고 싶었소. 나는 대마도 정벌을 위해 이종무와 최윤덕 같은 장수들과 함께 오랫동안 적정(敵情)을 파악하고 전쟁 준비를 함께하며, 이들과 호흡(팀워크)을 잘 맞추었지요. 전쟁은 군 통수권자와 장수들,

그리고 장수와 부하들이 호흡이 잘 맞아야 각종 상황에 잘 대처할 수 있기에, 나는 상왕 자격으로 대마도 정벌을 직접 선포하고(1419년 6월 9일 '세종실록'), 우리 군사들의 대마도 공격을 지휘 감독했지요. (1419년 6월 20일 '세종실록')

저자 : 대마도를 정벌했으면, 우리 땅으로 만들어야지 왜 철수를 지시하였나요?

태종 : 대마도 정벌의 목표는 왜구 본거지를 소탕하는 것이었지요. 물론 그곳을 우리 땅으로 만들고 싶었지만, 그러면 일본의 보복 전쟁이 예상되었소. 이를 감당하려면 백성들의 큰 부담과 희생은 물론, 아들 세종도 장차 다른 더 큰 일을 할 수 없었지요.

(6) 4군 6진 개척

저자 : 국왕께서는 재임 시절에 북방의 여진족이 장악한 4군 6진 지역을 개척할 생각은 하지 않으셨나요?

태종 : 당연히 그런 생각을 했지요. 그러나 옛날이나 지금이나 군 통수권자가 회피해야 할 전쟁이 바로 양면 전쟁이오. 우리의 능력이 일본과 여진을 능가할 만한 충분한 군사력과 경제력이 있었다면 실행에 옮길 수 있었겠지요. 그러나 우리의 능력이 부족한 상태에서 일본과 여진을 상대로 동시에 전쟁을 수행한다는 것은 반드시 회피해야 할 전략이었어요. 이런 이유로 나는 1410년에 함길도 일

부 여진족을 정벌하였지만, 18년 재임 동안 부국강병을 도모하여 대마도 정벌에 주력하였고, 4군 6진은 세종에게 개척하도록 지시하였소.

저자 : 아들 세종에게 4군 6진을 개척하라고 지시하면서, 어떤 지침을 주셨나요?

태종 : 큰 틀에서는 내가 대마도 정벌을 위해 준비한 것을 잘 따라 하라고 하였지요. 그리고 아버지보다 더 부국강병을 이룩하기 위해 노력하고, 특히 총력전 수행에 필요한 잡색군의 능력 강화와 강무를 통한 총력전 수행태세를 직접 확인하라고 지시했지요. 그리고 여진을 상대로 전쟁을 할 시에는 충분한 승산이 있을 때 수행하라고 했지요.

저자 : 실제 아들 세종이 국왕의 지침을 잘 따랐나요?

태종 : 잘 따른 정도가 아니라, 나보다 더 잘했지요. 우선 세종이 국왕 부임 후 나보다 더 토지를 많이 개간하고 농사직설(農事直設)을 편찬하여 백성들이 농사를 잘 짓게 하였지요. 이로 인해 조세 확장으로 전쟁에 필요한 무기·장비·물자 등을 많이 준비하였으며, 잡색군의 능력도 강화되었지요. 특히 내가 우려한 것은 아들 세종이 학문에 열중하느라 강무를 소홀히 하지 않을까 걱정했지요. 그러나 기우였지요. 세종은 황해도 해주와 구월산 인근, 강원도 철원과 평강, 그리고 경기도 여주에서 강무를 하며 총력전 수행태세를 확인

하였지요. 특히 철원지역에서만 19회에 걸쳐 93일이나 강무를 하였지요. (한국향토문화전자대전 '세종 강무 행차')

아들 세종은 왕위에 오른 후 약 15년 동안 부국강병을 위해 노력하였지요. 이제는 여진과 전쟁에서 승산이 있다고 판단되는 1433년(세종 15)에 평안도 도절제사인 최윤덕 장군에게 4군 개척을, 그리고 1434년(세종 16)에 함길도 도관찰사인 김종서 장군에게 6진 개척을 지시하여 여진족을 정벌하고, 이들을 압록강과 두만강 이북으로 몰아냈지요.

〈이만주 정벌도〉 (출처 : 세종대왕기념사업회[15]

---

15   세종 7년(1425) 음력 1월 이래 야인(野人) 추장 이만주(李滿住) 등이 식량을 구하러 왔다 하며 압록강 방면인 서북 방면의 강계(江界)·여연(閭延) 등지에 침범하므로, 세종 15년(1433) 음력

(7) 무기체계(武器體系)[16]

저자 : 지금까지 대마도 정벌과 4군 6진 개척과 관련하여 소중한 말씀을 해주셨습니다. 강병(强兵)의 요체는 강한 군사들과 강력한 무기체계라고 생각합니다. 국왕께서는 적보다 강력한 무기체계를 개발하기 위해 어떤 노력을 하셨고, 또한 국왕께서 그렇게 자랑하시는 아들 세종과 손자 문종은 어떤 노력을 했는지요?

태종 : 요약해서 말하면 "온고지신(溫故知新)" 정신으로 무기체계를 개발하였다오. 저자도 잘 알고 있겠지만, 무기체계는 수많은 요소 기술들을 개발하고 이를 결합하여 시제품을 만들지요. 그다음에는 시제품을 대상으로 수많은 시험을 통해 성능을 검증해야 하므로 오랜 개발 기간이 소요됩니다. 한마디로 단기간에 무기체계 개발은 어렵지요. 정말 다행스러운 것은, 이미 고려 말에 최무선이 화약을 만드는 데 성공하고 화통도감(火筒都監)을 설치하여, 18가지의 무기체계들을 개발하였습니다.

구체적으로는 총포는 대장군·이장군·삼장군·육화석포·화포·신포·화통 등이고, 발사체는 화전·철령전·피령전 등이고, 그 밖에 질

1월에는 최윤덕(催閏德)을, 세종 18년(1436) 음력 6월에는 이천(李蕆)을 평안도 도절제사로 삼아 보내어 2차에 걸쳐 올라산성(兀剌山城)의 야인 소굴을 소탕하였다. 이 결과 육진과 함께, 여연(閭延)·자성(慈城)·무창(茂昌)·우예(虞芮) 등 사군(四郡)이 설치됨으로써 압록강 이남은 완전히 우리 땅이 되었다. 서울 동대문구 회기로 56(청량리동) 소재 세종대왕 박물관이 소장하고 있는 이 그림의 내용은 최윤덕 장군이 야인의 소굴인 올라산성에서 오랑캐 추장 이만주를 소탕하는 광경이다.

16 이하 내용은 국방군사연구소, 『한국무기발달사』(1994)의 "고려 시대와 조선 전기 무기체계" 참조, 재구성

려포·철탄자·천산오룡전·유화·촉천화, 그리고 세계 최초의 로켓 무기로 주화(走火)가 있지요. 특히 이들 무기는 실전에서 효과가 검증되었는데, 1380년(우왕 6)에 왜선 500여 척이 금강 하구의 진포로 침입 시, 최무선은 각종 화기를 전함에 탑재하여 적 선박들을 격파하였지요.

나는 최무선의 아들 최해산을 무기를 제조하는 군기시(軍器寺)에 특채하고, 화약과 무기들을 개량토록 여건을 조성해주었지요. 그 결과 내가 국왕 부임 7년차에는 최해산이 화약의 성능을 기존보다 2배로 향상시켰습니다. 최무선이 개발한 대형화포를 참고하여, 보다 성능이 향상된 천자·지자·현자·황자 총통을 제작하였다오, 그리고 나는 재임 13년차에 임진강에서 거북선과 왜선이 모의 전투 훈련하는 것을 참관하였지요. (1413년 2월 5일 '태종실록')

저자 : 지금까지 '거북선 하면 이순신', '이순신 하면 거북선'을 떠올릴 정도로 거북선은 이순신 장군이 개발한 것으로 알고 있는데, 국왕 재임 중에 거북선이 존재했었고, 실제 거북선이 왜선을 상대로 임진강에서 모의 전투 훈련을 했다니 놀랍습니다. 국왕께서는 당시에 거북선의 성능을 직접 확인하시고, 혹시 성능개량을 했는지요?

태종 : 물론이지요. 나는 재임 15년차에 거북선을 더 견고하고 교묘하게 만들도록 병조에 지시하였지요. (1415년 7월 16일 '태종실록') 그 후 임진왜란 시 나는 하늘에서 조국을 내려다보며 큰 걱정을 했지만, 이순신 장군이 거북선을 잘 활용하여 조국을 누란의 위기에

서 구하는 것을 보며 보람을 느꼈습니다.

저자 : 국왕께서는 그 후에도 거북선으로 인해 보람을 느낀 적이 있는지요?

태종 : 물론이지요. 그러니까 1972년에 현대그룹 정주영 회장이 허허벌판 울산 미포만 백사장에 조선소를 건립한다기에, 천문학적인 소요 예산을 어떻게 마련할까 걱정했지요. 그런데 정주영 회장이 거북선 그림이 담긴 500원 지폐를 영국의 관계관에게 보여주며 차관을 유치하고, 글로벌 1위 조선기업 기적과 우리 해군 이지스함을 만드는 것을 보고 큰 보람을 느꼈습니다.

〈거북선이 새겨진 500원 화폐〉 (출처 : '아산 정주영' 홈페이지)

저자 : 국왕과 조상님 덕분에, 그리고 군사 관련 역사 공부 덕분이라고 생각합니다. 다음은 아들 세종과 손자 문종의 업적을 소개해 주시면 감사하겠습니다.

태종 : 아들 세종은 최해산을 군기시 책임자로 임명하고, 이천, 박

강과 같은 과학기술자들을 기용하여 각종 무기 개발에 박차를 가하였습니다. 세종 14년에는 오늘날의 권총과 유사한 세총통(細銃筒)을 개발하여 4군 6진 개척 시 활용하였지요.

　정말 아들 세종이 대단한 것은 4군 6진을 개척한 후에는 편히 쉴 만도 한데, 차후 외적의 침입에 대비하여 눈병을 앓아가며 세종 30년에 "총통등록"을 편찬하고, 천자·지자·현자·황자·가자 총통 등을 개량하였지요. 특히 세종은 아들 문종과 함께 주화(走火)를 개량하여, 다연장로켓과 유사한 총통기화차와 신기전화차를 개발하였고, 이중 총통화차는 문종 1년에 700대 이상이 제작되어 전국에 배치되었지요.

(8) 국가안보

　저자 : 국왕께서는 지금까지 자주국방(自主國防)과 관련된 강병(强兵) 육성에 관해 소중한 말씀을 해주셨습니다. 한 국가의 안전을 보장하기 위해서는 군사 분야는 물론, 정치, 경제, 외교, 사회, 문화, 과학기술 분야의 수단과 방법을 종합적으로 운용하여, 각종 군사와 비군사적 위협을 사전에 방지하고, 나아가 불의의 사태에 적절히 대처해야 한다고 생각합니다. 국왕께서는 국가안보를 위해 어떤 노력을 하셨는지요?

　태종 : 크게 3가지 분야에 역점을 두고 노력했지요. 쉽게 말하면 나를 괴롭히는 상대로부터 안전을 보장받기 위해서는 첫째, 나의

힘을 강화하는 노력이고, 둘째는, 내가 위협을 받을 때 나와 함께 싸워줄 수 있는 진정한 친구를 모으는 노력이며, 셋째는, 나를 괴롭히는 상대의 힘을 약화시키는 노력입니다. 그러면 상대가 감히 나를 위협하지 않을 것이고, 만약 상대가 나에게 싸움을 걸어와도 나는 적은 피해로 상대를 쉽게 제압할 수 있지요. 이런 개념을 국가라는 조직으로 확대하였지요.

첫째, 나의 힘을 강화하는 자주국방이오. 우리 국가에 위협이 되는 주적이나 잠재 적국이 있다면, 이들이 보유한 병력과 각종 무기체계 등의 위협에 대응할 병력과 무기체계들을 보유해야 합니다. 당연히 이들보다 우세한 병력이나 신형 무기들을 보유해야 하겠지요. 특히 중요한 것은 전시에는 현역 군인들만으로는 부족하기에 전 국민이 총력전으로 대처해야 한다고 판단되어, 앞서 설명한 대로 강무를 통해 총력전 대비태세를 확인하고, 무기체계들을 발전시켰지요. 이런 노력은 대를 이어 지속되어야 합니다. 그러나 조선 건국 이후 약 100년 동안은 군 통수권자들이 이런 노력을 지속하였지만, 아쉽게도 연산군 이후부터 이런 노력을 게을리하여 임진왜란과 병자호란 때 조선이 너무나 큰 참화를 입었지요.

둘째, 우방국가와 동맹 강화입니다. 내가 국왕으로 재임 시에는 주변국이 명, 여진, 일본이었기에 이들 국가와 선린 우호 관계를 유지하려고 노력했습니다. 그러나 명나라를 제외하고 여진과 일본의 왜구들은 우리 영토를 침범하여 백성들의 생명과 재산을 위협하고 약탈을 자행했습니다. 그래서 명나라와 더욱 동맹을 강화하기 위해 노력했지요.

셋째, 적의 전쟁 수행 의지와 전력을 약화시키는 것이지요. 우선 우리의 첩보원을 활용하고, 적국의 요원을 우리의 첩보원으로 매수하여, 적국의 지형, 정치, 경제, 군사 동향 등을 철저히 파악하고, 국론 분열을 유도하거나, 적국에서 내전이 발생하여 혼란할 때, 우리가 적을 공격하는 것이지요. 특히 아들 세종은 1433년에 6진을 개척 시 여진부족 간에 내분이 발생하자 이때를 이용, 김종서에게 공격을 지시하여 6진을 개척했지요.

(9) 21세기 독자들과 대화

저자 : 국왕께서는 지금까지 여러 좋은 말씀을 해주셨는데, 이 밖에도 21세기 독자들에게 꼭 전하고 싶은 말씀을 해주시면 감사하겠습니다.

태종 : 첫째, 우리 한민족 역사에 대해 긍지 갖기를 바랍니다. 세계사적으로 볼 때 새로운 왕조 국가를 세운 후 수많은 나라와 전쟁을 치르면서도 고구려(705년), 백제(678년), 신라(992년), 고려(474년), 조선(518년)처럼 5백 년 이상 역사를 유지한 국가는 매우 드물지요.

둘째, 시대를 초월하여 군 통수권자와 국민은 부국과 강병을 균형 있게 발전시키도록 함께 노력해야 합니다. 지금 북한의 선군(先軍) 정책처럼, 부국보다 강병 육성에 우선을 두면 국민들은 먹고 살기가 힘들지요. 그리고 한국의 경우는 잘 먹고 잘 사는 태평성대가 도래했다고 해서 외적에 대비한 강병 육성을 소홀히 해서는 안 되지요. 과연 지금 한국은 강무의 교훈을 참고하여, 군 통수권자가 1년에 한 번이라도 을지연습이나 민방위 훈련 시에 1개 도(道)만이라도 예비군과 민방위 동원, 그리고 장비와 물자 동원령을 선포하여 군 통수권자가 직접 동원태세를 점검한 적이 있나요?

또한, 1개 도를 담당하는 향토사단, 그리고 전방사단의 훈련상태와 전투태세를 직접 점검한 적이 있나요? 이렇게 1년에 1개 도(道), 1개 사단이라도 군 통수권자가 직접 동원태세, 훈련상태, 전투준비태세를 점검하게 되면, 파급효과로 다른 지방자치단체와 부대들도 평소에 총력전 태세를 강화하기 위해 더욱 노력하겠지요. 중요한 것은 국민들이 군 통수권자가 이와 같은 총력전 대비태세를 확인하려고 할 때 기꺼이 참여해야 합니다. 그러나 내가 하늘에서 내려다보니, 이런 연습과 훈련 시에 제대로 참여하지도 않고 불평하는 국민들이 일부 있어요. 모두 정신 똑바로 차려야 합니다.

셋째, 시대를 초월하여 나라를 지키기 위해 하나밖에 없는 소중한 생명을 국가에 바친 호국영령들을 절대로 잊어서는 안 됩니다. 적어도 호국영령들의 고향이나 소속 부대만큼은 이들의 숭고한 정신을 높이 받들어야 합니다.

내가 하늘에서 보니, 충남 청양 칠갑산의 충혼탑에는 임진왜란부터, 일제강점기, 그리고 한국전쟁 시 전사한 청양 출신의 호국영령들의 이름이 새겨져 있고, 정기적인 추모행사를 하고 있어요. 다른 지방자치단체에서도 이를 본받아 고향 출신 중에서 시대를 막론하고 국가의 부름을 받고 싸우다가 전사한 호국영령의 명단을 수집하여 충혼탑에 기록하고, 추모행사를 해주길 바랍니다.

또한, 해미읍성을 포함한 조선 시대 군사 유적지들도 충혼탑을 건립하여 소속 부대 출신 군사 중에서 임진왜란을 포함한 여러 전쟁에서 전사한 군사들의 명단을 수집하여 충혼탑에 새기고, 명단을 찾지 못한 호국영령을 위해서는 무명용사탑을 건립하여 이들을 추모해주었으면 하는 바람입니다.

2 충청 병사 조숙기

저자가 충청 병사 조숙기와 인터뷰를 시도한 이유는?

일반적으로 해미읍성을 방문한 독자들이 충청 병사 조숙기에 대해 얻을 수 있는 정보는 아래와 같다.

첫째, 해미읍성 소개 안내판과 팸플릿에 "조선 성종 시절에 해미읍성에서 충청 병사로 근무한 조숙기는 경치 좋은 곳에 청허정이라는 정자를 만들었다"라는 내용이다.

둘째, 조숙기 후임 충청 병사는 청허정에서 충청 감사와 함께 술을 마시며 시를 주고받았다는 수준의 내용이다.

위와 같은 제한된 정보를 인지한 독자들은 나름대로 충청 병사 조숙기에 대해 대체로 다음과 같은 상상을 하게 될 것이다.

첫째, 조숙기를 비롯한 역대 충청 병사들은 정자나 만들고 한가하게 손님을 초대하여 정자에서 술을 마시며 시를 주고받았구나! 그래서 조선이 망한 것 아닌가?

둘째, 도대체 충청 병사의 임무가 무엇인가? 그리고 충청 병사 조숙기는 정자 짓는 데만 관심을 가졌는가? 충청 병사 조숙기의 업적은 무엇인가? 등

따라서 **저자는 조선 성종 시절에 편찬된 경국대전을 비롯한 여러 역사적 사료를 토대로, 조선 전기에 충청 병사의 임무를 중심으로 조숙기가 수행했을 것으로 판단되는 활동상을 추론**하여 보았다. 독자들의 여러 궁금증에 대한 답변과 함께 시대를 초월하여 교훈이 될 내용을 제시하기 위해, 아래의 순서대로 인터뷰를 시도하였다.

① 문안 인사
② 조선 전기 전국의 군사 조직
③ 충청 병사와 충청 감사 업무 협조
④ 충청도 지방군 부대편성과 지휘관계
⑤ 해미읍성의 주둔 병력과 지원 인력
⑥ 충청 병사의 생활상
⑦ 병마우후와 군관들의 생활상
⑧ 군졸들의 생활상
⑨ 조선 전기 지방의 무과(武科)시험
⑩ 충청도 수군(현재의 해군)
⑪ 21세기 독자들과 대화

(1) 문안 인사

저자 : 21세기 어느 군인이 지금부터 약 530년 전인 조선의 기본 법전인 경국대전(經國大典)을 선포한 조선 9대 국왕 성종 시대에, 오늘날 충청도의 향토사단장이라 할 수 있는 충청 병사로 부임(1491

년, 성종 22)하시어, 해미읍성에서 충청도의 육군을 총지휘하셨던 조숙기(曺淑沂) 병사님 묘소를 찾아 문안 인사를 드리며, 대화를 청합니다. (2022. 4. 19.)

조숙기 : 너무나 반갑고, 감사합니다. 내가 잠들어 있는 이곳은 (경남 진주시 문산읍 이곡리 산65-1) 나를 포함하여 창녕조씨 시랑공파의 묘 10여 기가 있어 문중 후손들이 주로 찾는 곳입니다. 저자처럼 약 500년 군(軍)의 후배가 이렇게 먼 곳을 찾아와 대화를 요청하니 너무 반갑고 기쁩니다. 자, 궁금한 것이 있으면 얼마든지 편하게 말해 보시구려.

〈창녕조씨 시랑공파의 묘역〉

〈조숙기 묘소〉

저자 : 병사께서는 해미읍성에서 근무하시면서 '청허정'이라는 정자를 지으셨는데, 이 정자를 짓게 된 계기는 무엇입니까?

조숙기 : 내가 충청 병사로 이곳에 부임했을 때, 성(城)에는 남문만 있고, 동·서·북문은 제대로 되어 있지 않았습니다. 성 안의 건물은 무너져 내려 형편없는 상태였지요. 그래서 바로 군 통수권자인 성종에게 보고하여 윤허를 받아 서문을 세우고, 나머지 문도 차례로 만들었어요. 다음으로 소나무 숲이 우거져 있던 후원에 '맑고 욕심 없이 다스리라'는 뜻을 담은 '청허정(淸虛亭)'을 짓고 이곳에 근무하는 군사들이 활을 쏘며 무예를 익히고, 휴식하는 공간으로 활용하였으며, 손님들과 시를 주고받고 했지요.

저자 : 그러나 안타깝게도 일제강점기에 청허정 터에 신사(神社)가 세워졌다가 광복 후에 신사가 철거되고, 1976년에 현재의 모습으로 복원되었습니다.

(2) 조선 전기 전국의 군사 조직

저자 : 당시 충청도의 군사 조직을 이해하기 위해서는 대관세찰(大觀細察) 개념으로 전국의 군사 조직부터 알아야 이해가 쉬울 것 같습니다. 설명 부탁드립니다.

조숙기 : 어느 시대나 주적(主敵)의 위협에 대비하고 전쟁지도본부를 보호하는 것은 동일하다고 생각합니다. 당시 북방은 여진, 남방

은 왜구가 주적이었기에 조선 지방군이 이에 대비하도록 편성되었습니다. 그리고 전쟁지도본부를 구성하는 군 통수권자인 국왕과 정부 6조 대신들이 있는 한양 도성에는 중앙군의 부대들이 편성되었습니다.

먼저 북방 여진의 위협은 지방군 육군 위주로 대비를 하였습니다. 함경도에는 병사 2명(남도 1, 북도 1)이 주진(主鎭)을, 예하에 병마첨절제사 15명이 거진(巨鎭)을, 병마동첨절제사 6명과 병마만호 14명, 그리고 병마절제도위 11명이 제진(諸鎭)을 담당하였지요.

평안도에는 병사 1명을 임명하고 주진(主鎭)을 설치하였으며, 예하에 여러 거진과 제진을 설치했습니다. 그리고 함경도와 평안도에는 무관 출신 수사가 임명되지 않았고, 함경도 주요 요충지에 종 4품 수군만호가 지휘하는 만호진(萬戶鎭)이 설치되었습니다. 남방의 왜구 위협은 육군과 수군이 합동으로 대비를 하였습니다. 육군과 수군은 왜구를 해안가에서 초기에 격멸하기 위해 충청도의 경우에는 충청 병영은 해미에, 충청 수영은 보령에 각각 설치하였습니다.

전국적으로도 이와 같이 해안 중심의 방어 체계에 입각하여, 경상도 좌·우 병영은 울산과 창원, 경상도 좌·우 수영은 동래(현재의 부산)와 거제, 전라병영은 강진, 전라도 좌·우 수영은 여수와 해남에 설치하였지요. 이와 같은 개념으로 편성된 각 도의 병영과 수영 예하에는 여러 거진과 제진을 설치했지요.

황해도와 강원도의 경우는 무관 출신의 병사와 수사는 없이 황해도 감사가 병사와 수사를 겸직하였고, 경기도의 경우만 무관 출신으로 수사 1명이 별도로 임명되었지요. 물론 황해도, 강원도, 그리고 경기도의 경우에도 병영과 수영 예하에는 여러 거진과 제진을 설치했으나 대부분 고을 수령들이 겸직하였습니다. 그리고 군 통수권자인 국왕과 정부 조직인 6조가 있는 도성 방위를 위해 육군을 중심으로 중앙군인 오위도총부가 편성되었지요.

여기서 오위(衛)란 왕궁을 경비하는 중위(中衛) 부대인 의흥위, 전위(前衛) 부대인 충자위, 후위(後衛) 부대인 충무위, 좌위(左衛) 부대인 용양위, 그리고 우위(右衛) 부대인 호분위의 5개 부대를 의미합니다. 참고로 오위도총부란 현재의 수도방위사령부에 해당하며, 오위란 수도방위사령부 예하의 5개 사단으로 이해하면 될 것 같습니다.

(3) 충청 병사와 충청 감사 업무 협조

저자 : 경국대전에 의하면 충청 감사(관찰사)는 충청 병사의 임무도 겸하게 되어 있습니다. 물론 다른 도(道)의 경우도 감사(종 2품)가 병사(종 2품) 임무를 겸직하고 있고, 그 도의 수사(정 3품)까지도 겸직하고 있습니다. 21세기 독자들을 위해 쉽게 설명하면, 당시 충청도 도지사(충청 감사)는 충청도 향토사단장(충청 병사)과 충청도 해군지휘관(충청 수사)을 겸직하였다는 것인데, 이들의 업무분장과 업무 협조는 어떠했는지요?

조숙기 : 충청 감사는 충청도의 행정업무만 책임지는 것이 아니고, 충청도의 육상과 해상의 향토방위에 대한 책임도 부여되었습니다. 평시에는 충청 병사와 충청 수사와 긴밀히 협조하여 군사 동원과 훈련을 책임지고 잘 지원하였지요. 그리고 유사시에는 감사도 갑옷 (현 전투복)을 갈아입고 전투에 참여하여 군사들을 지휘하기도 하였습니다.

이와 관련한 업무협조 사례를 소개하겠소. 1494년(성종 25), 당시 충청도 도청 소재지인 충주에 근무하는 충청 감사(현 도지사) 조위 (曺偉)가 해미읍성을 방문하여, 나의 후임 충청 병사(현 충청도 향토사 단장) 이손(李蓀)의 노고를 격려하며, 청허정의 아름다움을 예찬하고 술잔을 나누며 시를 남겼지요. 이와 관련된 시가 조위(曺偉)의 문집인 매계집에 수록된 '청허정 차운정이절도(淸虛亭 次韻呈李節度)'입니다.[17]

또한, 충청 병사 이손이 임기를 마치고 한양으로 올라갈 때, 충청 감사 조위가 천안에서 마중하며 작별의 아쉬움을 시로 남겼지요. 이와 관련된 시가 조위(曺偉)의 문집인 매계집에 수록된 '천안 봉별이절도(天安 奉別李節度)'입니다. 글의 내용에는 그동안 함께 말을 타고 육상과 해안을 현장 지도한 후에, 청허정에서 술잔을 나누었던

---

17 한국고전번역원(https://www.itkc.or.kr) → 한국문집총간 → 매계집 → 梅溪先生文集卷之二 → '청허정 차운정이절도(淸虛亭 次韻呈李節度)' 참조, 저자가 재구성하였다. 조위(曺偉)는 1494년(성종 25)~1495년에 충청 감사를 역임했고, 이손(李蓀)은 1492~1494년(성종 25)에 충청 병사를 역임했다. '매계'는 '조위'의 호이며, 시 제목의 '이절도(李節度)'는 '충청 병마절도사 이손'의 약칭이다.

것을 회상하고 있지요.[18]

〈청허정〉

청허정 차운정이절도(清虛亭 次韻呈李節度)

독수리 난간 가까이서 흰 구름 바라보며
붉은 갑옷 입고 회색 수염 쓰다듬는다.
멀리 산들은 아름답고 바다는 아스라한데,
드넓은 벌판에선 연기가 피어오른다.
변방에서 군략 세워 삼만의 병사를 거느리고

---

18 위 사이트 → 한국문집총간 → 매계집 → 梅溪先生文集卷之二 → '천안 봉별이절도(天安 奉別李節度)' 참조, 저자 재구성

절경에 도취되어 술을 만 잔이나 비운다.
한가한 날엔 갑옷 벗고 허리띠 푸니
향기가 창끝에 엉겨 하루가 일 년 같구나.[19]

천안 봉별이절도(天安 奉別李節度)

청허정 위에 몇 번이나 올랐던고
간담을 나누는 막역한 사이였네.
시 읊으며 군문에서 같이 술을 들고
같이 말 타며 해변에서 함께 산을 보았네.
그댄 숙자를 연모해 인은(仁恩)이 무거운데
나는 왕공을 사랑해 기상이 한가하네.
오늘 헤어지면 부질없이 슬피 바라보니
새 시름에 하룻밤에 귀 밑머리 더 세리라.[20]

---

19 본 자료(위 시의 번역문)는 조숙기 충청 병사 15대 후손이며 경상국립대 명예교수인 조규태 명예교수가 제공하였다. 참고로 하루가 일 년 같다는 의미는 독자에 따라 관점에 따라 다양한 해석이 있을 수 있다. 참고로 아인슈타인은 상대성 원리를 설명하면서 같은 시간이라도 즐거운 시간은 빠른 것 같고, 힘든 시간은 긴 것 같다고 말한 일화가 있다. 저자의 군 지휘관 경험에 비추어보면, 사건사고와 주야 훈련이 많았던 힘든 날의 경우는 하루가 정말 너무나 길었다. 물론 술 만 잔과 일 년은 과장법이나, 위 시에서 일 년 같다는 의미는 사건사고가 많고 힘든 훈련을 하며 긴 하루를 보낸 충청 병사를 충청 감사가 청허정에서 격려하는 내용이라고 생각된다.

20 위 시의 번역문은 서산시 문화예술과에서 발행한 '조선 600년의 해미읍성' 자료에서 발췌하였다.

저자 : 병사께서도 하늘에서 내려다보신 바와 같이, 이런 역사를 간직한 청허정은 안타깝게도 일제강점기에 헐리고, 청허정 터에 신사(神社)가 세워졌습니다. 그 후 광복이 되면서 신사가 철거되고, 1976년에 현재의 모습으로 복원되었습니다. 그리고 최근에는 청허정을 배경으로 'YMCA 야구단(2002년)'과 '바람의 파이터(2004년)' 영화를 촬영하였고, 드라마 '미스터 선샤인(2018년)'이 tvN에서 방영된 바 있습니다.

조숙기 : 이곳을 찾는 독자들은 청허정의 멋진 모습과 함께, 청허정의 뼈아픈 역사와 부국강병의 중요성도 살펴보면 좋겠습니다.

(4) 충청도 지방군의 부대편성과 지휘 관계

저자 : 지금은 충청도가 인구증가로 충청남도와 충청북도로 분리되어, 도지사 2명과 향토사단장 2명이 편성되어 있습니다. 조선 시대에는 충청도에 오늘날 도지사인 충청 감사(종 2품, 통상 문과 출신) 1명과 향토사단장인 충청 병사(종 2품, 통상 무과 출신) 1명이 있었습니다. 그리고 조선 시대에는 충청 감사가 충청 병사를 겸직했고, 무과 출신 충청 병사가 충청도 육군을 편성, 훈련, 작전에 대한 책임을 지고 있었기에, 충청 병사 예하에 몇 개의 예하 부대가 어디에 있었으며, 예하 부대 지휘관들의 계급은 어떠했는지요?

조숙기 : 21세기 독자들의 수준에 맞도록 쉽게 설명하겠소. 먼저 조선 시대에는 충청도 향토방위를 위해 충청도 육군의 최고 지휘관

으로 임명된 통상 무과 출신 충청 병사와 그의 참모 및 직할 부대 군사들이 근무하는 곳을 주진(主鎭)이라 하였습니다. 주진의 위치는 바로 이곳 해미읍성이었소. 이는 오늘날 충청도 향토사단장과 사단 참모 및 직할 부대 군사들이 근무하는 향토사단 사령부와 유사하지요. 당시에는 충청남도와 충청북도를 아우르는 충청도 향토사단 사령부가 1개가 있었는데, 그 위치가 바로 해미읍성입니다.

그리고 충청 병사의 예하 지휘관인 병마첨절제사(兵馬僉節制使, 종3품)들이 그의 참모 및 직할 군사들과 근무하는 곳을 거진(巨鎭)이라 하였는데, 거진의 위치는 당시 충청도에서 가장 큰 고을이었던 충주, 청주, 공주, 홍주(홍성) 4곳에 있었지요. 거진이란 오늘날 향토사단 예하 여단장과 여단 참모 및 직할 부대 군사들이 근무하는 부대를 여단본부라고 칭하는 것과 유사하지요.

저자 : 오늘날 향토사단에는 사단장으로부터 여단장, 대대장은 모두 전문 직업군인들로 편성되어 있는데, 조선 시대에는 충청도에서 가장 큰 고을이었던 충주, 청주, 공주, 홍주(현 홍성) 4곳에 있었던 거진의 지휘관인 병마첨절제사들도 모두 전문 직업군인들(당시 무과 시험 합격자)로 편성되었나요?

조숙기 : 21세기 군대가 부럽군요. 왜냐하면, 당시에는 주로 문과 시험 합격자인 목사(정 3품)가 종 3품 병마첨절제사를 겸직했지요. 예를 들면 공주 목사의 경우, 공주 목사로서 본연의 업무인 공주 책임 지역 내 입법, 사법, 행정업무에 추가하여, 공주 거진의 지휘관

인 병마첨절제사를 겸직하였습니다. 공주 거진이 관할하는 예하 군(郡)과 현(縣)의 부대편성, 동원, 훈련, 작전, 보급 등도 책임져야 했으므로, 업무도 가중되었고 책임도 무거웠지요. 또한, 이런 업무들을 잘못 처리하면 2명의 상급 지휘관인 충청 감사와 충청 병사로부터 호된 질책과 처벌을 받았지요.

저자 : 그러면 충주·청주·공주·홍주(홍성) 목사가 거진의 지휘관인 병마첨절제사를 겸임했던 당시에, 예하 부대들은 어디에 위치하였고, 예하 부대 지휘관들의 계급은 어떠했는지요?

조숙기 : 경국대전에 의하면 조선 전기 충청도에는 12개의 군(郡)과 38개의 현(縣)이 있었고, 군수(종 4품)는 병마동첨절제사(兵馬同僉節制使, 종 4품)를 겸직하고, 현령(종 5품)과 현감(종 6품)은 병마절제도위(兵馬節制都尉, 종 6품)를 겸직하였지요. 그리고 병마동첨절제사와 병마절제도위들이 그의 참모 및 직할 군사들과 근무하는 곳을 제진(諸鎭)이라 하였지요.

저자 : 병사께서 설명해주신 제진에 대해, 21세기 독자들을 위해 쉽게 설명하겠습니다. 제진들 중에서도 병마동첨절제사가 그의 참모 및 직할 군사들과 근무하는 곳은 오늘날 향토사단의 대대장과 대대 참모, 그리고 직할부대 군사들이 근무하는 부대인 대대와 유사합니다. 그리고 병마절제도위가 그의 참모 및 직할 군사들과 근무하는 곳은 오늘날 향토사단의 중대장과 그의 참모 및 직할 군사들이 근무하는 부대인 중대와 유사하다고 생각됩니다.

그런데 궁금한 것이 있습니다. 충청도 주진의 지휘관인 충청 병사는 그의 참모들과 함께 무과 출신 직업군인이지만 거진의 지휘관인 병마첨절제사, 그리고 제진의 지휘관인 병마동첨절제사와 병마절제도위는 지방 관리인 수령(목사, 군수, 현령, 현감)이 겸임하였는데, 이들 수령을 보좌하는 무과 출신 직업군인들은 없었나요?

조숙기 : 우선 충청 병사가 거느릴 수 있는 무과 출신 직업군인으로는 종 3품 병마우후가 1명, 그리고 종 9품 이상의 하급 군관 5명이 편성되었습니다. 그리고 거진에는 군관 3명, 제진에는 군관 2명씩 편성되었습니다. 비록 목사를 비롯하여 군수와 현령 및 현감이 2~3명의 군관으로부터 군사 분야에 대한 보좌를 받기는 했지만, 책임 지역 향토방위를 위한 부대와 군사의 편성, 동원, 훈련, 작전, 보급 등의 최종 책임은 문과 출신 수령(목사, 군수, 현감)에게 있었기 때문에, 이들의 업무는 정말 벅찼지요.

그리고 비상시나 외적의 대규모 침입이 있을 경우는 신속히 갑옷(현 전투복)을 갈아입고, 군사들을 동원하고 고을 백성들을 인근 산성으로 대피시킨 후에 성을 지키거나 성 밖의 적을 공격하였지요. 이런 이유로 조선 시대 고을 수령들은 대부분 문과 출신이지만 군사 분야 업무에 깊이 관여하고 실전 경험도 있기에, 나와 같은 문과 출신도 능력과 경험을 인정받아 충청 병사로 임명되었지요.

저자 : 병사께서는 충청 병사로 부임하기 13년 전, 명나라는 북쪽 오랑캐인 건주여진이 명나라 국경을 침범하자 우리나라에 오랑캐

정벌을 도와달라며 파병을 요구하였습니다. 이에 조선에서는 1479년, 윤필상을 원수로 삼고 평안도와 함경도에서 군사 1만여 명을 차출하여 여진 정벌에 참전했는데, 병사께서는 당시 47세의 나이로 윤필상의 참모로 있으면서 적진 깊숙이 들어가서 전투를 독려했음은 물론, 승리에 필요한 계책을 많이 내어 3계급 특진을 했습니다. (1480년 1월 4일 '성종실록')

병사께서는 무과 출신 못지않은 용기와 지략이 있었기에 그 후 충청 병사를 역임하였고, 이어서 경상 좌병사, 평안도 병사, 그리고 67세에는 대사헌에 임명되었습니다. 그래도 조선 시대에는 전공을 세우면 이에 상응한 파격적인 보상, 즉 초고속 진급이 가능했습니다.

장차 해미읍성에 근무하게 될 이순신 장군의 경우는 1589년 12월, 45세에 정읍 현감(종 6품)으로 임명되었다가 1591년 2월에 전라 좌수사(정 3품)로, 그리고 1593년 8월, 48세에 삼도수군통제사(종 2품)가 되었습니다. 그리고 황진 장군은 1591년 7월, 42세에 동복 현감(종 6품)으로 임명되었다가 1593년 3월, 44세에 충청 병사(종 2품)로 진급했는데, 이는 현재로 말하면 중대장 보직 후 2년도 안 되어 사단장급으로 진급한 것이지요.

경국대전을 기준으로 **조선 전기의 충청도 주진, 거진, 제진의 지휘관 계와 위치를 21C 현재와 비교**하여 제시하면 다음과 같다.

조선 시대 전기			21C		
부대	지휘관	위치	부대	지휘관	위치
주진	충청 병사	해미	향토사단 사령부	사단장	보안 고려 생략

▼

조선 시대 전기			21C		
부대	지휘관	위치	부대	지휘관	위치
거진(4)	병마첨 절제사 (목사 겸직)	충주	여단 (본부 및 직할 부대) * 부대 수는 보안 고려 생략	여단장	보안 고려 생략
		청주			
		공주			
		홍주(홍성)			

▼

조선 시대 전기			21C		
부대	지휘관	위치	부대	지휘관	위치
제진 (12)	병마 동첨 절제사 (군수 겸직)	충주 거진 예하(3) : 청풍, 단양, 괴산	대대 (본부 및 직할 부대) * 부대 수는 보안 고려 생략	대대장	보안 고려 생략
		청주 거진 예하(2) : 천안, 옥천			
		공주 거진 예하(2) : 임천, 한산			
		홍주(홍성) 거진 예하(5) : 서천, 서산, 태안, 면천, 온양			

조선 시대 전기			21C		
부대	지휘관	위치	부대	지휘관	위치
제진 (38)	병마 절제 도위 (현령, 현감 겸직)	충주 거진 예하(4) : 연풍, 음성, 영춘, 제천	중대 (본부 및 직할 부대) * 부대 수는 보안 고려 생략	중대장	보안 고려 생략
		청주 거진 예하(10) : 직산, 목천, 문의, 회인, 청안, 진천, 보은, 영동, 황간, 청산			
		공주 거진 예하(10) : 전의, 정산, 은진, 회덕, 진잠, 연산, 이산, 부여, 석성, 연기			
		홍주(홍성) 거진 예하 (14) : 평택, 홍산, 덕산, 청양, 대흥, 비인, 결성, 남포, 보령, 아산, 신창, 예산, 해미, 당진			

※ 38개의 현(縣) 중에서 규모가 큰 문의에만 현령(종 5품)이 임명되었고, 나머지 37개 현은 현감(종 6품)이 임명되었다. 참고로 조선 시대에는 목사, 군수, 현령, 현감을 '수령', '사또', '원님'이라 하였다.

(5) 해미읍성의 주둔 병력과 지원 인력

저자 : 해미읍성을 방문하면 당시 이곳에서 생활했던 군사들의 함성은 사라졌고, 박물관도 없어 매우 고즈넉하고 허전합니다. 당시 이곳에 주둔했던 군사들의 병력 규모와 그리고 이들을 지원하기 위한 지원 인력들의 규모는 얼마나 되었는지요? 가능하시면 조선 9대 국왕인 성종 시대에 조선군 전체의 병력 규모와 충청도의 병력 규모도 알려주시면 감사하겠습니다.

조숙기 : 먼저 조선 9대 국왕인 성종 시대에 조선군 전체의 병력 규모와 충청도 병력 규모에 대해, 역사적 가치가 있는 사료(史料)를 근거로 설명하겠습니다. 성종실록(1490년 4월 5일)에 의하면, 1490년 조선군의 총병력은 15만 8,127명이었습니다. 이중 육군(정병, 正兵)은 1475년의 사료에 의하면 7만 2,109명이었습니다. 해군(水軍)은 48,800명, 그리고 양반자제 중에서 무용이 뛰어나고 무예 시험에 합격한 정예 직업군인인 갑사(甲士)가 1만 4,800명이었지요. (1475년 9월 8일 '성종실록')

공통적으로 조선 시대 병역의 의무는 16~60세까지의 남자 중에서, 갑사를 제외하고는 대부분 양인(주로 농민)들이 담당했습니다. 그리고 충청도의 육군 병력 규모는 성종 6년을 기준으로, 1만 2,500명이었습니다. (1475년 9월 10일 '성종실록')

저자 : 병사께서는 오늘날로 치면 육군의 사단 규모의 병력을 지휘하셨군요. 그러면 당시 충청도 육군 1만 2,500명은 모두 충청도

의 주진, 거진, 그리고 제진에서 군 복무를 했나요?

조숙기 : 아닙니다. 육군 1만 2,500명 중에서 약 4,500명이 충청도의 여러 진에 유방군(留防軍)으로 근무하였고, 약 8천 명은 군 통수권자가 있는 서울의 중앙군(5위) 중에서 의흥위에 근무하였습니다. 좀 더 구체적으로 설명을 하면, 충청도의 유방군 4,500명은 통상 4교대로 나누어 근무하므로, 평상시에 충청도 여러 진에서 실제 군 복무 중인 군사는 약 1,100명이었습니다. 이처럼 자신이 소속된 도(道)에서 군 복무하는 군인을 당시에는 유방군이라 하였지요.

중요한 것은 충청도 유방군이 배치되어 근무한 곳은 충청도 향토방위에 긴요한 곳으로 뜻밖의 사태에 신속 대응할 수 있는 곳입니다. 충청도 유방군은 성종이 경국대전을 선포하는 시기에 충청 병사가 있는 충청병영성에 375명, 그리고 태안, 비인, 남포에 각 250명씩 배치되었습니다.(『경국대전』권4「병전」'留防') 서울의 중앙군에 편성된 8천 명은 교대로 나누어 서울로 파견되어 일정 기간 근무를 하였습니다. 이처럼 서울로 상경하여 군 복무를 하는 군인을 당시에는 번상군(番上軍)이라 하였지요. 여기서 번(番)이란 '불침번(不寢番)'이 '잠자지 않고 근무'하는 것이므로, '근무(番)'와 같은 뜻이지요.

저자 : 그러면 당시에 이곳 해미읍성에는 오늘날로 말하자면, 향토사단의 사단장격인 충청 병사 1명, 부사단장인 병마우후 1명, 사단 참모부의 참모인 군관 5명, 그리고 375명의 군사가 주둔했군요. 그런데 궁금한 것은 현재의 사단사령부는 비서실을 포함하여 인사,

정보, 작전, 군수 등 여러 개의 참모부가 있고, 또한 직할 부대에는 많은 장병들이 근무하고 있는데, 당시에 군관 5명으로 업무를 하기에는 인원이 너무 부족하지 않았나요?

조숙기 : 예, 그래서 이곳 충청병영에는 그런 특정 업무와 잡무를 처리하도록 군졸 20명이 배치되었는데, 이를 차비군(差備軍)이라 하였습니다. 이런 차비군은 거진에 14명, 그리고 제진에도 4명씩 배치되었지요.

저자 : 오늘날에는 군인과 경찰의 임무와 편성이 다른데, 당시 주진, 거진, 그리고 제진에서는 경찰의 임무까지 수행한 것으로 알고 있습니다.

조숙기 : 예, 당시에는 관할 구역 내 죄인을 문초할 때 매를 때리거나 귀양 가는 죄인을 압송하는 일 등을 맡은 군사들이 있었습니다. 이를 나장(羅將) 또는 나졸(羅卒)이라 하였지요. 나장은 이곳 주진에 30명, 거진에 20명, 그리고 제진에 10명씩 배치되었지요.

저자 : 이제야 당시에 이곳에 근무했던 군사들의 윤곽이 드러나면서, 이들의 숨결이 느껴지고 함성이 들리는 듯합니다. 그런데 당시에는 주력 무기체계가 칼, 창, 활과 화살, 화포 등인데, 이를 만들고 정비하는 것은 누가 담당했나요?

조숙기 : 주진, 거진, 제진에 오늘날로 말하면 각 분야의 장인들이

담당했지요. 먼저 칼이나 창을 만드는 장인(기술자)은 주진에 6명, 거진에 2명, 제진에 1명이 있었습니다. 수요가 많은 화살을 만드는 장인은 주진에 각 2명, 거진에 1명, 제진에 1명이 있었지요. 활을 만드는 장인은 주진에 2명, 거진에 1명, 제진에는 일부만 1명씩 있었습니다. 그리고 갑옷을 만드는 장인은 주진과 거진에 각 1명씩 있었습니다. 그리고 목수와 가죽을 다루는 장인, 옻칠하는 장인이 주진과 거진에 각 1명씩 있었습니다. 또한 궁중에 진상할 약재(藥材)를 심사(審査) 감독하기 위하여 중앙에서 주진인 이곳에 파견한 종 9품의 심약(審藥)이라는 관리도 있었습니다.

저자 : 이제 성 안에 있는 훈련장에서 훈련받는 군사들의 함성, 대장간에서 장인이 창과 칼을 만드는 소리, 그리고 목수의 대패질 소리가 들려오고 각자 맡은 일에 바쁘게 움직이는 모습이 눈에 보이는 것 같습니다. 그런데 성 안에 있는 군사들이나 이를 지원하는 인력들을 운영하고, 주기적으로 성곽과 성 안의 건물들을 보수하며, 무기와 장비들의 재료와 행정 비품(종이, 벼루, 먹 등)을 장만하려면 비용이 필요한데, 이런 필요경비는 어떻게 마련하였나요?

조숙기 : 국왕이 하사하신 땅과 노비, 군사들을 통해 이를 해결했습니다. 먼저 국왕이 하사한 땅을 둔전(屯田)이라 하였는데, 둔전의 규모는 주진 20결, 거진 10결, 제진 5결이었지요. 그리고 노비의 경우는 주진인 이곳에 200명, 거진이 있는 4개 목에는 각 450명, 그리고 군수가 있는 제진은 150명, 현령과 현감이 있는 제진은 100명의 노비가 있었습니다.

저자 : 당시 조선 전체의 인구는 약 400~500만 명으로 추산하고 있으며, 이중에 약 1/3인 150만 명을 노비로 추산하고 있습니다. (한국민족문화대백과사전 '노비') 충청도의 주진인 이곳에도 노비가 200명이 있었다니 흥미롭습니다. 이곳 군사들 다음으로 많은 인원이군요. 그러면 이들은 주로 어떤 일을 했습니까?

조숙기 : 조선 시대 노비에 대해 궁금하시군요. 노비는 크게 사노비(私奴婢)와 공노비(公奴婢)로 구분됩니다. 먼저 사노비는 주인으로부터 최소한의 의식주를 공급받으며 노동을 제공하는 솔거노비와 주인의 호적 외에 현 거주지에 별도의 호적을 가지고 비교적 온전한 가정생활을 유지하며 주인의 토지 수확량의 일부를 주인에게 바치고, 그 나머지로 가계를 꾸려 생계를 유지했던 외거노비가 있었습니다.

그리고 공노비는 관아나 성 안에서의 잡다한 노역에 종사하는 공역 노비와 주로 농경 활동에 종사하는 외거노비로 구분되지요. 그러니까 이곳에 있었던 노비들은 모두 공노비들이었습니다. 원래 노비는 공교육을 받을 수 없고, 과거에도 응시할 수 없었으나, 공노비의 경우 천인들의 관직인 문·무잡직(文武雜織)에 나아갈 수 있었는데, 대표적인 사례가 세종 때 장영실이지요.

(6) 충청 병사(병마절도사)의 생활상

저자 : 당시에 이곳에 주둔하고 있었던 충청 병사, 병마우후, 군관,

그리고 군졸들의 생활은 어떠했는지요? 먼저 병사의 임기, 주요 업무, 그리고 처우는 어떠했는지요?

조숙기 : 병사의 임기는 약 2년인 720일이었습니다. 주요 업무는 평시에는 전투편성, 교육훈련, 그리고 작전계획 수립과 같은 전투준비와 부대 관리를 하고, 전시에는 싸울 수 있는 군사들을 동원하여 책임 지역인 충청도의 향토방위를 하는 것입니다. 먼저 전투편성 업무는 매년 변동되는 16~60세의 군 복무자들을 대상으로 주진, 거진, 그리고 제진의 정규군인 정군(正軍, 현재의 육군)과 비정규군인 잡색군의 편성입니다. 그리고 정규군인인 군졸들도 충청도에 근무하는 유방군과 서울에 상경하여 근무하는 번상군으로 구분하여 자원관리와 편성을 해야 합니다.

특히 병조(국방부)와 중앙군(5위 도총부)에서는 불시에 당상관이 번상군이 지참한 장비와 타는 말, 짐을 실어 나르는 말을 검열하여 문제가 있으면 번상병과 충청 병사에게도 책임이 있으므로, 병사가 이들을 파견하기 전에 사전 검열을 하고, 검열 후에 검열 결과를 병조에 보고해야 합니다. 그리고 교육훈련은 경국대전에 제시된 대로 엄격하게 해야 합니다. 이를 구체적으로 설명하면, 우선 제진에서는 농사철을 제외하고 매달 16일에 각기 자체로 진법을 연습해야 합니다. 2월과 10월에는 거진에 소속된 모든 진의 군사들이 하루나 이틀 혹은 10여 일분의 식량을 휴대하고 진을 바꾸어 진법을 연습합니다.

그리고 주진, 거진, 제진에서는 유방군들이 교대로 근무를 설 때마다 그중에서 10명마다 1명씩을 뽑아 화포 쏘는 연습을 시킨 뒤, 주관하는 각 진의 지휘관인 수령이 사용한 화약의 수량을 자세히 적어서 국왕에게 보고해야 합니다. 특히 충청 병사는 시일과 장소를 정하지 않고 제진의 전술훈련(진법 연습)과 화포 사격 훈련 등 일체 군무를 순찰하다가 만일 능숙하지 못한 군관이나 거진과 제진의 지휘관이 있으면 곧 임금에게 보고해야 합니다.

작전계획 수립은 당시 주적인 왜적들의 예상 접근로와 병력 규모 및 무기체계, 충청도 군사들의 규모와 무기체계 등을 고려하여 수립하였습니다. 이를 위해 병사가 제일 먼저 한 일은 충청도 해안과 내륙의 적 예상 접근로와 우리 군사들이 배치되는 곳의 지형정찰과 지형숙지입니다. 왜냐하면 당시에는 국왕이 충청 병사나 수령들을 지방에 파견할 때 상피제(相避制)에 의거하여 이들이 같은 고향에서 근무하는 것을 피하도록 하였기 때문에 이곳은 나에게 낯선 지형이기 때문입니다. 이를 위해 병마우후나 군관들과 함께 지형정찰을 하고, 이들과 수많은 전술 토의를 통해 기존에 수립된 작전계획을 수정 보완하여 충청도 향토방위에 가장 적합한 작전계획을 수립합니다.

그 후에는 거진과 제진을 방문하여 이곳 지휘관들과 전술 토의와 현장 지도를 통해 거진과 제진의 작전계획을 수정 보완하였습니다. 또한, 거진과 제진을 방문하면서 이곳의 지휘관, 군관, 군졸들의 얼굴도 익히고, 전투준비 상태와 훈련상태도 점검하였지요. 이 밖에도 국왕이 농한기(農閑期)에 불시 총력전 태세를 점검하기 위해 강무차 충청지방을 방문할 것에 대비하여, 잡색군들의 동원태세를 확인해야 했습니다.

부대 관리는 예하 장수들의 근무평정(褒貶, 포폄), 각종 무기 제작과 보수, 여름철 장마 후에 무너진 성곽과 성 안의 각종 건물 보수와 도로 보수, 겨울철 제설작업 등이 있습니다. 이중 예하 장수들의 근무평정은 거진과 제진의 지휘관을 겸하는 수령(목사, 군수, 현령, 현감)들을 대상으로 매년 2회(6월, 12월) 업적을 평정하여 충청 감사와 함께 의논하여 등급을 정하는데, 수령이 두 번 평정을 나쁘게 받으면 녹봉을 받지 못하고, 세 번 평정을 나쁘게 받으면 파직되었지요. 다만 10회 평정에서 10번 상(上)의 평정을 받은 수령은 한 계급 특진이 되었지요. 또한, 병사는 병마우후에 대한 평정도 함께하였습니다.

그리고 여름철 장마 후에 주진을 포함하여 거진, 제진의 무너진 성곽과 성 안의 각종 건물이 있으면, 병사가 돌아보고 수축한 곳과 수축할 곳을 국왕에게 매년 연말에 보고해야 하며, 이를 제대로 수축하지 않으면 해당 지휘관들은 파면되었습니다. 이 밖에도 충청도 전역 봉수대(烽燧臺)와 역마(驛馬) 관리, 국가 반란을 시도하는 무리들을 나장들을 시켜 체포하고 심문 및 처벌하였습니다. 또한, 토지를 개간하여 둔전을 확대하고 이중 일부는 가난한 농민들이 농사짓도록 하였습니다.

저자 : 현재 해미읍성을 방문하는 독자들은 물론, 사실 저도 처음에는 병사께서 이곳에 재직하는 동안 청허정이라는 정자를 짓고 지인들과 시(詩)를 주고받고 술이나 마시며 낭만적으로 근무한 것으로 생각하였는데 고된 일에 시달렸군요. 그러면 당시 하루 근무시간은 어떠했나요?

조숙기 : 오전 5~7시에 출근하여 오후 5~7시에 퇴근하는 것을 원칙으로 했고, 해가 짧을 때는 7~9시에 출근하고 오후 3~5시에 퇴근했습니다. 아무래도 말단 관리나 하급 장수들이 지정된 출근 시간 범위에서 병사보다 일찍 출근하고, 퇴근도 늦게 했지만, 병사도 늦어도 오전 7시에는 출근해야 하고, 퇴근은 오후 5시 전에는 할 수 없었지요. 그리고 이곳을 포함한 거진과 제진에도 출근부를 만들어 근무의 태만을 감독하였으며, 보통은 일정한 출근 일수를 채워야 승진할 수 있었습니다.

저자 : 그러면 이와 비례하여 충청 병사의 처우는 어떠했고, 쉬는 날은 얼마나 되었나요?

조숙기 : 종 2품에 해당하는 녹봉을 받았지요. 당시 연봉은 품질이 중간되는 쌀 12섬, 현미 37섬, 콩 17섬, 밀 8섬, 좁쌀 2섬, 명주 5필, 베 14필, 저화(종이돈) 8장(저화 1장 : 약 쌀 한 되 값)이었고, 이를 4계절로 나누어 연봉의 약 1/4씩 지급되었습니다.[21] 그리고 말 3필, 남

---

21 https://blog.naver.com/mirae_saram/221888625449, 대한민국 인사혁신처 국민기자단 이

종 2명을 공급받았습니다.

쉬는 날은 3년에 한 번씩 부모를 만나러 가거나 5년에 한 번씩 조상의 무덤을 찾아가는데 7일, 처와 처부모의 장례에 15일, 부모의 병환의 경우 거리에 따라 30~70일, 그리고 제삿날에 적게는 2일에서 3일의 휴가를 받았습니다. 그리고 휴일은 매월 10일마다 한 번씩 휴무가 있었고, 3.3일 삼짇날, 5.5일 단오, 그리고 9.9일 중구일에 각 1일이 있었지요. (1413년 11월 11일 '태종실록')

(7) 충청병영의 병마우후와 군관들의 생활상

저자 : 충청 병사의 바쁜 업무로 보아, 이곳에 근무했던 병마우후나 군관들도 매우 바쁜 생활을 한 것으로 짐작이 되는데, 이들의 임기, 주요 업무, 그리고 처우는 어떠했는지요?

조숙기 : 먼저 병마우후(兵馬虞候, 종 3품)는 임기가 병사와 같이 약 2년인 720일이었고, 군관(軍官, 정 9~8품)은 임기가 1년이었습니다. 그리고 이들의 주요 업무는 충청 병사를 보좌하여 주요 업무인 평시 전투편성, 교육훈련, 그리고 작전계획 수립과 같은 전투준비와 부대 관리를 하고, 전시에는 싸울 수 있는 군사들을 동원하여 책임지역인 충청도의 향토방위를 하는 것입니다. 세부 내용은 앞서 설

재형 기자가 2020. 4. 3. '천 년 전 관리의 녹봉은 얼마였을까'라는 제목으로 블로그에 올린 기사에 의하면, 쌀 1섬은 현재 80kg 쌀 2가마(1가마당 20만 원)에 해당하고, 콩 1섬은 콩 2가마(1가마당 40만 원)에 해당한다.

명한 병사의 주요 업무 세부 내용을 참고하시기 바랍니다.

　다만 차이가 있다면 병마우후는 군관들보다 계급이 높았기 때문에 충청 병사가 휴가 시 병사의 업무를 대리 수행하고, 전시에 병사가 전사(戰死)하면 새로운 병사가 부임하기 전까지 병사의 임무를 수행합니다. 또한, 병사가 바쁜 일이 있을 때, 병사를 대신하여 거진과 주진의 전투편성, 교육훈련, 작전계획, 그리고 부대 관리를 점검하여 나에게 보고합니다. 그리고 병마우후나 군관은 서울로 파견되어 근무하는 번상군(番上軍)들을 직접 인솔하여 중앙군 5위 중에서 국왕을 호위하고 경호하는 핵심 부대인 의흥위에 인계하고, 또한 근무를 마친 군졸들을 인솔해서 내려오는 업무도 수행했습니다.

　특히 성 안에 있는 5명의 군관은 충청 병사의 참모로서, 병사의 업무를 효과적으로 보좌하기 위해 병사의 업무를 분담하였습니다. 군졸부터 노비에 이르는 모든 병력의 인사 관리, 동원 관리, 정보·작전·교육훈련, 무기체계와 각종 장비 및 시설 관리, 군수 지원 등의 업무를 수행하였지요. 그리고 야간에는 교대로 숙직하며, 군졸들의 야간 경계 상태를 점검하기 위해 야간 순찰도 해야 했기에 매우 바쁜 생활을 했습니다.

　저자 : 그러면 이렇게 수고가 많았던 병마우후나 군관의 처우는 어떠했나요?

　조숙기 : 먼저 병마우후는 종 3품에 해당하는 녹봉을 받았지요. 당

시 연봉은 품질이 중간되는 쌀 10섬, 현미 26섬, 콩 14섬, 밀 7섬, 좁쌀 2섬, 명주 3필, 베 13필, 저화(종이돈) 6장(저화 1장 : 약 쌀 한 되 값), 그리고 말 3필, 남종 2명을 공급받았습니다.

군관의 경우는 종 8품의 경우 쌀 2섬, 현미 10섬, 콩 4섬, 밀 2섬, 좁쌀 1섬, 베 2필이었지요. 이들의 녹봉은 나와 마찬가지로, 4계절로 나누어 연봉의 약 1/4씩 받았지요. 그리고 말 2필, 남종 1명을 공급받았습니다.[22]

---

22 군관의 품계(현 계급)에 대해서는 경국대전이나 속대전에도 정확히 명시된 것은 없다. 군관의 처우에 대해 경국대전의 호전에 명시된 것은 말 2필과 남종 1명이 지급된다는 사실뿐이다. 경국대전의 병전에 의하면 전입·전출, 그리고 출장 시 이용할 수 있는 역마 수가 제시되어 있는데, 여기에는 9~7품 사이의 무관들이 말 2필을 이용할 수 있었다. 이 사실로 미루어볼 때, 군관은 9~7품의 처우를 받았을 것으로 보인다.
본문에서 군관의 처우 중에서 녹봉을 종 8품의 사례를 제시한 이유는 이순신 장군이 초급장교 시절에 충청병영성이 있는 해미읍성에 군관으로 근무 시 처우를 추정하기 위함이었다. 이순신이 해미읍성에 군관으로 근무하기 직전에는 종 8품으로 훈련원 봉사로 8개월을 근무하였다. 이순신이 훈련원 봉사로 근무 시 당시 병조(국방부)에 근무하는 병조정랑(兵曹正郞, 정 5품) 서익(徐益)이 자신의 친지 한 사람에 관하여 규정을 무시하고 훈련원 참군(參軍, 정 7품)으로 올려달라고 이순신에게 인사청탁을 하여 이를 이순신이 거절한 바가 있다. 그 결과 병조정랑이 앙갚음으로 이순신이 충청병영성의 군관으로 발령이 났기에, 영전이 되지 않았을 경우로 판단하면 군관으로 근무 시 종 8품의 처우를 받았을 것으로 추정되어 종 8품의 녹봉을 사례로 제시하였으니 참고 바란다.
참고로 경국대전에 의하면, 군관은 중앙군의 5위는 물론, 지방군인 각 도의 주진(主鎭)·거진(巨鎭)·제진(諸鎭)에도 배치되어 진장(鎭將)을 수행 보좌하였다. 각 도의 주진에는 5명씩, 군사상 중요한 양계(兩界)의 주진에는 각각 10명씩 배치되었는데, 군관은 진장들이 추천하면 병조에서 심사해서 임금에게 건의하여 임명하는데 임기는 1년이다. 그러나 대개 진장들이 자신의 친척 가운데서 뽑아 쓰는 경우가 많았으며, 1년 근무 기간을 채우고 다른 관직으로 진출하는 발판으로 이용되기도 하였다. 참고로 이순신의 경우 충청병영성에서 군관 근무를 마친 후 종 4품인 전라도 고흥의 발포 수군만호(水軍萬戶)로 영전하였다.

(8) 충청병영 군졸들의 생활상

저자 : 이제 이곳에 근무했던 충청 병사를 비롯하여 병마우후, 그리고 군관들이 당시에 어떻게 생활했는지 알 수 있겠습니다. 그러면 당시 충청도에 있었던 육군 군졸들의 생활상이 궁금합니다. 이들은 어떻게 교대 근무를 했고, 어떤 일을 주로 했으며, 어떤 처우를 받았나요?

조숙기 : 유방군은 조선 초기 2교대 6개월 근무, 세종 때 4교대 3개월, 그리고 세조부터 4교대 1개월씩 근무하였지요. 번상병은 8교대로 2개월씩 서울 근무를 했지요. 이들 중에서 이곳에 배치되어 근무하는 유방군의 경우는 군관들의 지시를 받아 주로 교육훈련, 여름철 장마 후 성곽과 성곽 안의 시설 보수, 겨울에 제설작업, 주·야간 교대로 성문 경계 업무, 그리고 둔전 농사일 등을 했지요. 그리고 이들의 처우는 자신들이 봉족의 도움을 받아 전투복, 활, 창, 칼을 준비하고 식량까지 준비해왔습니다.

저자 : 21세기 현역 용사들은 국가에서 전투복과 무기와 보급품을 지급해주고, 소정의 봉급과 급식을 제공해주는데, 그렇다면 봉족은 무엇이고, 당시 국가에서 이들에게 해준 것이 무엇입니까?

조숙기 : 현재의 기준으로 보면 이해가 안 될 것 같아 당시 상황을 설명하겠습니다. 조선 시대에는 16세부터 60세에 이르는 양인 장정은 모두 군역(軍役)의 의무를 지고 있었지요. 이들의 그 복무 형태는 유방군처럼 직접 군사 활동을 하는 군졸인 정병(正兵)과 정병이

군 복무에 소요되는 경제적 뒷받침을 해주는 사람인 봉족(奉足), 또는 보인(保人)으로 구분되었습니다.

그러니까 16세부터 60세에 이르는 남자 중에서 21세기 군대처럼 현재 군에서 현역으로 복무 중인 장정이 정병(正兵)입니다. 이들 정병은 21세기 군대처럼 약 2~3년 계속 근무하는 것이 아니고, 지역과 직종에 따라 1~6개월 근무하였다가 교대합니다. 그리고 근무교대 후 비번일 때는 집에서 3~18개월 동안 농사를 짓고, 다시 1~6개월 군 복무를 반복하였지요.

유방군이 집에서 말(馬)을 갖고 와서 이곳 성(城)에 근무하는 기병의 경우는 주위의 보인 3명으로부터 각각 면포 1필씩 3필을 받고, 보병 유방군은 주위의 보인 2명으로부터 각각 면포 1필씩 2필을 받아서 군복부터 무기(활, 창, 칼)와 식량 등을 마련하였습니다.

21세기의 경우, 국가가 국민에게 세금을 거두어 현역 용사들에게 전투복, 무기, 그리고 보급품 등을 지급해주고 소정의 봉급과 급식을 제공하고 있지만, 당시에는 군 복무하러 가는 군졸이 주위의 보인에게 물품(세금)을 직접 받아서 군 복무에 필요한 경비로 사용한 것이지요.

저자 : 그러면 당시 16세부터 60세에 이르는 양인 장정은 군역 의무에 추가하여 다른 의무도 있었나요?

조숙기 : 요역(徭役), 세금, 그리고 공납(貢納)이 있었습니다. 이중 요역이란 성(城)을 새로 구축하거나 성곽의 구축, 도로·제방의 개수 사업 등 주로 토목 공사에 동원되는 노동력을 무상 징발하는 것입니다. 세금은 매년 9월에 수령이 농사 수확량을 10등급으로 평가하여 최고 등급인 10등급이면 1결당 20말을 세금으로 거두어 가고, 최하 등급인 1등급이면 세금을 면제받았습니다.

그리고 공납이란 국가에서 지방의 특산물을 군·현에 할당하면, 향리들이 집집마다 거두어 가는 것이지요. 성종 시대까지는 이런 제도가 무리 없이 잘 이행되었는데, 그 후부터는 제대로 이행되지 않아 국가에 위기가 오게 됩니다.

(9) 조선 전기 지방의 무과(武科)시험

저자 : 조선 시대 과거시험 중에서 장수(현재의 장교)를 선발하기 위한 무과(武科)시험에 충청 병사는 어떤 역할을 했나요?

조숙기 : 무과시험은 태종께서 처음 신설하였고, 당시 무과시험은 3단계로 나누어 전국에서 초시(初試) 190명·복시(覆試) 28명·전시(殿試) 28명의 무관(현재의 장교)을 선발했지요. 우선 무과시험을 볼 때 남의 손을 빌려 시험을 치는 자(현재 컨닝과 같은 부정행위를 하는 자와 같은 의미)와 대리로 시험을 쳐주는 자는 모두 장형(곤장) 100대에 처하고, 이들을 곧바로 당시 힘들어 기피하는 수군(해군)에 복무토록 하였습니다.

무과 초시 190명은 3년에 한 번씩 선발하였는데, 훈련원에서 서울과 경기지역 70명을 선발하고, 나머지 120명은 전국의 인구 비례에 따라 경상도 30명, 충청도와 전라도 각 25명, 강원도·황해도·평안도·함경도에서 각 10명을 선발했습니다. 당시의 경쟁률은 수백 대 1에서 수천 대 1로 경쟁이 치열했습니다.

따라서 충청 병사는 3년마다 이들을 대상으로 6종목[나무 화살인 목전(木箭)·쇠 화살인 철전(鐵箭)·반으로 쪼갠 대나무 통에 넣어서 쏘는 매우 짧은 특수한 화살인 편전(片箭)을 이용한 3종류의 활쏘기 시험으로부터, 말을 타고 활을 쏘는 기사(騎射), 말을 타고 창을 사용하는 기창(騎槍), 그리고 말을 타고 달리며 막대기로 공을 쳐서 멀리 보내는 격구]의 무예 시험을 통해 실기로 25명을 선발했습니다.

이와 같은 정식 무과시험과는 별도로 매년 봄과 가을에 무과시험을 보아 우수한 자에게는 초시에 합격한 자격을 주고 국왕께 보고하였습니다. 무과 복시는 서울에서 병조와 훈련원에서 초시 합격자 190명을 대상으로 무예와 함께, 장차 장수가 되어 전쟁에서 부하를 지휘하려면 병법, 학문, 관련 법도 알아야 하므로, 무경 7서(손자병법, 오자병법, 사마법, 위료자, 육도, 삼략, 이위공문대) 중 1권, 통감·병요·장감박의·소학 중 1권, 그리고 경국대전을 강론토록 하는 강서(講書) 과목이 추가되었지요.

그리고 전시는 복시 합격자 28명을 대상으로 국왕 앞에서 격구를 시연토록 하여, 성적순으로 장원이 포함된 갑과 3인, 을과 5인, 병과

20인을 선별하였지요. 이 밖에도 당시에는 호랑이가 많아 백성들을 해치므로 호랑이를 잡는 전문 직업군인인 착호갑사(捉虎甲士)도 무과 초시 6종목 중 1종목에 합격한 사람 중에서 각 도(道)의 병사들이 선발했습니다.

(10) 충청도 수군(현 해군)

저자 : 지금까지 병사님은 경국대전을 선포한 조선 9대 국왕인 성종 시대의 전국 군사 조직과 임무, 충청도의 군사 조직과 여러 임무, 그리고 충청병영이 있는 해미읍성에서 충청 병사부터 노비에 이르기까지 분주한 생활상에 대해 소중한 말씀을 해주셨습니다.

저자를 포함하여 해미읍성을 방문하는 21세기 독자들은 이제 텅 빈 해미읍성에서 어느 정도 조선 시대 군인들의 숨결을 느끼고 그들의 활동상을 그려볼 수 있게 되었습니다. 그러나 궁금한 것이 하나 더 있습니다. 충청도 수군(水軍)의 군사 조직과 부대 위치, 그리고 지휘관계에 대해 알려주시면 감사하겠습니다.

조숙기 : 당시 왜구의 위협에 대비하여 전국적으로 해안 중심의 방어 체계가 정립됨에 따라, 충청도 육군과 수군의 경우 왜구를 해안가에서 초기에 격멸하는 데 주안점을 두었습니다. 따라서 충청도의 경우는 충청병영을 해미에 충청수영을 보령에 설치하였고, 충청도 수군의 최고 지휘관인 충청 수사는 충청 병사보다 한 계급이 낮은 정 3품으로 임명되었습니다. 충청 수사와 그의 참모(수군우후 1, 군관

5) 및 직할 부대들이 위치한 보령의 충청수영성은 충청도 수군의 최고사령부인 주진(主鎭)의 임무를 수행하였지요.

그리고 충청 수사의 예하 지휘관인 병마첨절제사(兵馬僉節制使, 종3품)들이 그의 참모 및 직할 군사들과 근무하는 곳을 거진(巨鎭)이라 하였는데, 거진의 위치는 소근포진(현 태안군 소재)과 마량진(현 서천군 소재) 2곳에 있었지요. 또한 수군만호(兵馬同僉節制使, 종 4품)가 그의 참모 및 직할 군사들과 근무하는 곳을 제진(諸鎭)이라 하였는데, 제진의 위치는 소근포 거진 예하의 당진포와 파지도, 그리고 마량진 거진 예하의 서천포 총 3곳에 있었지요.

〈보령 충청수영성(保寧 忠淸水營城)〉 (출처 : 보령시청 홈페이지)

〈보령 충청수영성 영보정〉

〈보령 충청수영성 비석군(우)〉

〈보령 충청수영성 객사〉

(11) 21세기 독자들과 대화

저자 : 병사께서는 지금까지 여러 좋은 말씀을 해주셨는데, 이 밖에도 21세기 독자들에게 꼭 전하고 싶은 말씀을 해주시면 감사하겠습니다.

조숙기 : 먼저, 지방자치단체장들부터 부국강병을 위해 솔선수범을 해주길 바랍니다. 과거 조선 시대에는 지방자치단체장들이 왕권을 강화하기 위해 출신 지역과 다른 지방에 파견된 관리였습니다. 그러나 현재는 대부분 자신의 출신 지역에서 주민들의 선거로 선출되고 있습니다. 또한, 과거에는 지방자치단체장들이 책임 지역에서 부국강병에 역점을 두었지만, 현재는 주로 부국에 역점을 두고 있습니다.

그러나 과거나 현재나 불변의 진리는, 지방자치단체별로 확고한 향토방위태세가 이루어져야 지역사회가 안정되고, 지역주민이 안심하고 생활할 수 있으며, 이를 바탕으로 지역 경제가 활성화되고, 나아가 문화, 교육, 복지, 노동, 환경 등 모든 분야가 발전할 수 있습니다. 이런 이유로 충무계획에는 지방자치단체장들이 확고한 향토방위 지원태세를 구축하도록 임무가 명시되어 있으나, 일부 지방자치단체장들은 충무계획 수립과 정부 비상 대비 연습인 을지연습이나 민방위 훈련 시 솔선수범을 하지 않고 있습니다.

이제부터는 향토부대 지휘관들과 자주 만나 현역과 예비군의 강병 육성 지원책과 관할구역 작전계획과 충무계획 발전에 긴밀한 협조가 필요합니다. 그리고 지방자치단체별로 지역 출신 중에서 삼국시대부터 현재까지 조국과 향토수호를 위해 하나뿐인 소중한 생명을 바친 호국영령들의 명단을 찾아 충혼탑에 기록하고, 관할구역에 있는 성(城)을 비롯한 군사 유적지에 무명용사비, 충혼비, 그리고 박물관을 건립해주기 바랍니다. 그리고 이들의 호국 활동상을 책, 논문, 동영상, AR(증강현실), VR(가상현실)로 제작하여 지역주민은 물론, 관광객들의 호기심 충족과 안보의식 함양에도 이바지해주길 바랍니다.

다음은 향토부대 지휘관들도 부국강병을 위해 솔선수범을 해주길 바랍니다. 향토부대 지휘관들은 국가로부터 녹봉을 받지만, 지방자치단체장들은 과거와 달리 지역주민들의 높은 욕구를 충족시켜 주기 위해 매우 바쁘고, 선거에서 낙선되면 당장 권한이 없게 되지요. 따라서 향토부대 지휘관은 지방자치단체에 도움을 줄 수 있는 적극적인 대민지원과 함께, 지방자치단체장과 지방의회 의장을 자주 만나 향토방위 지원태세에 대해 좋은 의견을 제시하기 바랍니다.

특히 부대별로 향토역사동아리를 만들어서 지자체별로 순국선열의 명단을 찾고, 박물관이나 역사관에 필요한 콘텐츠들을 제작하여, 장병들에게 그들이 향토방위와 조국 수호를 위해 언제 어디서 전사(戰死)를 하더라도, 고향과 소속 부대만큼은 영원히 나를 기억해준다는 믿음과 긍지를 갖도록 하는 것이 바람직하다고 생각합니다.

3 충청병영 군관(軍官) 이순신

> **TIP**
>
> **저자가 이순신 군관과 인터뷰를 시도한 이유는?**
>
> 일반적으로 해미읍성을 방문한 독자들이 이순신 군관에 대해 얻을 수 있는 정보는 아래와 같다.
>
> 첫째, 해미읍성 안내판과 팸플릿에 "이순신은 조선 선조 시대에 이곳에서 초급장교인 군관으로 근무했고, 청렴결백하게 생활했다"라는 내용이다.
>
> 둘째, 해미읍성에서 개최하는 이순신 군관 관련 축제는 이순신 군관이 신임 충청 병사의 부임을 영접하는 수준의 내용이다.
>
> 위와 같은 제한된 정보를 인지한 독자들은 나름대로 이순신 군관에 대해 대체로 다음과 같은 상상을 하게 될 것이다.
>
> 첫째, 이순신 군관이 신임 충청 병사를 영접하는 것 말고, 다른 일을 한 것이 없는가? 신임 병사를 영접하는 일은 충청병영에 이순신 군관보다 계급이 높은 병마우후가 영접하는 것이 군대 예절이 아닌가?

둘째, 도대체 충청병영의 군관 임무가 무엇인가? 이순신 군관이 해미읍성에 군관으로 부임하기 전에, 과거 급제부터 주요 경력은 무엇인가? 이순신이 해미읍성의 군관으로 근무할 당시 조선의 국방태세, 주요 무기체계, 그리고 교육훈련 등은?

경국대전을 비롯한 여러 역사적 사료와 저자의 향토사단 지휘관과 참모 경험을 토대로 살펴볼 때, 충청 병사의 군관은 현재의 향토사단장을 보좌하는 참모와 유사한 직책이다. 따라서 저자는 이런 관점에서 이순신 군관이 수행했을 것으로 판단되는 활동상을 추론해보고, 이를 재조명하여 독자들의 궁금증 해소와 함께 시대를 넘어 교훈이 될 내용을 제시하기 위해, 아래의 순서대로 인터뷰를 시도하였다.

① 문안 인사
② 해미읍성 이순신 축제
③ 해미읍성 군관 시절 행적 자료
④ 조선 시대와 21세기 장교 선발
⑤ 군관 부임 전 주요 경력 : 서울 훈련원에서 부임 전 교육, 함경도 최전방 소대장, 서울 훈련원 하위직 장교
⑥ 해미읍성 군관 근무 시절 : 당시 조선의 국방태세, 무기체계, 지휘관 참모 전술토의, 교육훈련 및 사격
⑦ 21세기 독자들과 대화

(1) 문안 인사

저자 : 21세기 어느 군인이 지금으로부터 약 440년 전, 조선 14대 국왕 선조 시대에 오늘날 충청도의 향토사단 사령부라 할 수 있는 충청병영의 군관으로 부임(1579년, 선조 12)하시어, 해미읍성에서 충

청도 육군 총지휘관(사령관)인 충청 병사를 보좌하는 참모로서 활동하셨던 장군님께 문안 인사를 드리며 대화를 청합니다.

 물론 장군님은 그 후 임진왜란 시 구국의 영웅으로 활약하시어, 국내는 물론 외국에서도 조선 최고의 명장으로 추앙받고 있습니다. 그리고 임진왜란 시기에 장군님의 활약상과 업적에 대해서는 독자들도 대부분 잘 알고 있습니다. 그러나 장군께서 초급장교 시절인 해미읍성에서 군관으로 근무할 당시의 사료(史料)와 연구자료들은 너무 없어, 이에 대해 알고 싶어 충남 아산 현충사와 인근 이충무공 묘소를 찾아왔습니다.[23] (2022. 5. 14.)

〈이충무공 영정〉 (출처 : 현충사)

---

23   현충사 주소는 충남 아산시 염치읍 백암길 47번길이며, 이충무공 묘소는 충남 아산시 음봉면 고룡산로 12-380이다.

〈현충사〉

〈이충무공 묘소〉

이순신 : 감사합니다. 그런데 저자는 오늘 처음 보는 것이 아니라 구면(舊面)이군요. 내 기억으로는 저자는 중학교 수학여행 때 이곳을 처음 다녀갔고, 그 뒤로도 여러 번 다녀간 것으로 기억하오. 특히 내가 기억하는 것은 1973년 1월 1일에 저자가 고등학교 졸업 후 재수를 시작하면서 이곳을 찾아왔지요. 그리고 나와 같은 장수가 되기 위해 육군사관학교에 입학하겠다면서 나에게 신고하고 도움을 달라고 요청하였지요. 지금도 장교 지원자들은 물론, 후손들이 많이 찾고 있어 고맙게 생각하고 있습니다. 자, 그러면 궁금한 것을 얼마든지 편하게 말해 보시구려.

저자 : 이렇게 저를 포함하여 후손들을 기억하고 성원해주시니 정말 너무 감사합니다. 앞으로도 우리나라가 통일되어 주변국들이 감히 넘보지 못하도록 후손들에게 많은 가르침과 지원을 부탁드립니다. 오늘은 주로 해미읍성에서 군관으로 재직 시에 주요 활동상에 대해 질문을 드리겠습니다.

(2) 해미읍성 이순신 축제

저자 : 많은 질문이 있습니다만 편한 질문부터 드리겠습니다. 서산시에서는 장군께서 군관 시절에 해미읍성에 근무하신 것을 기념하여, 신임 충청 병사의 부임을 영접하는 모습과 행진 등의 역사체험 행사를 하고 있습니다. 이를 하늘에서 지켜보신 소감은 어떠신지요?

〈이순신 군관(우)이 신임 병사(좌) 영접 모습〉 (출처 : 중도일보 2019. 4. 30.)

〈해미읍성 축제 시 퍼레이드 모습〉 (출처 : 오마이뉴스 2021. 11. 6.)

이순신 : 너무나 고맙지요. 이 행사를 정성스럽게 준비하고 진행하는 축제 담당 기관과 관계 공무원들을 비롯하여 지역 주민과 학생

들, 그리고 전국에서 이 행사를 보기 위해 이곳을 찾는 관람객들에게 고맙다고 전해주시오.

저자 : 저는 장군께서 해미읍성에서 군관으로 근무하시면서 분명히 많은 일을 하신 것으로 알고 있습니다. 해미읍성 축제에 장군께서 충청 병사를 영접하는 내용만 부각하고 있으니 아쉬움이 있습니다. 혹시 본 행사를 보시고 보완할 사항은 없는지요?

이순신 : 전해지는 자료의 제한으로 행사를 기획하고 추진하는 데 어려움이 있겠지만, 당시 해미읍성에는 나보다 상관인 충청 병마우후와 나를 포함한 군관 5명이 있었습니다, 새로 부임하는 병사는 군관이 영접하는 것이 아니라 병마우후가 하는 것이 바람직한 군대 예절이지요.

그리고 군관인 나에 대해 행사를 한다면, 당시 군관의 임무를 고려하여 내 직분에 맞게 군졸을 대상으로 진법훈련이나 당시 무기체계 사격 시범, 그리고 충청 병사와 병마우후와 함께 군관들이 충청도 향토방위를 위한 전술 토의 내용 등을 보여주는 것이 바람직하다고 생각합니다.

저자 : 저도 그런 관점에서 장군님께 대화를 청한 것이니, 많은 가르침을 주시기 바랍니다.

⑶ 해미읍성 군관 시절 행적 자료

저자 : 장군께서는 1576년 2월에 무과 급제 후 약 4년간, 정확하게는 3년 8개월 동안 초급장교로 훈련원, 최전방 함경도, 그리고 훈련원에서 근무 경력을 쌓았고, 임진왜란 발발 13년 전인 1579년(선조 12) 10월에 오늘날 충청도의 향토사단 사령부라 할 수 있는 충청병영의 군관으로 부임하셨습니다.

장군께서 해미읍성에서 군관 시절 수행하신 임무는 오늘날 충청도 향토사단장인 충청 병사를 보좌하는 참모로서 활동을 시작하셨습니다. 그런데 저도 향토사단에서 사단장을 보좌하는 참모를 하면서 많은 일을 했는데, 분명히 장군께서는 해미읍성에서 충청 병사를 보좌하는 참모로 활동하시면서 더 많은 일을 하셨으리라 생각합니다. 그러나 장군께서 이곳에서 10개월 근무 동안의 자세한 행적은 전해지고 있지 않습니다. 그나마 유일하게 전해지는 내용은 장군님 조카인 이분(李芬)이 장군님의 생전 활동을 기록한 행록(行錄)에 있는 다음과 같은 내용뿐입니다.[24]

"그해 겨울에 공이 충청 병사 군관이 되었는데 그가 거처하는 집(房)에는 다른 아무것도 없고 다만 옷과 이불뿐이었다. 휴가를 얻어 고향의 부모님을 뵈러 갈 때는 반드시 남은 양식을 식량 담당관(主糧者)에게 돌려주었는데, 당시 공의 상관인 충청 병사는 이를 알고 공을 높이 평가하고 사랑(愛敬)하였다."

---

24 이은상, 『國譯註解 李忠武公全書(下)』(서울 : 삼일인쇄주식회사, 1960), pp. 20~21

"어느 날 저녁 충청 병사가 술에 취해서 공의 손을 끌고 어느 군관의 집(房)으로 가자 했는데, 그 군관은 병사와 평소 친한 이로써 군관이 되어 와있는 사람이었다. 공은 대장으로서 군관의 집을 사사로이 가본다는 것은 마땅하지 않다고 생각하여 짐짓 취한 척 병사의 손을 붙잡고 '사또(師道), 어디로 가자 하오' 하고 말하자 병사도 깨닫고 주저앉으며 '내가 취했군, 취했군' 하였다."

이순신 : 하하, 그랬군요. 저자와 21세기 독자들이 내가 해미읍성에서 군관으로 근무할 때, 당시 행적에 대해 궁금한 것이 많은 것 같군요. 그러면 함께 당시의 기억을 되살려보도록 합시다.

저자 : 우선 장군께서 이곳에 군관으로 부임하기 전에, 무과급제로부터 주요 경력에 대해 질문을 드리겠습니다.

(4) 조선 시대와 21세기 장교 선발

저자 : 장군님의 해미읍성 군관 시절과 관련된 대화를 깊이 있게 나누고 싶습니다. 이를 위해서는 장군께서 이곳에 군관으로 부임 전까지, 무과 급제부터 초급장교 시절의 주요 경력을 알고 싶군요. 먼저 무과 급제를 위한 준비는 어떻게 하셨습니까?

이순신 : 나는 22세에 장수가 되겠다는 뜻을 품고 무과 급제를 위해 7년 동안 활쏘기를 비롯한 각종 무예를 연마하고, 무경 7서, 통감, 병요, 장감박의, 소학, 그리고 경국대전을 독학으로 공부했지요.

그 후 28세에 무과 시험에 응시했다가 낙마하였습니다. 다시 4년을 준비하여 32세가 되던 해인 1576년 2월에 합격했습니다.

저자 : 그러니까 장군께서는 오늘날로 치면 장교가 되기 위해 10여 년간 독학으로 과거를 준비하여 30대 초반에 초급장교가 되셨군요. 21세기 장교 임관은 육·해·공군 사관학교나 ROTC에 지원하여 힘든 경쟁을 거쳐 합격한 후에 국가에서 실시하는 4년간 교육훈련을 수료해야 합니다. 교육훈련 과목은 장교들에게 문(文)·무(武)를 겸비시키기 위해 학사 학위 획득에 필요한 과목은 기본입니다. 여기에 추가하여 전쟁사, 군법, 리더십, 지형 파악 및 숙지에 필요한 독도법, 각종 무기체계를 다루는 화기학, 각개전투, 전투대형, 소부대 각종 화기 사격, 소부대 전술과 관련된 이론 교육과 실기 훈련을 이수해야 합니다. 이렇게 4년의 교육과정을 이수하면 평균 20대 초반에 장교(소위)로 임관됩니다.

육군의 경우에는 초급장교인 소위로 임관되면 각 병과학교의 신임 장교 지휘참모과정(초등군사반)에서 약 4개월 동안 소대장 부임 전 교육을 받습니다. 부하들의 지휘와 교육훈련에 필요한 과목을 이수한 후에 전방이나 후방의 부대에 소대장으로 발령을 내고 있습니다. 궁금한 것은 21세기에는 육군 소위로 임관되면 계속 육군에서 근무하고, 해군 소위로 임관하면 계속 해군에서 근무하는데 조선 시대에는 어떠했는지요?

이순신 : 나는 10여 년 동안 독학으로 공부하여 초급장교가 되었

고, 또한 초급장교로 임관 후에도 거의 독학으로 공부를 했는데, 정말 21세기 장교들이 부럽군요. 그리고 조선 시대에는 일단 무과에 급제한 이후부터는 육군 부대와 해군 부대 구분 없이 근무했습니다. 그러니까 조선 시대에 장수가 되겠다는 뜻을 품기 시작했다면, 그 순간부터 육군과 해군의 병법·전쟁사·전술, 그리고 육군과 해군의 모든 무기체계를 다루는 방법은 물론 육지와 바다의 지형과 기상에 관하여 공부를 해야 했습니다.

(5) 해미읍성에 군관 부임 전 주요 경력[25] : ❶ 훈련원에서 부임 전 교육

저자 : 그러면 장군께서 1576년(선조 9) 2월에 무과에 급제하시고, 부대 배치를 받기 전에 부임 전 교육을 받은 곳과 교육 기간이 궁금합니다.

이순신 : 나는 서울에 있는 훈련원(訓鍊院)에서 1576년(선조 9) 2월부터 11월까지 약 10개월 동안 권지훈련원봉사(權知訓鍊院奉事) 자격으로 교육을 받았지요.

---

25 이순신 장군이 무과급제 후에 해미읍성 군관으로 부임하기 전까지 경력들은 아래의 자료들을 종합하여 재구성하였다.
① 이은상, 『國譯註解 李忠武公全書(下)』(서울 : 삼일인쇄주식회사, 1960)
② 김대현, 『이충무공전서이야기』(한국고전번역원, 2015, pp. 304~313)
③ 한국민족문화대백과사전 '이순신'
④ https://blog.naver.com/mirae saram(검색일 : 2022. 1. 10.), 인사혁신처 '이순신 장군님을 통해 알아보는 조선 시대 관직'
⑤ https://www.gyeongnam.go.kr(검색일 : 2022. 1. 10.), 경상남도, 충무공 이순신 '관직 생활'

저자 : 서울에 있는 훈련원은 장군께서 무과시험을 치렀던 곳으로 유명한데, 현재는 서울 중구 을지로에 훈련원 공원으로 운영되고 있습니다. 그런데 당시 훈련원의 편성과 임무는 어떠했고, 또한 권지훈련원봉사는 어떤 의미를 가진 직책이었습니까?

〈조선 시대 훈련원이 있었던 곳에 조성된 훈련원 공원과 종합체육관〉 (출처 : 한국관광공사)

이순신 : 경국대전에도 제시된 바와 같이, 당시 훈련원에는 지사(知事, 정 2품) 1명, 도정(都正, 정 3품) 2명, 정(正, 정 3품) 1명, 부정(副正, 종 3품) 2명, 첨정(僉正, 종 4품) 2명, 판관(判官, 종 5품) 2명, 주부(主簿, 종 6품) 2명, 참군(參軍, 정 7품) 2명, 봉사(奉事, 종 8품) 2명으로 편성되어 있었지요. 그 밖에 습독관(習讀官)이 30명이 있었는데, 이들은 대부분 무과 급제자들이 부대에 배치되기 전에 훈련원에 대기하면서 권지훈련원봉사(權知訓鍊院奉事)의 직책으로 견습 근무를 하는 요원들이지요.

그리고 훈련원의 임무는 무과(武科) 과거시험을 주관하여 무관들을 선발하고, 선발된 무관들이 부대에 배치되기 전에 권지훈련원봉사의 직책을 주었습니다. 그리고 앞서 설명한 대로 전쟁사, 각종 병서, 진법 등을 습독하도록 교육훈련을 시켰습니다. 특히 무과(武科)

과거시험은, 먼저 서울 경기지방에서 무과 초시 합격자 70명을 선발하고, 다음은 이들 70명을 포함하여 지방에서 선발된 무과 초시(初試) 합격자 120명, 총 190명을 대상으로 병조와 훈련원에서 함께 주관해 복시(覆試)를 통해 28인을 선발했습니다.

그리고 최종적으로 국왕 앞에서 전시(殿試)를 보아 등수를 정했지요. 또한, 매년 봄·가을에 실시되는 도시(都試)의 경우, 중앙에서는 병조와 훈련원의 당상관이 시취의 일을 담당하였소. 따라서 나는 무과급제 후 이곳에서 권지훈련원봉사의 직책으로 습독관 임무를 수행하며, 역대병요(歷代兵要)·무경칠서(武經七書)·통감(通鑑)·장감박의(將鑑博議)·진법(陣法)·병장설(兵將說)을 습독하고, 활 쏘고 말 타는 궁술(弓術)과 마술(馬術)을 익혔지요.

결국, 나는 이곳에서 무예도 더 익히고, 이곳에 있는 전쟁사, 병서, 진법, 무기체계와 관련된 군사 교재들을 많이 습독할 수 있었기에, 장차 장수로서 근무하는 데 필요한 군사 지식을 많이 습득하였습니다.

저자: 21세기 육군의 경우에는 초급장교인 소위로 임관되면 이들이 부대에 배치되기 전에, 각 병과학교 신임 장교 지휘참모과정(초등군사반)에서 약 4개월 동안 학생 장교라는 호칭을 부여하고, 장차 소대장으로서 부하들 지휘와 교육훈련에 필요한 과목을 교육받습니다. 그리고 이들이 이런 부임 전 교육훈련을 잘 이수해야 전·후방 부대의 소대장으로 발령을 받습니다.

장군께서는 무과급제 후, 부대에 배치되기 전에 훈련원에서 약 10개월 동안 권지훈련원봉사로 근무하면서 이곳에서 전쟁사, 병서, 진법과 관련된 군사 교재들을 읽고 실습하는 습독관(習讀官) 임무를 수행하셨습니다. 이를 21세기 독자들을 위해 쉽게 설명하면, 이는 오늘날 소대장 부임 전 교육으로 각 병과(보병, 포병, 기갑, 공병, 통신 등) 학교에서 수행하고 있는 신임 장교 지휘참모과정과 유사하고, 권지훈련원봉사와 습독관의 역할은 오늘날 부임 전 교육을 받는 학생 장교의 역할과 유사하다고 생각됩니다.

경국대전에 의하면 이런 습독관은 훈련원에 30명, 관상감에 천문 습독관 10명, 전의감에 의학 습독관 30명, 사역원에 한학 습독관 30명, 승문원에 이문(吏文) 습독관[26] 20명이 있었습니다. 따라서 조선 시대의 습독관 제도는 오늘날 의사 고시 합격 후 인턴 과정, 공무원 합격 후 각종 연수 과정(사법고시나 외무고시 합격 후 연수원 과정 등), 그리고 군에서 장교로 임관 후 '부임 전 교육 과정'과 유사하다고 생각됩니다.

---

26 http://dh.aks.ac.kr/sillokwiki(검색일 : 2022. 1. 13.), 위키실록사전 '이문습독관(吏文習讀官)'에 의하면 조선은 대중국 외교 목적을 달성하기 위하여 명확하게 조선의 의사를 전달하고, 중국의 외교 목적을 파악할 필요가 있었다. 이에 외교문서의 형식이나 내용 분석에 필요한 이문 전문가를 양성해야 했다.

⑹ 해미읍성에 군관 부임 전 주요 경력 :
❷ 함경도 최전방 소대장급 장교

저자 : 장군께서는 장교 임관 후 부대에 정식 배치되기 전에, 훈련원에서 학생 장교 신분으로 부임 전 교육훈련을 받으시면서, 군의 정예 간부 선발과 오늘날 전투와 교육훈련 수행에 필요한 수많은 군사 교재들을 습독하셨습니다. 그러면 훈련원에서 약 10개월 교육을 받은 후 다음 근무지는 어디였습니까?

이순신 : 1576년(선조 9) 12월에 함경도 동구비보(董仇非堡, 지금 함경도 삼수)의 권관(權管, 종 9품)으로 25개월, 약 2년간 근무했지요.

저자 : 지금은 최전방이 경기도와 강원도에 있는 휴전선 일대인데, 당시는 평안도와 함경도의 압록강과 두만강이 연(連)하는 일대가 최전방이었습니다. 오늘날로 말하면 장군께서는 장교로 임관 후 배치받은 첫 부대는 최전방이었군요.

저도 육사를 졸업 후 첫 근무지는 최전방 요새인 GP(Guard Post, 감시초소)였습니다. 당시 부하들과 함께 가장 고생스러웠던 것은 겨울에 대한민국에서 제일 추운 최전방에서 주·야간 경계 근무와 제설작업, 교육훈련, 보급작전, 여름철 장마 후 무너진 철조망과 도로 보수, 그리고 수시 상급 지휘관 방문 및 검열준비 등의 업무였습니다.

특히 제가 GP장으로 근무하던 1970년대에는 적들이 야간에 아군 GP를 기습하던 시절이라 초긴장 상태에서 근무했습니다. 그리고 현재 최전방 요새에서 소대장의 근무 기간은 통상 1년 정도입니다. 그러나 장군께서는 한반도에서 제일 추운 중강진과 백두산 사이에 있는 삼수 지방의 요새에서 2년간 근무하셨습니다. 현재 육군 초급장교보다 더 춥고 힘든 곳에서 더 오랫동안 근무하면서 고생을 많이 하셨습니다. 혹시 장군께서 최전방 근무 시에 적의 도발과 상급 부대 검열이 있었나요?

이순신 : 저자도 최전방 요새에서 근무 경험이 있군요. 오랜만에 대화가 통하는 군의 후배를 만나 반갑습니다. 내가 최전방에서 근무할 당시에도 여진족의 도발이 많아 초긴장 상태에서 근무했고, 또한 상급 지휘관 방문과 검열도 많았지요.

당시 '곤장 감사'로 유명한 함경도 감사(종.2품) 이후백은 함경도의 예하 부대를 순찰하면서 훈련과 군기를 점검하였고, 특히 변방의 장수들에게 활쏘기를 시험하여 성적이 좋지 않은 장수들에게는 무거운 벌을 내리는 등 엄격하였습니다. 이렇듯 전투준비 태세에 엄정한 감사였기에 저와 부하들은 항상 긴장하고 노력하였습니다. 그 결과 제가 근무하는 동구비보는 벌보다는 칭찬을 많이 받았습니다.

(7) 해미읍성에 군관 부임 전 '주요 경력' :
❸ 서울 훈련원 최하위직 장교

저자 : 그러면 함경도 동구비보에서 권관으로 1579년 1월까지 25

개월 근무 후에는 어디서 어떤 직책을 맡아 근무를 하셨는지요?

 이순신 : 1579년(선조 12) 2월부터 약 8개월 동안 서울에 있는 훈련원(訓鍊院)의 봉사(奉事, 종 8품)로 근무하며, 훈련원 간부의 진급 관련 업무도 담당했습니다.

 저자 : 장군께서는 무과급제 후 지금까지 경력을 정리해보면, 처음에는 서울 훈련원에서 부임 전 교육, 다음은 함경도 최전방 부대에서 근무, 그리고 다시 훈련원에서 근무하게 되었습니다. 그러면 이제 다시 훈련원에서 군의 정예 간부 선발과 오늘날 전투와 교육훈련 수행에 필요한 수많은 군사 교범 습독과 연구 업무에 관여하셨군요. 그런데 이곳에서 근무 기간이 8개월이라고 말씀하셨는데, 너무 짧은 기간이라고 생각됩니다. 혹시 무슨 일이 있었습니까?

 이순신 : 이곳은 초급장교 시절에 접하기 힘든 수많은 군사 교범 습독과 연구를 하는 곳이기에 더 오래 근무하며 많은 것을 배우고 싶었습니다. 그러나 당시 병조(현 국방부)에 근무하는 병조정랑(兵曹正郎, 정 5품) 서익(徐益)이 규정을 무시하고 자신의 친지 한 사람을 훈련원 참군(參軍, 정 7품)으로 올려달라고 나에게 인사청탁을 하였습니다. 저는 이를 단번에 거절했지요. 그 결과 병조정랑의 앙갚음으로 나는 이곳에서 근무한 지 8개월 만에 충청병영의 군관으로 발령이 났습니다.

(8) 해미읍성에 군관 부임 전, '필독 교범' 숙지 :
❸ 서울 훈련원 최하위직 장교

저자 : 장군께서 훈련원에 근무하시면서 필독하신 군사 교범들을 알고 싶습니다. 참고로 군사 교범에 대해 21세기 독자들을 위해 쉽게 설명하면, 초등학교와 중고등학교에서는 학생들을 가르치고 학생들이 스스로 공부하는 데 필요한 여러 과목의 교과서들이 많이 있습니다. 마찬가지로 군에서도 장교와 용사들을 가르치고 이들이 스스로 공부하는 데 필요한 여러 분야의 교과서들이 많이 있는데 이를 군사 교범이라 합니다.

지금은 무기체계와 병과들도 다양하고 소부대부터 대부대의 전술도 많이 발전되어 몇 백 권의 군사 교범이 있습니다. 21세기 장교들은 이러한 군사 교범들은 물론 전쟁사와 군법 연구도 많이 하고 있습니다. 당시 장군께서는 무과시험 준비를 하면서부터, 특히 훈련원에 근무하시면서 훈련원에 소장된 조선과 주변국 전쟁사, 각종 군사 교범, 군법 등 교재들을 거의 통달하셨다고 생각합니다. 이들 교재의 주요 내용에 대하여 설명을 해주시면 감사하겠습니다.

이순신 : 답변에 앞서 저자에게 먼저 질문을 하겠어요. 저자는 내가 초급장교 시절에 군사 관련 교재들을 거의 통달했다고 하는데, 어떤 근거로 그런 주장을 하나요?

저자 : 장군께서는 해미읍성에서 군관 근무를 마치고, 1580년 6월, 36세의 나이로 전라도 고흥의 발포 수군만호(水軍萬戶, 종 4품)로

영전하셨습니다. 지금까지 육군에서 군 생활을 하셨는데, 처음으로 수군(해군)의 지휘관을 맡게 된 것이지요.

당시 전라감사 손식(孫軾)은 장군에 대한 잘못된 풍문을 듣고 장군에게 벌을 주어 군기를 잡으려는 구실을 찾고 있었지요. 하루는 순시 도중 능성(綾城)에 오르게 되자 장군을 나오라 하여 진법 관련 군사 교범인 진서(陣書)를 설명하라고 하였지요. 이어서 감사는 진을 치는 진도(陳圖)를 그리라 명하였고, 장군께서는 역시나 붓으로 진도를 매우 정확하게 그려내자, 손식은 장군이 정교하게 그린 진도에 감탄하였지요. 그리고 장군의 조상에 관해 물어보고 자신의 오해를 인정하고 장군의 손을 잡으며 "일찍이 그대를 바로 알지 못했던 것이 후회스럽소"라고 말했다는 기록이 있습니다.[27]

이순신: 그랬군요. 약 450년 전에 있었던 일을 기억해주어 감사합니다. 당시에 나는 두 가지 이유로 군사 관련 교재를 통달하려고 노력하였습니다. 첫째는 당시는 물론 장차 고급 지휘관이 되어 전쟁에서 승리하고, 평시에 부하들을 실전처럼 훈련하기 위해서는 당연히 알아야 할 내용들이었기 때문이었지요. 둘째는 당시의 군사 관련 교재들은 군 통수권자인 역대 조선 국왕들의 정성과 혼이 담겨 있기 때문이었지요.

저자: 잘 이해가 되지 않아 질문드립니다. 그러니까 조선 시대에

---

27 이은상, 『國譯註解 李忠武公全書(下)』(서울 : 삼일인쇄주식회사, 1960), p. 21

는 군 통수권자인 국왕들이 군사 관련 교재 작성에 직접 관여했다는 것인가요?

이순신 : 맞아요. 군사 관련 교재 작성에 관심을 가지고 참여했습니다. 또한, 전쟁 수행에 필요한 무기체계 개발은 물론 지도 제작에도 군 통수권자들이 직접 관여했습니다. 그러면 먼저 군사 관련 교재들부터 하나하나 설명해주겠습니다. 당시 군 간부들이 숙지해야 할 군사 관련 교재로는 역대병요(歷代兵要), 진법(陣法), 병장설(兵將說), 장감박의(將鑑博議), 통감(通鑑), 무경칠서(武經七書) 등이 있었지요.[28]

역대병요(歷代兵要)는 세종께서 정인지를 비롯한 집현전과 춘추관 학자들에게 명하여, 중국 춘추전국시대부터 수, 당, 송, 원, 명나라의 전쟁사례와 고려 말 이성계가 왜구·원·여진족 등의 외적을 물리친 전쟁사례를 수집하고 정리하라고 하였지요. 그 결과 총 262회의 전쟁사례가 1450년(세종 32)에 13권의 책으로 집대성되었지요. 이후 1456년(세조 2)에는 왕명으로 원본을 간략히 줄여 무신들에게 교육할 것을 명하였습니다.

진법(陣法)은 태조께서 정도전 등을 시켜서 군사훈련에 필요한 진법과 강무도를 편찬하였고, 태종은 상왕이 된 후에 하륜·변계량 등

---

28   이하 역대병요, 진법, 그리고 병장설의 주요 내용은 국방부 군사편찬위원회의 전신인 국방부 전사편찬위원회에서 1980년대부터 1990년대에 발간한 '군사문헌집'을 참조하여 재구성하였다.

에게 명하여 진도법을 편찬하였지요. 그 후 세종은 하경복 등에게 명하여 계축진설을 편찬하였고, 문종은 오위진법을 손수 저술하여 1451년(문종 1)에 초간본을 간행하였어요.

그리고 세조는 한계희·김교·최항 등에게 명하여 주해에 음역을 달아 알기 쉽게 해석하고, 진도의 그림을 넣어 작은 활자로 인쇄한 소자진서와 큰 활자로 인쇄한 대자진서를 간행하였지요. 그 후 성종은 유자광 등에게 명하여 소자·대자진서를 보완하여 1492년(성종 23)에 진법(陣法)을 발간하였지요.

병장설(兵將說)은 세조께서 친히 장수들이 부대를 운용하는 용병술과 장수(고급 지휘관)로서 갖추어야 할 덕목과 버려야 할 폐단들을 정리하여 병장설을 작성하고, 신숙주·서거정 등에게 이해가 쉽도록 주를 달 것을 명령하여 1466년(세조 12)에 1권의 책으로 발간하였지요. 그리고 부록에는 본문과 관계가 있는 역대 전쟁사례를 널리 모아 상세히 제시하였습니다.

장감박의(將鑑博議)는 중국 전국 시대의 병법가이자 전략가인 손무(孫武)로부터 시작하여 오대(五代)의 곽숭도(郭崇韜)에 이르기까지 역대의 명장에 대하여 그들의 재주의 고하, 전략 및 지략의 장단 등을 논한 10권의 책이지요. 조선 시대에 장감박의는 무장들의 필독서로 이용되었으며, 세종 때에는 이를 주석하여 변경의 장수들에게 널리 반포하기도 하였습니다.[29]

---

29 https://terms.naver.com(검색일 : 2022. 1. 14.), 한국고전용어사전(세종대왕기념사업회) '장감박의'

통감(通鑑)은 중국 송(宋)나라의 사마광(司馬光)이 편찬한 중국 역사책인 자치통감이지요. 조선 태조께서는 즉위 교서에서 인재를 뽑을 때 사서(四書), 오경(五經)과 함께 통감(通鑑)에 통달한 사람을 뽑겠다고 선언하였습니다. 태종 역시 통감을 읽고 신하들과 의견을 나누었다고 합니다. 그러나 자치통감은 분량이 엄청나게 많고, 그 내용을 이해하기도 어려웠을 뿐 아니라 책을 구하기도 어려워 세종이 집현전 학자들과 함께 조선 관리들이 이 책을 쉽게 접하고 이해할 수 있도록 '자치통감 사정전 훈의'를 편찬하였지요.

특히 세종께서는 대제학 윤회(尹淮, 1380~1436)에게 '자치통감 사정전 훈의'를 그날그날 편집하는 대로 매일 저녁에 가져오게 하여 밤늦게까지 직접 원고를 교정보았습니다. 책의 분량은 294권의 100책이었기에 목판본으로 인쇄하기 어려워 금속활자인 갑인자로 인쇄하였습니다.[30]

무경 7서는 손자병법, 오자병법, 사마법, 위료자, 육도, 삼략, 이위공문대의 7권의 병법서적을 의미하며, 이들 병법서에는 전쟁 준비와 전쟁 수행에 필요한 국가전략, 군사전략, 전술 등이 망라되어 있지요. 단종이 즉위한 1452년경 수양대군(세조)은 최항(崔恒) 등에게 명하여 10권 5책의 무경칠서주해(武經七書註解)를 편찬하였습니다.

저자 : 조선 시대에 군사 관련 교재들에 대한 설명 감사합니다. 이

30　https://www.museum.go.kr(검색일 : 2022. 1. 14.), 국립중앙박물관, '자치통감사정전훈의'

렇게 조선 시대에, 특히 조선 시대 전기에 태조로부터, 세종, 문종, 세조에 이르기까지 군사 관련 교재 작성에 군 통수권자들이 직접 관여하고 이런 교재들을 군 간부들에게 필독하도록 하였으니, 장군께서는 누구보다 더 열심히 공부하여 거의 통달하셨다고 생각합니다. 참고로 21세기에는 국방부 군사편찬연구소에서 조선 시대 군사 관련 교재들을 누구나 쉽게 다운로드하여 공부할 수 있도록 한글 번역본을 아래와 같이 제공하고 있습니다.[31]

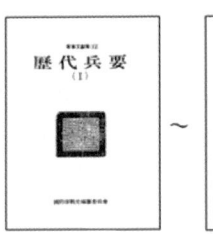   

〈역대병요(歷代兵要)〉　　　　〈병장설·진법〉　〈경국대전·대명율〉

이순신 : 매우 바람직하군요. 다음은 조선 시대 군 통수권자인 국왕들이 직접 관여하여 만든 무기체계의 개발 및 제작 전담 기관과 관련 교재에 관해 설명하겠소.

31　https://www.imhc.mil.kr(검색일 : 2022. 1. 14.), 국방부군사편찬연구소, '군사문헌집'. 군사문헌집에는 조선 시대에 발간한 군사문헌 22권에 대한 한글 번역본들이 있는데, 위 그림들은 이 중 일부만 제시하였다. 역대병요는 국방부 군사편찬연구소의 전신인 국방부 전사편찬위원회에서 1991~1994년에 5권으로 번역하여 발간하였고, 1권당 분량은 평균 300쪽 이상이다. 병장설과 진법은 1983년에 국방부 전사편찬위원회에서 번역 발간하였으며, 분량은 363쪽이다. 경국대전과 대명율(형법)은 위 기관에서 1986년에 '조선시대군사관련법'이라는 제목으로 번역 발간하였고, 분량은 483쪽이다.

⑼ 해미읍성에 군관 부임 전, '무기체계 교범' 숙지 :
❸ 서울 훈련원 최하위직 장교

이순신 : 태조(이성계)는 1392년에 무기체계 개발 및 제작 전담 기관으로 군기감을 설치하였으며, 이를 세조가 1466년에 군기시(軍器寺)로 개칭하였지요. 군기시의 편성은 경국대전에 의하면 의정(議政)이 맡는 도제조(정 1품) 1명, 병조판서 또는 병조참판 중에서 1명, 무장(武將) 중에서 1명을 선발하여 2명의 제조(2품 이상)를 두고, 그 밑에 정(正, 정 3품)·부정(副正, 종 3품) 각 1명, 첨정(僉正, 종 4품) 2명, 별좌(정·종 5품)·판관(종 5품) 각 2명, 별제(정·종 6품)·주부(종 6품) 각 2명, 직장(종 7품) 1명, 봉사(종 8품) 1명, 부봉사(정 9품)·참봉(종 9품) 각 1명이었소.

그리고 여기에 기술자들인 칠장(漆匠) 12명, 마조장(磨造匠) 12명, 궁현장(弓弦匠) 6명, 유칠장(油漆匠) 2명, 주장(鑄匠) 20명, 생피장(生皮匠) 4명, 갑장(甲匠) 35명, 궁인(弓人) 90명, 시인(矢人) 150명, 쟁장(錚匠) 11명, 목장(木匠) 4명, 야장(冶匠) 130명, 연장(鍊匠) 160명, 아교장(阿膠匠) 2명, 고장(鼓匠) 4명, 연사장(鍊絲匠) 2명 등 모두 약 600여 명의 기술자(공장, 工匠)들이 무기체계 제작에 종사하였지요.

부속 시설로는 야로소(冶爐所)·조갑소(造甲所)·대고(臺庫)·제조고(提調庫)·장인거소(匠人居所)·화약감조청(火藥監造廳)·궁전소(弓箭所) 등을 짓고, 많은 화약·각궁(角弓)·화포(火砲)를 제작하였습니다.

군기시에서 개발한 무기체계들에 관한 자료들은 세종실록의 군

례서례(軍禮序禮)에 수록되어 있고, 1474년에 성종의 명으로 한국의 대표 예법책인 국조오례의 일부로 편찬한 병기도설(兵器圖說)에 당시 주로 사용되던 조선의 무기들에 대한 설계도와 사용법이 수록되어 있지요.

특히 병기도설에는 11종의 화포류, 대신기전 등 로켓형 화약 무기 3종, 화차 등 기타 화약 무기 5종, 방패·창 등 12종의 일반 무기, 수은갑 등 조선 시대 갑옷 5종, 투구 2종 등 40여 종에 달하는 조선 초기 무기류의 재료 및 간단한 제조 방법과 구체적 규격, 설계도가 실려 있어, 나를 포함하여 군 간부들은 이를 필독하고 사용법을 숙달했습니다.

저자 : 과거나 현재나 군 간부들은 당시의 무기체계에 대한 특성과 제원을 파악하고 사용법을 숙달하는 것은 매우 중요한데, 장군께서는 초급장교 시절에 훈련원에 근무하시면서, 무기체계 관련 교재를 필독하고 사용법을 숙달하셨군요.

(10) '지도와 지리지' 숙지 : ❸ 서울 훈련원 최하위직 장교

이순신 : 다음은 조선 시대 군 통수권자인 국왕들이 직접 관여하여 만든 지도(地圖)에 관해 설명하겠어요. 조선 건국 후 태종은 지도가 국가 통치와 국방을 위해 국가를 경영하는 기본적 학문이라고 생각했고, 나아가 인접 국가와의 교역 등 대내외 정책을 위해 세계 지도인 혼일강리역대국도지도를 제작했지요.

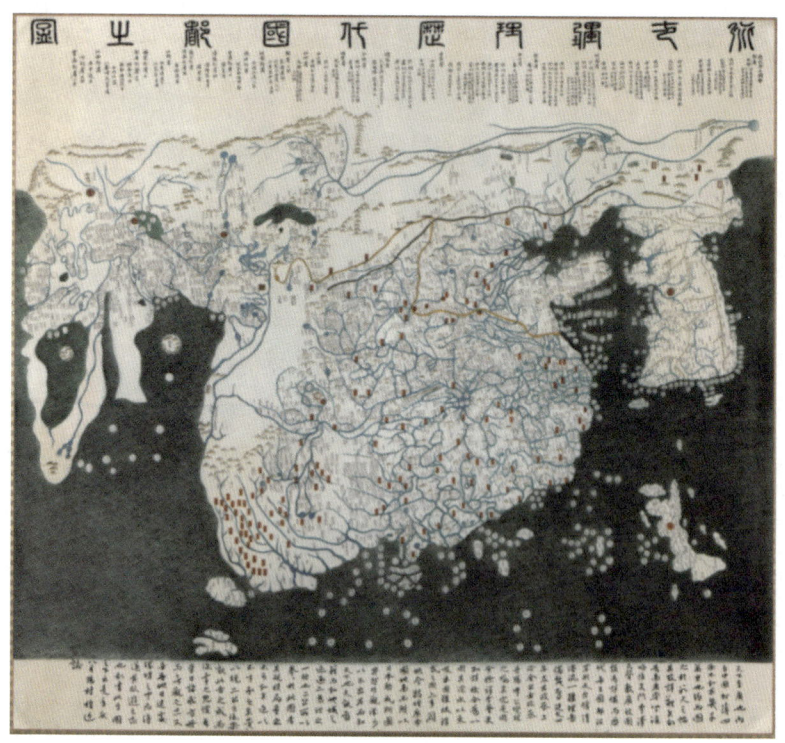

〈혼일강리역대국도지도〉 (출처 : 서울대학교 규장각한국학연구원)[32]

 그리고 세종은 맹사성(孟思誠)·신장(申檣) 등에 명하여 1432년(세종 14) 신찬팔도지리지를 편찬했고, 단종은 신찬팔도지리지를 보완하여 각 도별 군·현, 그리고 울릉도와 독도의 위치, 그리고 서울을 포함한 각 도와 지방의 토지, 인구, 육군과 수군의 부대 위치와 병력 규모 등이 포함된 세종실록지리지를 1454년(단종 2)에 완성했습니다. 그 후 성종은 1481년(성종 12)에 동국여지승람(東國輿地勝覽) 50

---

32 서울대학교 규장각한국학연구원(https://kyudb.snu.ac.kr/brd/dbHelp.do), 검색일 : 2022. 1. 14.

권을 완성하였으며, 중종은 이를 보완하여 1530년(중종 25)에 신증동국여지승람 55권을 편찬하였다오.

신증동국여지승람에는 조선 전도(全圖)와 각 도별 지도를 수록하고, 향토사 연구에 필요한 각 도별 연혁, 풍속·묘사(廟社)·능침(陵寢)·궁궐·관부(官府)·학교·토산(土産)·효자·열녀·성곽·산천·누정(樓亭)·사사(寺社)·역원(驛院)·교량 등이 수록되어 있습니다.

그러나 신증동국여지승람에는 세종실록지리지와는 달리 서울을 포함한 각 도와 지방의 토지, 인구, 육군과 수군의 부대 위치와 병력 규모가 수록되어 있지 않았지요. 또한, 신증동국여지승람에 수록된 조선 전도와 각 도별 지도에는 군사작전에 필요한 세부 정보가 부족하였기 때문에 현지 지형정찰을 통해 필요한 지형정보를 수집했습니다.

 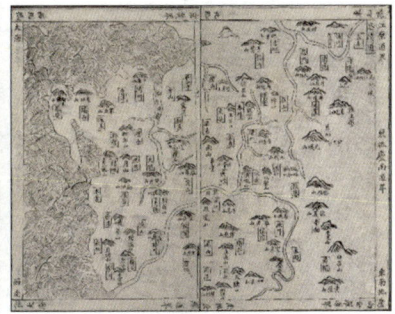

〈신증동국여지승람의 조선 전도(좌), 충청도 지도(우)〉
(출처 : 서울대학교 규장각한국학연구원)[33]

---

33 서울대학교 규장각한국학연구원(https://kyudb.snu.ac.kr/brd/dbHelp.do), 검색일 : 2022.

저자 : 지금까지 장군님의 말씀을 종합해보면, 장군께서는 무과시험 준비와 무과 급제 후 초급장교 시절에 훈련원에 근무하시면서, 장차 고급 지휘관으로서 갖추어야 할 군사 지식인 한반도와 주변국 지형연구, 전쟁사(역대병요), 정부조직법 및 군법(경국대전, 대명율), 전쟁원칙과 국가전략으로부터 군사전략 및 전술과 관련된 각종 교범(무경 7서, 병장설, 진법 등), 그리고 무기체계 관련 교재를 누구보다 열심히 필독하고 사용법을 숙달하셨습니다. 물론 최전방인 함경도 동구비보에서 소대장급 장교로 근무하시는 동안에도 틈틈이 이런 노력을 하였기에, 훗날 더 큰 일을 하셨다고 생각합니다.

(11) 해미읍성에 군관 근무 시절 : ❶ 당시 국방태세

저자 : 장군께서는 1576년 2월에 무과 급제 후 3년 8개월 동안 초급장교로 훈련원과 최전방 함경도에서 근무 경력을 쌓았고, 드디어 임진왜란 발발 13년 전인 1579년(선조 12) 10월에는 오늘날 충청도의 향토사단 사령부라 할 수 있는 충청병영의 군관으로 부임하셨습니다. 가장 먼저 궁금한 것은 조선 건국 후 태조로부터 태종, 세종, 세조, 성종에 이르기까지의 국방태세는 매우 든든했다고 생각하는데, 그 후 연산군으로부터 선조에 이르기까지의 국방태세는 어떠했습니까?

이순신 : 조선 건국 후 태조로부터 성종에 이르기까지 약 100년 동

---

1. 14.

안은 위대한 조선을 만들기 위해 초심을 잃지 않고 역대 군 통수권자들이 부국강병을 위해 노력을 많이 하였습니다. 그러나 연산군으로부터 선조에 이르기까지 역대 군 통수권자들은 약 100년 동안 태평성대가 지속되면서 부국강병을 위한 노력을 게을리하였지요. 특히 강병을 육성하여 외적의 침입에 대비하려는 국방태세 측면에서 비교해보면 너무나 많은 차이가 납니다.

첫째, 태조 때부터 성종에 이르는 역대 군 통수권자들은 전쟁에서 승리하는 데 필요한 관련법(경국대전, 대명율)을 만들고 이를 철저히 이행하여 정예 군 간부 선발과 군사들을 모집하고 훈련을 시킬 수 있도록 하였습니다. 그리고 국왕이 직접 관여하여 무기체계 개발과 제작, 지도 제작, 그리고 전쟁사와 진법을 포함한 군사 교재까지도 발간하였지요. 그러나 연산군으로부터 선조에 이르는 역대 군 통수권자들은 이런 노력을 소홀히 하여 군 통수권자로부터 장수와 군졸에 이르기까지 상무정신부터 흔들리기 시작했습니다.

둘째, 연산군 때부터 선조에 이르기까지 역대 군 통수권자들은 태조에서 성종에 이르는 역대 군 통수권자들에 비해, 지방과 중앙의 총력전 동원태세와 군사들 훈련상태를 점검하는 강무(講武)와 대열(大閱, 세종 때부터 시작)을 소홀히 하여 국방태세가 점차 약화되어 왔습니다.

셋째, 중종 때부터 국가 재정이 부실해지면서 빈 국고를 채우기 위해 포(布)를 내면 군 복무를 면제해주는 군적수포제(軍籍收布制)가 시행됨에 따라 제대로 싸울 군사들이 부족해지기 시작했습니다. 이 제도는 모든 16세 이상 60세 이하 모든 군정(軍丁)으로부터 포 2필을 거두어들이고 이 재정을 이용하여 군인을 고용제로 전환한 것이지요. 몹시 가난한 군정이 아니면 포 2필을 내고 군 복무를 면제받으려 했지요.

특히 이곳을 포함한 각 지방에서는 각 도 병사로부터 군관에 이르기까지 관리들의 녹봉이 제대로 지급되지 않아 각 도 병사나 군관들은 성에 근무 중인 군사들을 집으로 돌려보내고 그 대가를 포(布)로 거두어들이는 방군수포(放軍收布) 현상이 나타났지요. 이렇게 군사들이 부족해지므로 주진과 거진, 그리고 제진에서 향토방위를 할 군사들이 줄어들어 내 고향은 내가 지킨다는 향토방위 개념의 진관체제를 유지할 수 없게 되었습니다. 그래서 제승방략(制勝方略)이라는 대비책을 세워 전국 어디나 외적이 침입하는 곳으로 부족한 군사력을 집중시키는 전략을 구사토록 하였습니다.

따라서 내가 이곳에 군관으로 부임한 때에는 군 통수권자들로부터 백성들에 이르기까지 태평성대가 오래 지속되다 보니 상무정신과 국방태세가 매우 약화된 상태였습니다. 따라서 군관으로서 부여된 임무 수행이 매우 어려운 분위기였지요.

(12) 해미읍성에 군관 근무 시절 : ❷ 당시 주요 무기체계

저자 : 적과 싸워 이기기 위해서는 무기체계들이 잘 준비되어야

하는데, 우선 당시에 무기체계를 만드는 기술자들의 처우에 대해 알려주시면 감사하겠습니다.

　　이순신 : 조선 초기에는 무기체계를 만드는 기술자들의 처우가 좋았는데, 점차 이들의 처우가 나빠지면서 세종 이후로 무기체계 개선이 잘 이루어지지 못했습니다. 이에 대해서는 아래와 같이 병조에서 군기시(軍器寺)의 무기체계 기술자들의 열악한 처우에 대해 성종에게 보고한 내용을 참고 바랍니다. (성종실록 75권 성종 8년 1월 29일)

　　"화약을 만드는 기술자인 약장(藥匠) 오금 등이 장고(狀告)하기를, 세종 때에는 약장에게 두 끼를 먹이고 봉족(奉足) 2명을 주었으며, 양인(良人)이면 6품으로 진급하고, 천인도 관직을 받았으므로, 사람들이 앞을 다투어 들어왔습니다. 지금은 점심과 봉족도 없고, 또 진급하거나 관직을 받는 법을 폐지하였습니다."

　　저자 : 장군님 말씀을 들으니, 국방과학연구소가 설립된 1970년대 초기에는 박정희 대통령이 세종대왕처럼 이들이 자주국방을 위한 무기체계 개발에 전념할 수 있도록 처우를 잘해주었습니다. 그러나 그 후부터는 이들의 처우가 개선되지 못했던 사례와 유사합니다.

　　이순신 : 그랬군요. 시대를 초월하여 무기체계 개발 인력에 대한 처우는 보장되어야 합니다. 특히 세종과 문종께서는 경복궁 내에 집현전만 설치한 것이 아니라 화약과 무기체계 연구개발을 담당하는 사표국(司豹局)이라는 관아를 설치하여 수시로 연구성과를 점검

하고 이들을 격려해주었지요. (1445년 9월 27일 '세종실록')

그러면 내가 해미읍성에 군관으로 근무할 당시 육군이 보유한 주요 무기체계를 소개하겠어요. 당시 육군에는 칼·창·화살과 같은 전통 무기만 있었던 것이 아니라, 화약을 이용한 무기체계인 다양한 종류의 화포, 신기전, 화차 등이 있었습니다.[34]

① **대형화포(공용화기) : 천자총통, 지자총통, 현자총통, 황자총통, 총통완구 등**
② **소형화포(개인화기) : 사전총통(四箭銃筒), 팔전총통, 승자총통, 세총통(細銃筒) 등**
③ **신기전 : 대신기전, 산화신기전, 중신기전, 소신기전**
④ **화차 : 총통기화차, 신기전기화차**

참고로 임진왜란 중에 개발되어 활용된 무기체계는 비격진천뢰와 변이중화차가 있었습니다.

---

[34] 국방군사연구소, 『한국무기발달사』(1994), pp. 289~442, '조선 전기의 무기'를 중심으로 재구성

> **TIP**
>
> **천자총통을 포함한 조선 시대 무기의 특성과 제원, 사격 원리, 위력 등을 이해하려면?**
>
> ① 국방군사연구소(현 국방부 군사편찬연구소)에 편찬한 '한국무기발달사' 숙지
>
> ② KBS 홈페이지(https://www.kbs.co.kr)나 YouTube에 접속, 동영상 시청
> ㉠ '조선 천자총통의 활약'[KBS 클립영상(2020. 8. 6.)]
> ㉡ '조선 수군 화력 포탄의 위력'[KBS UHD 역사스페셜(2021. 12. 21.)] 등
>
> ③ 국립진주박물관 '조선 시대 무기' 체험장 방문, 각종 조선 시대 무기 직접 체험

■ 대형화포(여러 명이 운반하여 사용하는 공용화기)

(1) 천자총통

① 특성 및 제원

청동 재질로 태종 시절에 개발하였고 세종과 명종이 성능개량을 하였으며, 화포 길이 약 1.3m, 구경 약 13cm, 무게 약 300kg이며, 대장군전을 사용 시 최대 사거리는 약 900보(1,080m)다. 발사체로는 대장군전, 조란환/수마석, 포환이 있다.

〈천자총통과 다른 총통들〉 (출처 : 국립진주박물관)

② 발사체

㉠ 대장군전(大將軍箭) : 길이 약 3.5m, 무게 약 30kg. 적 함선과 성을 공격 시 사용

〈천자총통에 대장군전 장착 모습〉 (출처 : 해미읍성)

㉡ 포환(砲丸) : 쇠와 돌로 만든 철환과 석환이 있으며, 적 함선과 성을 공격 시 사용

㉢ 조란환(鳥卵丸)/수마석(水磨石) : 쇠나 돌로 만든 새알(鳥卵) 크기의 산탄으로, 약 400발을 적 밀집 지역에 사용

〈포환(좌 상단)과 조란환(좌하단)〉 (출처 : KBS1)

③ 사격 원리

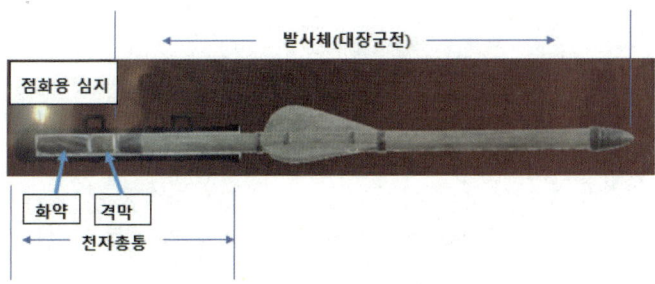

〈대장군전을 발사체로 사용 시 사격 원리〉 (출처 : 국립진주박물관)

④ 위력

〈대장군전이 적 함선을 격파하는 모습〉 (출처 : KBS)

〈포환이 적 함선을 격파하는 모습〉 (출처 : 국립진주박물관)

(2) 지자총통, 현자총통, 황자총통

① 지자총통

청동 재질로 태종 시대에 개발하였고, 세종과 명종이 성능을 개량하였으며, 화포 길이 약 0.9m, 구경 약 7.5cm, 무게 약 73kg이고, 약 18kg의 장군전을 사용 시 최대 사거리는 약 800보(960m)다. 또한, 조란환은 약 200발을 한 번에 발사할 수 있다.

② 현자총통

청동 재질로 태종 시대에 개발하였고, 세종과 명종이 성능을 개량하였으며, 화포 길이 약 0.8m, 구경 약 7.5cm, 무게 약 40kg이고, 약 4kg의 차대전을 사용 시 최대 사거리는 약 800보(960m)다. 은장차중전을 사용 시 최대 사거리는 약 1,500보(1,800m)임. 또한 지름 3cm 조란환 약 30발을 한 번에 발사할 수 있다.

③ 황자총통

　청동 재질로 태종 시대에 개발하였고, 세종과 명종이 성능을 개량하였으며, 화포 길이 약 0.5m, 구경 약 4cm, 무게 약 20kg이고, 피령차중전을 사용 시 최대 사거리는 약 1,100보(1,300m)이며, 지름 2cm 조란환은 약 20발을 한 번에 발사할 수 있다.

〈지자총통/장군전〉 (출처 : 진주성)〉

〈현자총통/차대전〉 (출처 : 진주성)

〈황자총통〉 (출처 : 한국무기발달사)

(3) 총통완구와 비격진천뢰

① 총통완구

세종 시절에 총통에다 둥근 돌을 넣어 발사하도록 만들어진 무기로, 발사체인 둥근 돌의 무게는 약 45kg, 구경은 약 30cm이며, 사정거리는 약 370보(440m)다.

〈총통완구〉 (출처 : 육군박물관)

② 비격진천뢰

총통완구는 후에 대완구, 중완구, 소완구로 분리되고, 발사체는 둥근 돌에서 임진왜란 중에 군기시 화포장 이장손이 개발한 비격진천뢰를 발사했다.

〈비격진천뢰 외형〉 (출처 : 국립진주박물관)

〈격진천뢰 내부구조〉 (출처 : 국립진주박물관)

■ 소형화포(개인화기)

소형화포는 세종 때 개발된 팔전총통·사전총통·장총통·세총통을 비롯하여 선조 때 개발된 승자총통이 있었으며, 이중 사전총통과 승자총통은 개인화기로 사용되었다. 또한, 사전총통은 총통기화차에, 승자총통은 변이중화차에 대량으로 장착되었다.

① 사전총통(四箭銃筒)

사전총통에서 '사전(四箭)'이란 '화살(箭) 4개(四)'를 의미하며, 길이 26.3㎝, 무게 1.3㎏, 구경 2.2㎝, 사거리 400보(480m)이며, 약 25㎝ 화살 4개를 동시에 발사할 수 있다. 참고로 사전총통은 총통기화차에 50정이 장착되었다.

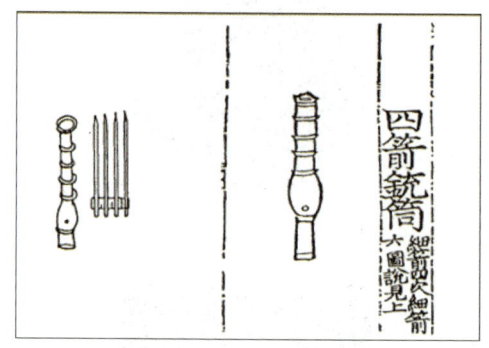

〈사전총통〉 (출처 : 국방군사연구소, '한국무기발달사')

〈사전총통〉 (출처 : 전쟁기념관)

② 승자총통(勝字銃筒)

1575년(선조 8)부터 1578년까지 전라좌수사와 경상병사를 지낸 김지(金墀)가 만든 화기로서, 길이 56.8㎝, 지름 4㎝, 무게 4.5㎏이다. 1583년 이탕개의 난 때 큰 몫을 하였다. 비록 임진왜란 때는 왜군의 조총 때문에 개인화기로서는 위력을 잃었으나, 승자총통 40정이 장착된 변이중화차는 행주산성 전투 시 큰 활약을 하였다. 소형 화살 1개, 또는 소형 철환 15개를 장전하며, 사거리는 600보(720m)다. 승자총통을 사격 시는 아래와 같이 나무 막대를 승자총통의 나무 구멍에 끼워서 사용한다.

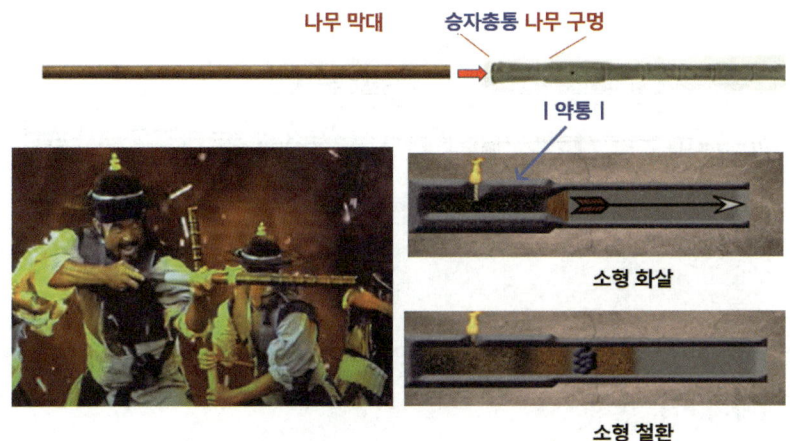

〈승자총통 사격 모습(좌)과 승자총통 내부구조〉
(출처 : 국립진주박물관 그림+저자 재구성)

■ 신기전

신기전은 화살(안정막대)에 약통(로켓추진제)과 발화통(폭탄) 또는 화살촉을 달아 자체 추진력으로 비행해서, 목표지점에서 폭탄 폭발 또는 화살로 적 병력에 피해를 주는 무기다. 고려 때 최무선이 이와 같은 원리로 만든 주화(走火)를 세종이 성능개량을 하였다. 신기전은 4종류가 있으며, 4종류 모두 약통(로켓추진제)이 장착되어 있고,

적 병력에게 피해를 주는 발화통(폭탄)은 대신기전, 산화신기전, 중신기전에 장착되어 있고, 화살촉은 중신기전과 소신기전에 장착되어 있다.

① **대신기전**(大神機箭) : 길이 약 5.6m, 사거리 약 2km, 개별 발사대 이용 발사

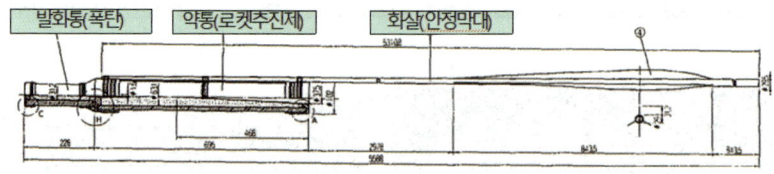

② **산화신기전**(散火神機箭) : 길이 약 5.4 m, 사거리 약 2km, 개별 발사대 이용 발사

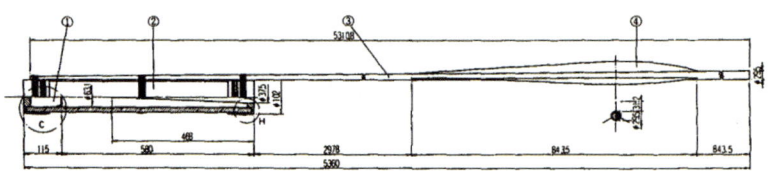

③ **중신기전**(中神機箭) : 길이 약 1.5m, 사거리 약 150m, 신기전기화차 이용 발사

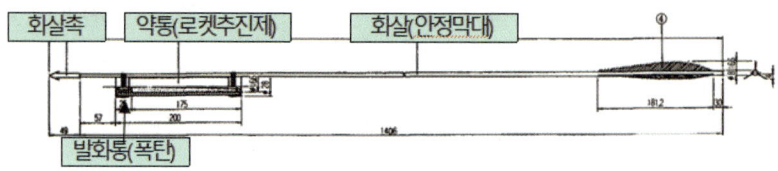

④ 소신기전(小神機箭) : 길이 약 1.1m, 사거리 약 100m, 신기전기화차 이용 발사

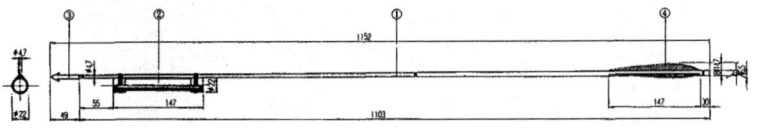

〈신기전〉 (출처 : 관련 내용과 그림은 1994년 국방군사연구소
'한국무기발달사', pp. 381~385 참조)

■ 화차

'화약 무기를 운반하는 수레(車)'라는 뜻을 내포하고 있는 화포의 종류는 조선 초기 총통기화차와 신기전기화차, 임진왜란 중에 제작된 변이중화차가 있다.

① 총통기화차

1451년 문종이 창안한 화차의 수레 위에 사전총통 50정을 발사할 수 있는 총통기를 장착하여 다량의 화살을 발사한다. 5층으로 구성된 총통기 각 층에 사전총통을 10개씩 장착하고, 10개의 점화선을 서로 모아 점화시켜 동시에 발사시킨다.

〈총통기화차〉 (출처 : 전쟁기념관)

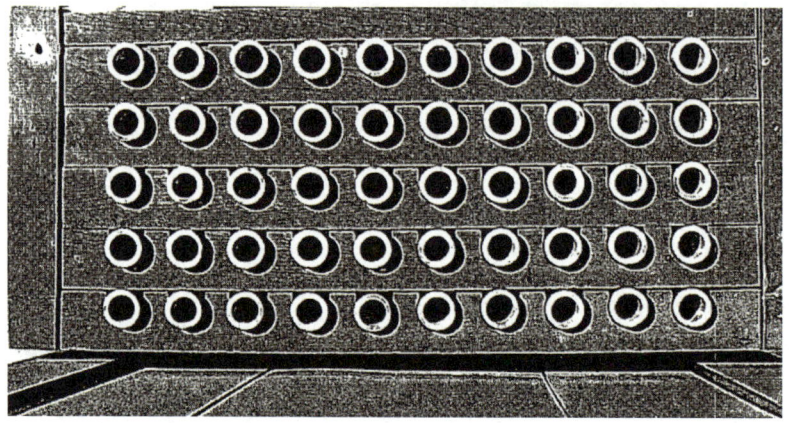

〈총통기 정면〉 (출처 : 한국무기발달사)

② 신기전기화차

1451년 문종이 창안한 화차의 수레 위에 중신기전(中神機箭)이나 소신기전(小神機箭) 100개를 발사할 수 있는 신기전기를 장착하였다. 총통기는 7층으로 구성되어 있으며, 1층은 신기전 10개, 2~7층은 신기전 15개를 장착한다.

〈신기전기화차〉 (출처 : 전쟁기념관)

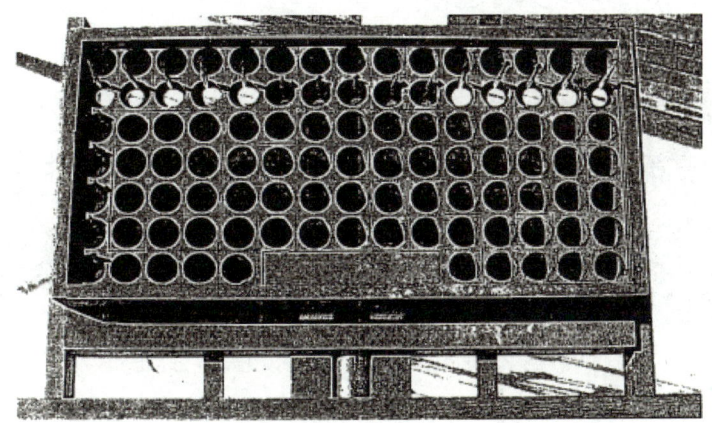

〈신기전기 정면〉 (출처 : 한국무기발달사)

③ 변이중화차

　임진왜란 중에 변이중이 제작하였으며, 네 방향으로 방호벽을 설치하여 관측구를 설치하고, 세 방면에 총통기에 40정의 승자총통을 장착하여 사용하며, 300대 제조하여 그중에서 40대를 권율(權慄)에게 지원하여 행주대첩 때에 기여하였다.

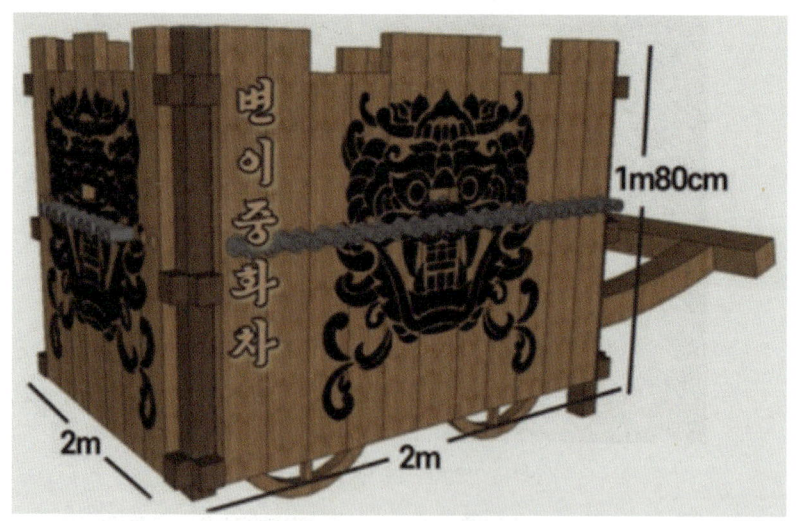

〈화차 외부〉 (출처 : 국방 TV)

〈화차 내부(좌)와 2011년 사격 장면(우)〉 (출처 : 장성군청)

TIP

유치원이나 초등학교 1~2학년 자녀로부터 다음과 같은 질문을 받은 부모, 그리고 할아버지와 할머니는 어떻게 답변해야 하나?[35]

자녀 : 작년에는 설날 세뱃돈으로 장난감 거북선을 사서 잘 갖고 놀았고, 올해는 세뱃돈으로 '거북차' 장난감을 샀어요. 거북선은 우리나라 이순신 장군이 만들어서 일본군을 바다에서 무찔렀는데, 거북차도 우리나라에서 만들었나요?

〈거북차〉 (출처 : http://www.oxfordtoy.co.kr)

부모 : 우리나라에서 만든 거북선은 여러 종류가 있었는데, 임진왜란 때 일본군을 바다에서 무찌른 거북선은 이순신 장군 지시로 만든 거북선이 맞아요. 그리고 거북차(龜車)는 우리나라에서 이순신 장군이 거북선

---

35 한경춘·한여현 저, 이향배 외 6인 번역, 서산문화원 발행, 『湖山錄』(서산인쇄공사, 2021), pp. 222~223. 호산록(湖山錄)은 1582년 한경훈이 집필을 시작하여 1619년(광해군 11)에 한여현이 편찬한 충청도 서산군 읍지. 서산군의 연혁으로부터 정치, 행정, 군사, 인물 등의 내용이 자

153

(龜船)을 만든 비슷한 시기에 충청도 서산이 고향인 안열(安烈)이라는 군인이 만들었어요. 거북차도 거북선과 비슷하게 적군이 가까이 오면 화살로 쏘고 멀리 있으면 포로 쏘게 했어요.

자녀 : 그러면 거북선과 거북차 중에서 어느 것이 더 크나요?

부모 : 거북선에는 싸우는 군인과 노 젓는 사람을 합쳐 모두 125명이 타는데, 거북차는 싸우는 군인 30명과 수레를 밀고 다니는 사람 30명, 그러니까 총 60명이 차 안에서 활동을 했어요. 그러나 안타깝게도 거북차는 당시 조정에서 채택되지 않았지만, 오늘날의 장갑차와 원리가 비슷해요.

(13) 해미읍성에 군관 근무 시절 : ❸ 지휘관 참모 전술 토의

저자 : 시대를 초월하여 군인, 특히 군의 간부라면 기본적으로 어떻게 하면 적과 싸워 이길 것인가? 적과 싸워 이기기 위해서는 어떤 수단과 방법을 모색할 것인가에 대해 고민을 하고, 또한 주어진 직책에 따라 직책에 맞는 임무를 수행하고 있습니다. 적어도 충청도 향토방위를 책임진 충청 병사를 보좌하는 군관이라면, 지휘관인 충청 병사에게 주어진 임무를 구체적으로 달성하는 것이 군관(현 참모)의 주요 임무입니다.

세히 수록되어 있다. 1579년 10월부터 서산 해미읍성에서 10개월간 근무했던 이순신 군관은 서산 출신 안열(安烈)이 제작한 거북차를 보고 거북선을 제작하는 데 참고했을 가능성(?)이 제기되는데, 이에 대해서는 추후 관련 전문가의 연구와 검증이 필요하다고 사료된다.

21세기 독자들을 위해 쉽게 말씀드리면, 충청도 향토방위를 책임진 향토사단장과 참모들에게 주어진 여러 임무 중에서 가장 중요한 것은 책임 지역인 충청도에 적의 예상 접근로를 판단하여, 예상 접근로별로 충청도 육군의 가용한 무기체계와 병력을 어떻게 운용할 것인가에 대한 대책을 수립하는 것입니다. 이를 위해 지휘관과 참모는 지형정찰과 전술 토의를 통해 적 예상 접근로 선정과 작전계획을 수립합니다. 다음에는 작전계획에 입각한 임무 위주 전술훈련과 사격훈련을 실시합니다. 장군께서 해미읍성의 군관으로 근무할 당시에도 이런 활동을 하셨는지요?

이순신 : 시대를 초월하여 지휘관을 보좌하는 참모의 활동은 같지요. 당시 충청도 책임 지역의 주적은 해안가로 침투하는 왜구들이었습니다. 우선 해미읍성 관아에서 지도상으로 적의 예상 접근로가 서천, 보령, 해미, 태안 등 여러 지역 중에서 어디가 될 것인지에 대해 군관이 먼저 검토하여 예상 접근로를 선정합니다. 이어서 충청병사와 병마우후를 모시고 현지 지형정찰과 전술 토의를 통해 접근로별 우선순위를 판단하였지요.

다음은 예상 접근로별 우리 군의 가용한 무기체계와 병력을 어떻게 운용할 것인가에 대한 대책을 수립하는 것입니다. 예를 들어 왜구들이 해미읍성 방향으로 접근할 경우는 왜구들의 규모에 따라, 해미읍성의 가용 군사들과 인근 고을 거진과 제진의 군사들과 무기체계들을 동원하여 예상 접근로 전방에 신속히 배치하는 것이지요.

그리고 당시 충청도 육군이 보유한 무기체계들의 사거리를 고려하여 적을 격멸하는 방안에 대한 전술 토의를 하였지요. 왜구의 함선은 대형화포인 대장군전이나 장군전으로 공격하고, 왜구들이 상륙하면 대형화포에 조란탄을 이용하여 왜구들에게 살상을 가하고, 다음은 총통기 화차와 신기전 화차를 이용하여 적을 공격하며, 적이 가까이 오면 최선의 진법으로 진(陣)을 치고 소형 총통과 재래식 무기인 창·칼·화살로 근접전투를 수행하는 여러 방안에 대해 전술 토의를 하였지요.

(14) 해미읍성에 군관 근무 시절 : ❹ 무기체계 교육 및 사격 연습

저자 : 독자들이 이순신 장군에 대해 상상하는 것은 광화문에 칼을 차고 있는 모습, 그리고 한산섬 달 밝은 밤의 큰 칼을 생각합니다. 장군께서 해미읍성에 군관으로 근무하실 때에도 칼이나 창, 화살 같은 무기로 적과 싸우고, 이런 전통 무기 위주로 훈련하였을 것으로 생각합니다. 그런데 지금까지 장군님 말씀을 들으니, 당시의 최첨단 무기들이 많이 활용되었습니다. 궁금한 것은 화약을 이용하는 무기인 화포들이 충청도의 주진, 거진, 그리고 제진에도 배치되었는지요? 또한, 이런 무기를 운용하는 군사들이 얼마나 있었는지요?

이순신 : 이미 세종 때에 충청 병사가 병조(현 국방부)를 통해 아래와 같이 세종에게 여러 화포를 운용하는 군사 양성을 건의한 바 있고, 세종은 이를 조치한 바가 있습니다. 여러 화포는 충청도의 각 진

에 배치되었고, 이를 운용하는 군사들도 양성되었지요.

"'군의 무기 중에서 화포(火砲)가 가장 중요한 것이오나 제 진영에는 다룰 줄 아는 군사가 겨우 한 명뿐입니다'라며 근심을 털어놓았다. 그리하여 세종은 병조와 상의해 충청도 본영에 10명의 화포 운용 군사를 양성하기로 했다. 그 밖에도 도내의 모든 수군과 육군의 영(營)과 진(鎭)에도 화포 운용 군사들을 10명씩 양성하기로 했다."(1430년 6월 20일 '세종실록')

따라서 내가 해미읍성에 군관으로 근무를 한 것은 1579년이니까, 세종께서 위와 같은 지시를 하고 약 150년이 지난 시점입니다. 충청도의 각 진에는 다양한 화포와 이를 운용하는 병사들이 배치되어 있었으므로, 운용 병사들에 대한 교육과 사격 연습도 하였지요.

저자 : 그러니까 오늘날로 말하면 다양한 화포 주특기 병사들이 이미 세종 때부터 충청도 주진인 해미읍성을 포함하여, 예하 거진과 제진에도 10명씩 양성되었고, 그 후로 더 많이 양성되었군요. 그러면 주특기 교육훈련은 언제 했고, 실제 사격은 언제 했는지요?

이순신 : 세종 때에는 각 영진(주진, 거진, 제진)에서 총통의 사격 연습을 3개월에 한 번씩(사맹월, 四孟月 : 음력 1월, 4월, 7월, 10월) 했지요. 그러나 총통군(銃筒軍)이 능히 익숙하지 못하고, 또 다양한 총통들을 모두 다 연습하자면 화약을 보급하기 어려워, 연습 때에는 모두 사전총통(四箭銃筒)을 사용했지요. 그리고 팔전총통(八箭銃筒)·사

전총통(四箭銃筒)·장총통(長銃筒)·세총통(細銃筒)·중소신기전(中小神機箭)은 양계(兩界)의 경우 매년 한 번씩, 충청도를 포함한 나머지 여러 도에는 2년마다 한 번씩 사격 연습을 했습니다.

그리고 사격 시에는 화포를 운용하는 군사들뿐만 아니라 성(城)에 근무 중인 군사들도 모두 다 모아서 화약을 넣고, 격목(激木)을 치고, 화살을 붙이며, 쏘는 절차를 견습(見習)하게 했습니다. 사격 우수자에게는 포상하였지요. (1448년 12월 6일 '세종실록')

그 후에 세월이 흘러 경국대전이 선포되는 성종 시절(1485년)에는 다양한 화포들이 많이 보급되면서 주진, 거진, 제진에서는 유방군들이 교대로 근무를 설 때마다 그중에서 10명마다 1명씩 뽑아 화포 사격 연습을 시킨 뒤, 주관하는 각 진의 지휘관인 수령이 사용한 화약의 수량을 자세히 적어서 국왕에게 보고하도록 하였습니다.

(15) 해미읍성에 군관 근무 시절 : ❺ 진법[36]

저자 : 지금까지 장군께서 해미읍성에 군관으로 근무하시면서 수행하신 주요 활동을 21세기 독자들을 위해 쉽게 설명하겠습니다. 군관은 지휘관인 충청 병사와 부지휘관인 병마우후를 모시고 다른 참모들과 함께 수많은 전술 토의를 통해, 충청도 전역의 지형분석

---

[36] 이하 진법 관련 내용은 현 국방부 군사편찬연구소의 전신인 국방부 전사편찬위원회에서 1983년에 발간한 병장설·진법 & 정해은, 『한국전통병서의 이해』(국방부 군사편찬연구소, 2004), pp. 98~106의 내용을 참조하여 재구성하였다.

과 적 예상 접근로 판단 등의 정보판단으로부터, 적 예상 접근로별 가용 무기와 병력 배치 등의 작전계획 수립, 각종 무기·탄약·식량 지원과 관련된 군수지원계획 수립, 그리고 전시에 필요한 인력·장비·물자들의 동원계획을 수립하였습니다.

또한, 당시의 첨단무기인 각종 화포를 운용하는 군사들의 주특기 교육과 사격 연습도 시켰습니다. 이제 남은 것은 위와 같은 다양한 전시계획에 입각하여, 가용 무기와 병력을 통합하여 수행하는 실전과 같은 전술훈련입니다. 그러면 이처럼 실전과 같은 전술훈련을 시키기 위해 당시 충청 병사에게 주어진 책임은 무엇이었는지 궁금합니다.

이순신 : 충청 병사에게 주어진 전술훈련 책임은, 충청 병사를 보좌하여 전술훈련을 실제 시키고 이를 평가하는 군관의 책임이기도 합니다. 경국대전에 의하면, 충청 병사는 불시에 주진을 포함하여 충청도 예하 군부대들(거진, 제진)의 전술훈련(진법연습)과 화포 사격 훈련 등 일체 군무를 순찰하다가 만일 능숙하지 못한 군관이나 거진과 제진의 지휘관이 있으면 곧 임금에게 보고했습니다.

제진의 경우는 농사철을 제외하고 매달 16일에 각기 자체로 진법을 연습해야 하고, 2월과 10월에는 거진에 소속된 모든 진의 군사들이 하루나 이틀 혹은 10여 일분의 식량을 가지고 진을 바꾸어 진법을 연습했습니다.

저자 : 현재의 교육훈련은 우선 전투원 개인에게 필요한 각개전투, 독도법, 개인화기 사격술, 공용화기 사격술, 경계, 독도법 등을 숙지하고, 그다음에는 부대 규모에 따라 필요한 분대 전술훈련부터 소대, 중대, 대대, 연대(여단), 사단 전술훈련을 실시하고 있습니다. 장군께서 말씀하신 진법 연습이란 현재의 전술훈련과 유사하다고 생각되는데, 먼저 진법은 누가, 언제 만들었는지 설명해주시면 감사하겠습니다.

이순신 : 진법(陣法)은 태조께서 정도전 등을 시켜서 군사훈련에 필요한 진도와 강무도를 편찬하였고, 태종은 상왕이 된 후에 하륜·변계량 등에게 명하여 진도법을 편찬하였지요. 그 후 세종은 하경복 등에게 명하여 계축진설을 편찬하였고, 문종은 오위진법을 손수 저술하여 1451년(문종 1)에 초간본을 간행하였어요. 세조는 한계희·김교·최항 등에게 명하여 주해에 음역을 달아 알기 쉽게 해석하고, 진도의 그림을 넣어 작은 활자로 인쇄한 소자진서와 큰 활자로 인쇄한 대자진서를 간행하였지요. 그 후 성종은 유자광 등에게 명하여 소자·대자진서를 보완하여 1492년(성종 23)에 도성 방위를 하는 5위를 중심으로 오위진법을 발간하였는데 이를 진법(陣法)이라 하지요.

저자 : 그러면 진법(오위진법)의 주요 구성 내용이 궁금합니다.

이순신 : 진법의 주요 내용은 부대 전투편성인 '분수(分數)', 지휘·통신인 '형명(形名)', 진을 치는 법인 '결진(結陣)', 명령 하달 절차

와 교룡기를 이용한 여러 진을 형성하고 군사들을 집합 및 분산시키는 방법인 '용병(用兵)'이 있지요. 또한, 훈련 시에 신상필벌과 관련된 군법인 '군령(軍令)', 부대(오위)별 소속 군인들의 식별이 가능토록 군인들 전투복에 부착하는 표지와 부대별 깃발에 표시하는 짐승 그림과 관련된 '장표(章標)', 군 통수권자인 국왕이 훈련장을 방문했을 때 아군부대와 대항군 부대 지휘관의 의전행사인 '대열의(大閱儀)', 그리고 전술훈련(모의 전투) 모형인 '용겁지세(勇怯之勢)' 3개 모형과 '승패지형(勝敗之形)' 3개 모형이 있습니다.

저자 : 장군님의 설명을 들으니, 이제 진법의 전반적인 내용에 대해 이해가 됩니다. 그리고 진법을 현재의 전술훈련과 비교해보았을 때 과학기술과 무기체계의 발달로 각종 수단(통신, 무기체계, 복장, 부대기 등)과 훈련장소의 차이가 있을 뿐, 훈련 절차와 방법은 현재의 전술훈련과 유사합니다.

(16) 해미읍성에 군관 근무 시절 : ❺-1 진법훈련 부대편성

저자 : 다음은 진법에 제시된 부대 전투편성인 '분수(分數)'부터 자세히 설명해주시면 감사하겠습니다.

이순신 : 아군이 실제 적군과 전투를 한다면, 적군과 아군으로 나누어 전투가 이루어질 것입니다. 그리고 실제 많은 아군과 적군이 죽거나 다치게 되지요. 그러나 아군끼리 훈련을 한다면 2개 부대로 나누어(分 : 나눌 분) 상대 부대를 서로 적군이라 간주하는 쌍방 전술

훈련이 필요하지요.

그리고 쌍방 전술훈련을 하더라도 서로 죽이고 다치게 할 수 없지요. 따라서 태권도의 약속 대련처럼 약속된 전술훈련 규정이 필요합니다. 그렇다면 2개 부대의 명칭을 청군이나 황군, 또는 아군이나 대항군 등 여러 방안이 있지만 '좌군(左軍)'과 '우군(右軍)' 2개 부대로 나누는 것이지요. 그리고 좌군과 우군의 지휘관 명칭은 모두 '대장(大將)'이라 칭하도록 진법에 규정으로 정했습니다.

저자 : 그러면 과거나 현재나 어릴 적에 친구들과 전쟁놀이를 할 때, 여러 친구들을 두 편으로 나누고, 각 편의 리더를 대장이라고 호칭하는 것과 같은 맥락이군요. 그런데 어린아이들 전쟁놀이는 인원이 많아야 한 편이 5~10명 정도인데, 많은 군인들이 쌍방 전술훈련을 할 때는 '좌군(左軍)'과 '우군(右軍)' 2개 부대를 각각 어떻게 편성했는지? 특히 한 부대의 대장 예하에 부대와 병력 수(數)는 어떻게 정했는지 궁금합니다.

이순신 : 하하, 어린아이들이 전쟁놀이하는 것은 시대를 넘어 유사하군요. 대장(大將) 예하에 부대와 병력의 수(數)는 '음양오행(陰陽五行)'에서 제시하는 '5(五)'라는 수를 대부분 적용했지요. 이는 한 사람이 5명을 지휘하는 것이 가장 적당하다는 것을 의미하는 것입니다. 자, 그러면 지금부터 예를 들어 설명하겠어요.

대장(大將)은 예하에 5개 부대를 편성하고, 5개 부대원 모두 지휘하는 것이 아니라 예하 5개 부대의 지휘관 5명을 지휘하는 것입니다. 대장 예하의 5개 부대 명칭을 '위(衛)'라 하며, '위' 부대의 지휘관을 '위장(衛將)'이라 하도록 규정하였지요.

위장(衛將)은 예하에 5개 부대를 편성하고, 예하 5개 부대의 지휘관 5명을 지휘하고, 위장 예하의 5개 부대 명칭을 '부(部)'라 합니다. '부'라는 부대의 지휘관을 '부장(部將)'이라 하도록 규정하였지요. 그리고 위장은 예하 5개 부와 별도로 예비대인 유군(遊軍)을 보유하는데, 정군과 유군의 비율은 7 : 3이었지요.

부장(部將)은 예하에 4개 부대를 편성하고, 예하 4개 부대의 지휘관 4명을 지휘하며, 부장 예하의 4개 부대* 명칭을 '통(統)'이라 하였습니다. '통'이라는 부대의 지휘관을 '통장(統將)'이라고 규정하였지요.

* 4개 부대
① 보병 외곽경계부대인 보주통(步駐統)
② 보병 전투부대인 보전통(步戰統)
③ 기병 전투부대인 기전통(騎戰統)
④ 기병 예비대인 기주통(騎駐統)

이제부터는 가용병력에 따라 부장 예하의 4개 통을 편성하는 방법을 설명하겠어요.

첫째, 1개 통에 5명씩, 4개 통에 총 20명으로 편성하는 방법이 있지요. 이때 5명으로 구성된 1개 단위를 '오(伍)'라고 하였고, 지휘자를 '오장(伍長)'이라 칭하였지요.

둘째, 1개 통에 25명씩, 4개 통에 총 100명으로 편성하는 방법이 있지요. 이때 25명으로 구성된 1개 단위를 '대(隊)'라고 하였고, 지휘자를 '대정(隊正)'이라 하였지요.

셋째, 1개 통에 125명씩, 4개 통에 총 500명으로 편성하는 방법이 있지요. 이때 125명으로 구성된 1개 단위를 '여(旅)'라고 하였고, 지휘관을 '여수(旅帥)'라 하였지요.

저자 : 설명 감사합니다. 가용병력을 고려해볼 때, 충청도와 같이 병력이 적은 지방군의 경우는 첫째 방법이 적절할 것 같고, 도성 방위를 담당하는 중앙군처럼 병력이 많은 5위의 경우는 셋째 방법이 적절할 것으로 판단됩니다. 제가 충청도에서 진법 연습을 한다고 가정하고, 첫째 방법을 적용해서 부대와 인원 수(정군, 유군), 그리고 부대 명칭과 지휘관 호칭을 현재와 비교하여 제시해보겠습니다.

⟨1개 통에 5명씩 편성 시, 진법 훈련부대 편성(정군)[37]⟩

조선 전기 훈련부대 편성			현재의 훈련부대 편성		
좌군(左軍) 및 우군(右軍) : 2개 부대			청군 및 황군 : 2개 부대		
지휘관 호칭	1개 부대 편성	병력 수	지휘관 호칭	1개 부대 편성	병력 수
대장	5개 위(衛)	500명	대대장	5개 중대	현재와 유사
위장	5개 부(部)	100명	중대장	5개 소대	″
부장	4개 통(統)	20명	소대장	4개 조	″
통장	1개 오(伍)	5명	조장	1개 조	″

위 도표와 같이 1개 통에 정군 5명씩 편성 시, 위장은 정군 100명과 별도로 유군 약 43명을 보유하며, 대장은 정군 500명과 별도로 유군 215명을 보유하게 됩니다.

(17) 해미읍성에 군관 근무 시절 : ❺-2 진법훈련 시 지휘·통신[38]

저자 : 다음은 진법에 제시된 '형명(形名)'에 대해 알려주시면 감사하겠습니다.

이순신 : 형명(形名)이란 당시에 부대를 지휘하고 통신을 위해 사용된 각종 시청각 도구를 의미합니다. 눈에 보이는 시각적 도구로

---

37 참고로 충청도 주진, 거진, 제진의 가용병력이 각 286명 정도일 경우는 위 도표에서 위장이 대장이 되어 좌군 100명, 우군 100명으로 편성하고, 좌군과 우군에 유군을 각 43명씩 편성하여 쌍방훈련을 할 수 있다. 또한, 진법의 훈련부대 편성은 가용부대 병력을 고려하여 융통성 있게 할 수 있으므로, 1개 통의 병력을 125명인 여(旅)로 할 경우, 좌군과 우군은 정군이 각 12,500명, 유군은 각 5,356명이 된다.

38 이하 내용은 조선 전기 『오위진법』에 제시된 많은 사례들 중에서 일부를 제시하였다. 조선 전기·후기를 망라한 사례들은 최형국, 『陣法, 조선군 진법 속 무예와 전술신호』(민속원, 2021)를 참고 바란다.

는 각종 깃발이 있고, 귀로 듣는 청각 도구로는 징, 북, 그리고 나팔 등이 있지요.

저자 : 사실 현재는 전자통신 기술 발전으로 유무선 통신을 주로 사용하고 있지만, 적이 전자전으로 아군의 통신을 방해할 것에 대비하여, 지금도 시호 통신을 활용하고 있습니다. 먼저 대표적인 각종 깃발의 용도와 형상을 알려주시면 감사하겠습니다.

이순신 : 대표적인 깃발로는 주로 교룡기(交龍旗), 휘(麾), 그리고 초요기(招搖旗)가 있지요. 먼저 교룡기란 군 통수권자가 직접 장수에게 지시할 때 사용하는 깃발이고, 휘(麾)는 대장용과 위장용으로 청·황·적·백·흑의 다섯 종류가 있으며, 예하 지휘관에게 명령할 때 사용합니다. 그리고 초요기는 대장 이하가 모두 가지고 있는데, 이는 예하 장수를 소집할 때 사용합니다.

지금까지 깃발의 용도가 주로 상급 지휘관이 예하 지휘관을 소집하거나 지시할 때 사용하는 것이라면, 이런 지시를 잘 받았다고 응답하는 깃발이 필요한데 이를 위해 대장기로부터 말단 지휘자인 대정(隊正)이 사용하는 대정기가 있었습니다.

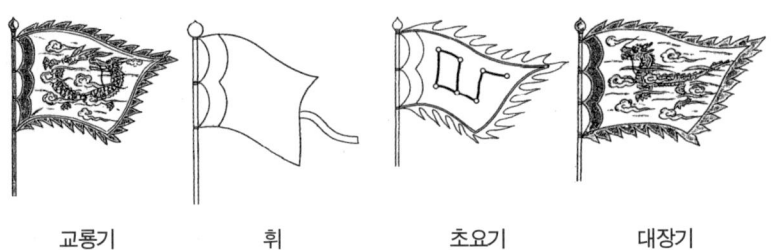

〈통신용 주요 깃발〉(출처 : 국방부 전사편찬위원회, 병장설·진법)

저자 : 현재 육군의 경우는 부대 깃발을 지휘·통신보다는 부대 식별용으로 사용하기 위해 부대별로 깃발을 보유하고 있고, 특히 장군의 경우는 장군 깃발이 계급별로 있습니다. 차이가 나는 것은 현재 육군에는 중대급부터 깃발이 사용되고 있는데, 조선 시대에는 병력 25명을 지휘하는, 현재의 소대장에 해당하는 대정이 사용하는 대정기가 지급된 것입니다. 다음은 청각 도구들에 대한 설명을 부탁드립니다.

이순신 : 대표적인 청각 도구로는 나팔, 북, 징 등이 있지요. 먼저 나팔은 큰 나팔인 대각(大角)과 작은 나팔인 소각(小角)이 있습니다. 대장(大將)은 대각 2개와 소각 2개를 운용하고, 예하 지휘관은 통장에 이르기까지 각각 대각 1개와 소각 1개를 비롯하여 북 1개, 징 1개 등을 운용하였습니다.

나팔을 이용한 신호의 대표적인 경우는 호령을 내고자 할 때는 먼저 큰 나팔을 불어 경계를 하고, 진퇴의 경우는 큰 나팔을 급히 불고 독전(督戰)의 경우는 작은 나팔을 급히 불었지요. 북의 경우는 주로 전진할 때 사용하였고, 징의 경우는 후퇴와 정지를 지시할 때 사용되었지요. 참고로 조용하게 침묵을 유지해야 할 경우는 방울을 울렸습니다.

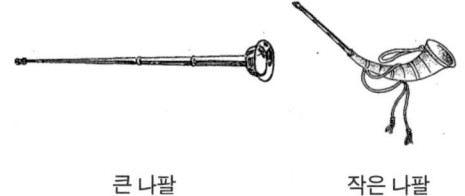

큰 나팔   작은 나팔

| 북 | 징 | 방울 |

〈청각 신호 도구〉 (출처 : 국방부 전사편찬위원회, '병장설·진법')

저자 : 사실 현재는 전자통신 기술 발전으로 유무선 통신을 주로 사용하고 있지만, 적이 야간에 전자전으로 아군의 통신을 방해할 것에 대비하여, 현재도 이러한 청각신호 도구들을 활용하는 것에 대해 검토할 필요가 있다고 생각합니다.

(18) 해미읍성에 군관 근무 시절 : ❺-3 진을 치는 법(結陣)

저자 : 지금까지 중앙군과 지방군의 가용병력을 고려하여 쌍방 전술훈련에 필요한 좌군과 우군의 훈련부대 편성 방법과 지휘·통신 수단과 방법에 대해 알아보았습니다. 다음은 시대를 초월하여, 임무·적 상황·지형과 기상·아군병력과 무기체계에 따라 차이는 있지만, 쌍방훈련을 하는 2개의 훈련부대가 행군이나 집결지 행동, 그리고 공격이나 방어 시 여러 전투대형이 필요하다고 생각됩니다.

예를 들면, 아군부대가 적의 위협이 없는 곳에서 행군할 때는, 본대의 주 병력은 통상 종대 대형(장사진, 長蛇陣)으로 이동을 하되, 적의 측방과 후방 기습에 대비하여 측위와 후위 경계 부대를 편성하고 이동을 합니다. 그리고 적과 접촉이 예상되거나 행군 도중 전방에서 적이 공격해오면 횡대 대형(학인진, 鶴翼陣)으로 전환을 합니다.

또한, 적이 사방(전방, 후방, 좌측방, 우측방)에서 공격해오면, 지휘관과 예비대를 중앙에 배치하고, 가용부대를 사방(전방, 후방, 좌측방, 우측방)에 원형이나 4각형으로 배치합니다. 집결지에서 행동할 경우는 적이 사방(전방, 후방, 좌측방, 우측방)에서 공격할 수 있으므로, 지휘관과 예비대를 중앙에 배치하고, 가용부대를 사방(전방, 후방, 좌측방, 우측방)에 원형이나 4각형으로 배치합니다.

그리고 아군이 적의 방어진지를 공격할 경우는 삼각형 대형을 취하여 적의 취약한 방어진지를 돌파하고, 아군이 방어할 때는 적을 유인하여 격멸할 수 있도록 반달 모양의 곡진 대형 등을 형성합니다. 과거나 지금이나 적과 싸워 이기기 위한 전투대형은 큰 틀에서 유사할 것으로 생각되어, 독자들의 이해를 돕기 위해 저의 짧은 생각을 먼저 말씀드렸습니다. 이제 진법에 제시된 진(陣)의 종류에 대해 알려주시면 감사하겠습니다.

이순신 : 짧은 생각이라니요? 오히려 저자께서 현재의 전투대형에 관한 사례를 잘 제시해주어, 내가 설명하기가 쉬워졌군요. 독자들의 이해를 돕기 위해 두 가지 사실을 먼저 알려주겠소.

첫째, 진법에서 진을 치는 5가지 형태를 제시했는데, 이는 '음양오행(陰陽五行)'에서 제시하는 '五(5)'를 적용했기 때문입니다.

둘째, 진법에 제시된 여러 전투대형은 조선 초기에 여진족들이 말을 타고 와서 우리 국경을 침범하고 백성들을 죽이고 재물을 약탈해 갔기에, 넓은 만주 지역에 있는 여진족들을 소탕하기 위해 만든 것이지요. 이에 함경도와 평안도에 있는 우리 조선 군사들은 여진족을 찾아 행군하고, 때로는 야외에서 숙식하기 위해 집결지 행동을 하였지요. 또한, 적을 공격하거나 방어 시 적을 유인 격멸할 목적으로 만들었어요.

그리고 당시에 여진족들은 아군이 행군, 집결지 행동, 공격, 그리고 방어 시, 거의 모두 말을 타고 아군부대를 사방(전방, 후방, 좌측방, 우측방)에서 너무나 신속히 공격했기 때문에, 이에 대비하여 우리는 지휘관과 예비대를 중앙에 배치하고 가용부대를 사방(전방, 후방, 좌측방, 우측방)에 원형이나 4각형으로 배치하는 5개 대형을 다음과 같이 만들었지요.

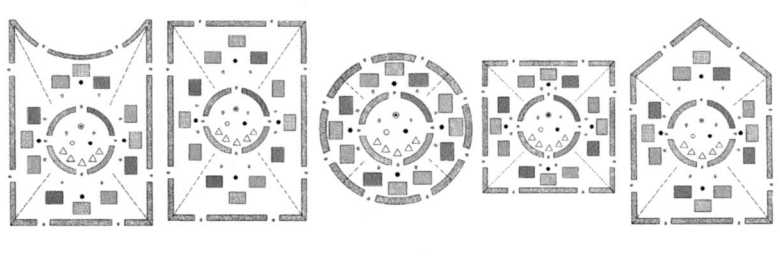

곡진(曲陣)   직진(直陣)   원진(圓陣)   방진(方陣)   예진(銳陣)
〈5개 형태의 진〉(출처 : 국방부 전사편찬위원회, '병장설·진법')

저자 : 그림의 윤곽을 보니 적이 사방으로 공격해오더라도 잘 대비할 수 있도록 대형이 잘 형성되어 있습니다. 그런데 좌군과 우군

이 쌍방훈련을 위한 부대 편성할 때, 부대별로 대장이 있고, 대장 아래에는 5개 예하 부대인 5개 위(衛)가 있습니다. 대장은 5개 위로 하여금 상단의 그림에 있는 5개의 전투대형 중에서 상황을 고려하여 선택했을 것으로 생각합니다. 그러면 대표적으로 1개 위가 원진을 설치했을 경우 내부 배치는 어떠했는지 알려주시면 감사하겠습니다.

이순신 : 앞서 위장(衛將)은 예하에 5개 부대인 5개 부(部)를 편성하고, 부장은 예하에 4개 부대인 4개의 통(統)을 편성합니다. 4개 통이란 보병 외곽경계부대인 보주통(步駐統)과 집결보유 중인 3개 통[보병 전투부대인 보전통(步戰統), 기병 전투부대인 기전통(騎戰統), 기병 예비부대인 기주통(騎駐統)]이라고 설명한 것을 참고 바랍니다.

먼저 5개 부(部)는 위장(◉)을 중심으로 중앙에 있는 중부, 그리고 사방으로 전부, 후부, 좌부, 우부로 대형을 갖추었지요. 그리고 중부에는 예비대인 유군(遊軍) 지휘관인 유군장(遊軍將, ○)과 5개 예하 부대인 유영(遊領, △)이 있습니다. 그리고 각 부장(●) 예하의 4개 부대를 포함한 1개 위의 내부 배치는 다음과 같지요.

참고로 진(陣)의 외곽 경계 부대인 보주통의 경우, 방패수를 맨 앞에, 그다음 총통(銃筒)수, 창(槍)수, 검(劍)수, 궁(弓)수 순으로 배열을 하여 차례로 벌려 서게 하였습니다. 내진의 문은 4개, 외진 문은 8개이고, 경계병을 배치하되 문의 수는 지휘관 재량이었소.

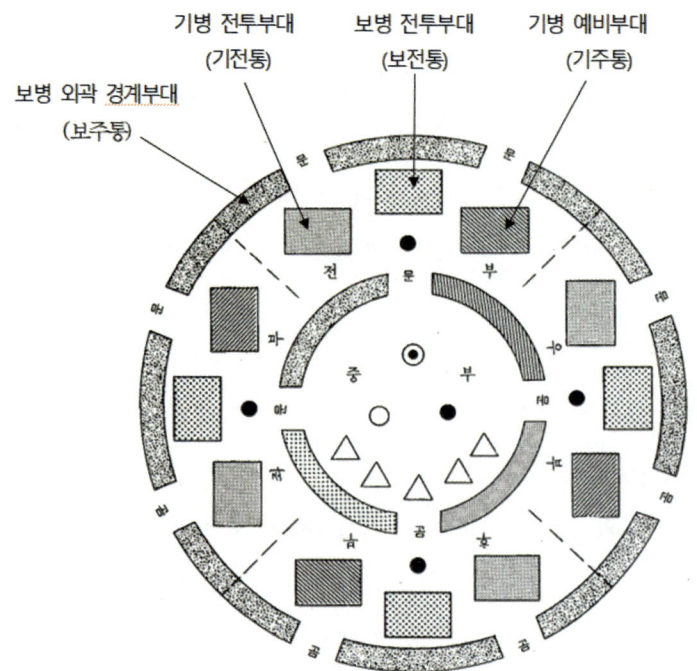

〈원진의 내부 배치도〉 (출처 : 국방부 전사편찬위원회, '병장설·진법')

저자 : 만약 대장이 5개 예하 부대를 통합하여 모두 하나의 곡진이나 직진, 원진, 방진, 또는 예진으로 편성할 경우가 있을 때, 이때는 어떻게 편성했나요?

이순신 : 전자를 '1위 독진(獨陣)', 후자를 '5위 연진(連陣)'이라 하오. 5위 연진의 경우도 1위 독진처럼 아래와 같이 5개 진의 명칭과 외부 형태는 같고, 내부적으로 5배의 군사들이 많아진 것이지요.

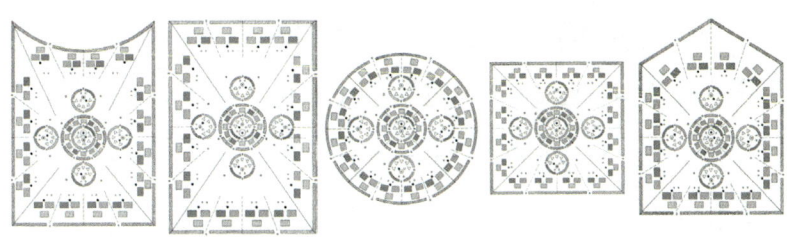

곡진(曲陣)　　직진(直陣)　　원진(圓陣)　　방진(方陣)　　예진(銳陣)
〈5개 진이 통합된 5위 연진의 5개 형태〉 〈출처 : 국방부 전사편찬위원회, '병장설·진법'〉

(19) 해미읍성에 군관 근무 시절 : ❺-4 진법의 용병(用兵)

저자 : 지금까지 쌍방 전술훈련에 필요한 좌군과 우군의 훈련부대 편성 방법과 지휘·통신 수단, 그리고 5개 진의 구조에 대해 알아보았습니다. 그러나 시대를 초월하여 전시는 물론, 평시에 훈련을 시킬 경우도 지휘계통을 확립하여 명령을 하달하고 군사들을 운용할 수 있어야 하고, 또한 지휘관의 명령을 부하들이 신속히 파악하고 따를 수 있어야 한다고 생각합니다. 진법훈련 시에는 이런 용병(用兵)과 관련된 규정이 있었는지 알려주시면 감사하겠습니다.

이순신 : 좋은 질문입니다. 먼저 진법훈련 시 대장 → 위장 → 부장 및 유군장(지원부대장) → 통장 → 여수 → 대정 → 오장 순으로 지휘계통을 확립하여 명령을 하달할 수 있도록 규정에 명시하였고, 여러 지휘·통신 수단을 이용하여 지휘관이 하급 지휘관에게 어떤 진을 형성하고 군사들을 집합 및 분산시키는 방법들도 규정에 명시하였어요.

저자 : 교육훈련에 꼭 필요한 내용들입니다. 그러면 먼저 상급 지휘관이 하급 지휘관에게 5개 진을 설치하라는 지휘·통신 방법에 대해 알려주시면 감사하겠습니다.

이순신 : 앞서 설명한 깃발 중에 휘(麾)라는 깃발을 이용하여, 청색 휘를 좌측으로 점(點)[39]하면 '직진'을, 백색 휘를 우측으로 점하면 '방진'을, 적색 휘를 전방으로 점하면 '예진'을, 흑색 휘를 후방으로 점하면 '곡진'을, 황색 휘를 사방으로 점하면 '원진'을 형성하도록 하였습니다.

저자 : 그러면 5개 위를 1개 진에 통합하거나, 위 상호 간 위치 교환, 진 형성 시작, 집합 등 지시는 어떻게 하였나요?

이순신 : 예를 들어 5개 위를 1개 원진에 통합할 경우는 4개 깃발(청색 휘, 적색 휘, 백색 휘, 흑색 휘)이 황색 휘에 합쳐지도록 하였지요. 그리고 청색 휘를 백색 휘 우측에 세우면 좌측부대인 '좌위'가 우측부대인 '우위'로 이동하고, 청색 휘와 백색 휘가 서로 위치를 바꾸면 좌위와 우위가 서로 위치를 교환하였지요.

또한, 교룡기를 점(點)하면 모두 각자 진형을 편성하고, 교룡기 아래 초요기 하나만 세우면 장수들이 일제히 달려오지요. 이 밖에도

---

39 최형국, 『陣法, 조선군 진법 속 무예와 전술신호』(민속원, 2021), p. 36. 점(點)이란 깃발을 지면에 대지 않고 다시 일으켜 세우는 동작으로 정의하였다.

행군으로부터 진을 편성하는 데 필요한 신호 방법들이 진법에 많이 명시되어 있어, 이를 군사들에게 숙지시키는 것이 어려웠소.

(20) 해미읍성에 군관 근무 시절 : ❺-5 진법의 신상필벌(훈련 군기)

저자 : 동서고금을 막론하고 전·평시는 물론, 훈련 간에도 지휘관의 명령에 따르지 않거나 탈영하는 군사들이 있고, 무기나 장비를 분실할 때도 있습니다. 이에 대해서는 군법에 의거 신상필벌을 하는데, 조선 시대에는 어떤 신상필벌이 있었는지요?

이순신 : 21세기에도 그런가요? 조선 시대에는 군기 위반자에 대한 신상필벌이 다음과 같이 엄중했습니다.

① 전진, 후퇴, 좌로 이동, 우로 이동하라는 명령을 내려도 따르지 않는 자, 제 마음대로 전진, 후퇴, 좌로 이동, 우로 이동하는 자, 휘장 표지를 잃은 자, 군사기밀을 누설한 자는 모두 참(목을 베는 형벌)하며, 적에게 항복한 자는 그 가산을 몰수하여 관아에 귀속한다.

② 적과 비밀히 내통한 자는 참하고, 통신 수단인 징, 북, 나팔, 각종 깃발을 분실한 자, 그리고 이유 없이 군사들을 놀라게 한 자, 부하들의 잘못을 눈감아준 군 간부들, 경계에 실패한 자, 야간통금을 어기거나 진중 암호를 잊은 자는 참한다.

③ 대장을 잃었으면 위장을 참하고, 위장을 잃었으면 부장을 참하고, 나머지 지휘관들도 이런 절차를 적용하여 참한다.

④ 기타 준수사항으로는 기도 비닉(야간에 불을 피우거나 큰 소리 금

지), 경계(모든 진영은 100보 앞에 청음초 배치, 행군 시 본대 전방과 좌·우측방에 척후 기병을 운용하여 적을 수색, 후속 제대는 후방경계·낙오자 수습·잔류물 제거) 등이 있다.

저자 : 지금까지 주로 벌칙 규정을 설명해주셨는데, 포상 규정도 알고 싶습니다.

이순신 : 대표적인 포상 규정은 다음과 같습니다.

① 범죄자를 고발한 자는 상을 준다. 그리고 자기 지휘관을 잃고 적 지휘관을 포획 또는 살해했거나, 자신의 부대원을 잃고 이에 상응한 적 부대원들을 포획 또는 살해하면 공과 과실을 상쇄한다.
② 전임 지휘관이 부하를 버리고 달아났을 경우, 후임 지휘관이 전임 지휘관을 잡아 참하면 상을 준다.

(21) 해미읍성에 군관 근무 시절 : ❺-6 진법의 및 휘장 표지(章標)

저자 : 앞서 말씀하신 내용 중에서 휘장 표지는 어떤 것인지 궁금합니다.

이순신 : 휘장 표지란 적군과 아군 식별과 아군 부대별로 군사들을 식별하기 위한 인식표로서, 5위의 군사들은 모두 가슴과 배 사이에 정해진 규격으로 각각 소속 위의 색을 넣은 휘장 표지를 부착했지요. 예를 들면, 오위 중 전위 소속 군사들은 삼각형의 붉은 헝겊

에 주작을 그려 배 앞에, 후위는 곡면의 검은빛 헝겊에 거북을 그려 등에, 좌위는 장방형 남빛 헝겊에 용을 그려 왼쪽 어깨에, 우위는 흰 헝겊에 날개 돋친 범을 그려 오른쪽 어깨에, 중위는 황색 둥근 헝겊에 날개 돋친 뱀을 그려 가슴 등에 붙였지요.

또한, 부대별 보유한 깃발의 깃 폭에는 자기 부대의 칭호를 써넣고 짐승의 그림을 그렸지요. 짐승은 주로 좌측 부대는 청룡, 우측 부대는 백호, 전방 부대는 주작, 후방 부대는 현무, 그리고 중앙 부대는 등사(騰蛇, 나는 뱀)를 그렸습니다.

저자 : 지금까지 장군님의 설명을 들으면서 '오(5)행론'이 부대편성, 호칭, 부대별 깃발과 휘장 표지의 색과 동물 표시에 연관이 있음을 알게 되었습니다. 먼저 부대편성은 5개 부대를 기본으로 하는데, 사실 이는 현재 대부분 국가의 부대편성과도 유사합니다. 예를 들어 보병 대대의 경우 대부분 국가는 예하에 5개 중대(소총 3, 중화기 1, 본부 1)가 편성되어 있습니다. 여단이나 사단들로 이와 유사합니다.

부대 명칭은 현재 대부분 국가는 부대 앞에 아라비아 숫자(1, 2, 3, 4, 5…)나 알파벳(A, B, C, D, E…)을 사용하나, 조선 시대에는 5개(전, 후, 좌, 우, 중)를 사용했을 뿐입니다. 부대 깃발과 휘장 표지의 색깔은 '오(5)행론'의 영향으로 5가지 색을 사용했고, 부대 깃발에 사용하는 동물들도 '오(5)행론'의 영향을 받았음을 알 수 있었습니다. 참고로 조선 시대 위장의 경우는, 위장 예하에 5개 부대인, 5개 부(部)

가 편성되었는데, 이는 '오(5)행론'에 따른 것임을 알 수 있게 되었습니다.

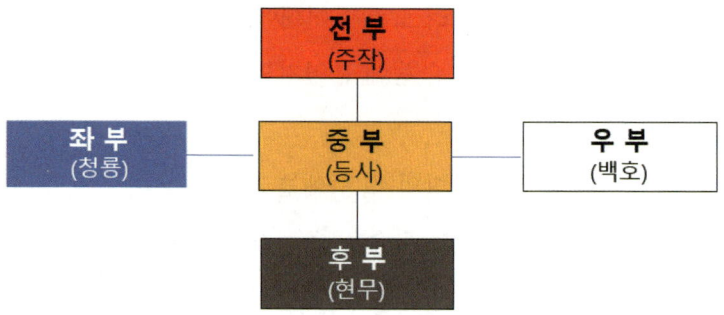

〈위장 예하의 5개 부대〉 (출처 : 저자)

그리고 조선 시대 성(城)에는 당시 병영(兵營)에서 사용했던 주요 깃발을 소개하는 안내판이 있는데, '오(5)행론'과 연관이 있습니다.

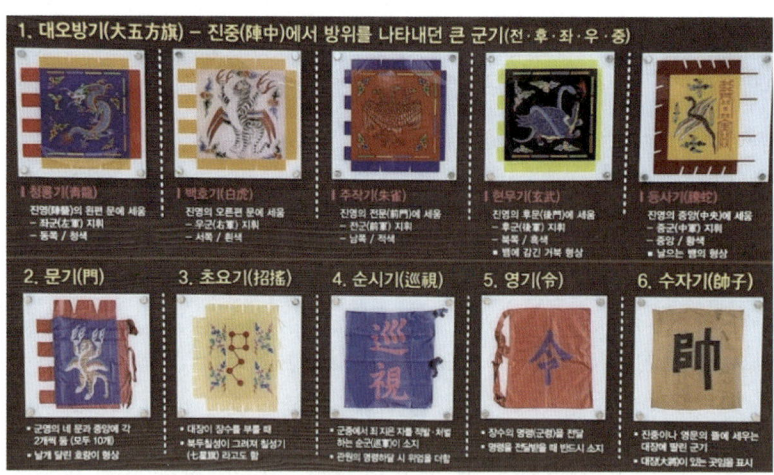

〈조선 시대 주요 병영(兵營) 깃발〉 (출처 : 해미읍성)[40]

---

40   보다 구체적인 내용은 유튜브에서 "국립 고궁박물관 군사의례 특별전"을 검색 바란다.

오행론의 숫자 '5'가 조선군 부대편성 및 신호 규정에 미친 영향

① 5행론 : 우주 만물의 이치를 5개(목·화·토·금·수)의 상호작용으로 설명하며, 5개와 관련된 방위, 색, 동물 등을 제시

구분	목(木)	화(火)	토(土)	금(金)	수(水)
방위	좌(左), 동(東)	전(前), 남(南)	중(中), 중앙(中)	우(右), 서(西)	후(後), 북(北)
색	청	적	황	백	흑
동물	청룡	주작	등사	백호	현무
진(陣)	직진	예진	원진	방진	곡진

② 부대 편성은 5개를 기본
　㉠ 중앙군의 경우 : 5위, 5군영 등
　㉡ 5위의 경우, 각 위별로 5개의 예하 부대인, 5개 부(部)를 편성

③ 예하 부대의 명칭은 각각 5개(전, 후, 좌, 우, 중) 명칭 사용
　㉠ 위의 예하 부대인 5개 부의 경우 : 전부, 후부, 좌부, 우부, 중부
　㉡ 현재는 아라비아 숫자를 사용하여 1중대(또는 1대대 등), 2중대(또는 2대대 등), 3중대(또는 3대대 등), 4중대(또는 4대대 등), 5중대(또는 5대대 등)와 같은 명칭

④ 부대별 깃발 색 : 5개
　㉠ 전(前)으로 시작하는 부대(예 : 전위, 전부 등)
　㉡ 후(後)로 시작하는 부대(예 : 후위, 후부 등)
　㉢ 좌(左)로 시작하는 부대(예 : 좌위, 좌부 등)
　㉣ 우(右)로 시작하는 부대(예 : 우위, 우부 등)
　㉤ 중(中)으로 시작하는 부대(예 : 중위, 중부 등)

⑤ 부대별 깃발에 새긴 동물
　㉠ 전(前)으로 시작하는 부대(예 : 전위, 전부 등) : 주작
　㉡ 후(後)로 시작하는 부대(예 : 후위, 후부 등) : 현무
　㉢ 좌(左)로 시작하는 부대(예 : 좌위, 좌부 등) : 청룡
　㉣ 우(右)로 시작하는 부대(예 : 우위, 우부 등) : 백호
　㉤ 중(中)으로 시작하는 부대(예 : 중위, 중부 등) : 등사

(22) 해미읍성에 군관 근무 시절 : ❺-7 VIP가 진법훈련 참관 시 의식[41]

저자 : 현재의 경우는 국군의 날 행사가 과거에 비해 행사 규모와 횟수 면에서 축소되었지만, 통상 국군의 날 행사에는 군 통수권자가 참관하여 국군장병들을 사열하는 전통이 있습니다. 당시에도 이와 유사한 행사가 있었습니까?

이순신 : 물론 있었지요. 행사 규모와 횟수 면에서 현재와는 비교가 안 될 정도로 대단했습니다. 지방의 경우는 태종 시절부터 '강무(講武)'를 통해 군 통수권자가 지방군과 잡색군까지 동원하여 총력전 태세와 사냥을 통한 군사훈련 상태를 점검하였지요.

중앙의 경우는 세종 초기부터 '대열(大閱)'을 통해 도성을 방위하는 중앙군과 도성 일대 잡색군까지 동원하여, 도성 밖에서 대규모

41　이하 내용은 한국학중앙연구원, '위키실록사전' 웹사이트(http://dh.aks.ac.kr/sillokwiki, 검색일 : 2022. 2. 1.) '대열 & 대열의' 내용과 현 국방부 군사편찬연구소의 전신인 국방부 전사편찬위원회에서 1983년에 발간한 '병장설·진법'을 주로 참조하여 저자가 재구성하였다.

진법(陣法) 훈련상태를 사열하고 점검하였지요. 그리고 이런 큰 행사를 위한 의식이 각각 '강무의'와 '대열의'였지요.

저자 : 그러면 세종께서는 강무에 매우 적극적이셨는데, 이에 추가하여 대열 행사도 적극적으로 추진하셨나요?

이순신 : 맞습니다. 대열은 국왕이 참석한 가운데, 군대를 사열하고 훈련을 실시하는 행사를 의미합니다. 국왕이 직접 참석하는 대열은 삼국 시대부터 고려를 거쳐 조선 시대에 이르기까지 대표적인 군사 의식이었습니다. 조선 전기에는 대열과 강무 외에도 도성의 중앙군과 신하들을 불시 비상소집을 하는 취각령에도 국왕이 참석했습니다.[42]

태종의 대마도 정벌과 세종의 4군 6진 개척은 우연히 이루어진 것이 아니고, 이처럼 강병을 육성하려는 지극한 정성과 노력 때문이지요. 그러나 아쉽게도 중종 이후부터 이런 일련의 행사가 취소되면서 중앙군과 지방군의 전투력 저하와 함께 총력전 수행 능력이 크게 떨어질 수밖에 없었습니다.

저자 : 그러면 조선 전기 이런 대열 행사에 언제, 어디서, 얼마나 많은 군사와 잡색군이 참여했는지 알려주시면 감사하겠습니다.

---

42 김병륜, "대열의주", 『국방일보』, 2012. 9. 18.

이순신 : 대열 행사는 통상 매년 한 번씩 9~10월 중에 시행되었는데, 군 통수권자는 이때 차기 군 통수권자가 될 세자와 함께 본 행사에 참석하였습니다. 장소는 도성 밖의 화양정(華陽亭)·낙천정(樂天亭)·살곶이(箭串)·양주의 녹양장(綠楊場)이나 광주의 정금원(定金院)이었오. 참가 병력은 5위에 소속된 전국의 번상병을 동원하였기 때문에, 적게는 5,000~6,000명에서 많게는 전국에서 3만여 군사가 참여하였소. 여기에 잡색군까지 계산하면 그 수가 10여만 명에 이르렀지요.

저자 : 잡색군은 평소 군 복무를 하지 않는 오늘날 민방위 대원과 유사한데, 도성 일대 민방위 대원들까지 총동원된 대규모 행사였군요. 그러면 중앙군의 진법훈련은 대열 행사 때 한 번만 하는 것인가요?

이순신 : 아니오. 매월 2회, 정확히 2일과 16일에 중앙군 자체적으로 진법훈련을 했습니다. 이때는 통상 병조에서 군 통수권자의 낙점을 받은 장수가 야간 경계근무와 숙직을 마친 군사들을 모아 교외에서 훈련하였습니다. 훈련 결과는 군 통수권자에게 바로 보고하여 훈련 참가 지휘관과 참모들에 대한 신상필벌이 있었지요.

저자 : 정말 철저한 훈련과 철저한 신상필벌이 있었군요. 세종 시절에 확립된 이런 제도가 연산군으로부터 선조에 이르기까지 지속되었다면, 임진왜란 시 우리나라에 큰 참화는 없었을 것이라는 아쉬움이 있습니다. 그런데 이런 큰 행사 준비는 어떻게 하였나요? 21

세기 군인들도 국군의 날 행사에 참여할 때마다 거의 한 달간 VIP 단상을 포함한 행사장 준비, 제초작업 등의 행사 준비와 퍼레이드 연습 시 오와 열을 맞추기 위해 고생을 많이 하고 있습니다.

이순신 : 하하. 과거나 현재나 유사한 면이 너무 많군요. 당시에 대열의 준비는 행사 11일 전부터 시작하였지요. 먼저 병조에서 대열의 시행을 청하여 왕으로부터 승인을 받고, 장수에게 명하여 행사 준비에 필요한 군사를 뽑아 군 통수권자가 대열할 장소에 사방 1,200보 가량 풀을 베고 땅을 정비하였지요. 그리고 그 안에 보군(步軍)과 기군(騎軍)이 정렬할 장소와 왕이 사열할 단을 만들었습니다.

저자 : 다음은 대열 행사가 어떻게 진행되었는지 궁금합니다.

이순신 : 대열하는 날이 되면, 군사들을 2개의 군(좌군과 우군)으로 나누고, 양군의 대장은 각각 5위로 편성된 부대로 방진 대형을 이루고 마주 보면서, 군 통수권자를 기다렸지요. 군 통수권자가 세자와 함께 도성 밖에 마련된 대열 장소에 도착하면, 큰 나팔을 불고 모든 신하와 군사들은 갑옷을 입고 왕에게 예를 표하였지요. 다음은 양군 대장이 큰 나팔과 깃발(5휘, 초요기)로 5위장을 소집하면 5위장은 단기로 말을 타고 나가서 대장기 아래에 모여 꿇어앉습니다. 대장은 방울을 흔들어 부하들이 주목하도록 하였지요. 그리고는 다음과 같이 선서하였습니다.

"이제 대열을 시행하여 군사들에게 전투하는 법을 가르칠 것이니, 진퇴와 좌우의 이동을 병법대로 한결같이 하라. 명령대로 하면 상을 주고, 명령을 어기면 형벌을 줄 것이니, 힘써 행하라."

양군 대장의 선서 후에 위장들은 각각 자기 부대인 위로 돌아가 예하 지휘관인 5부 장을 소집하여 군령을 전하고, 다른 지휘관들도 이처럼 차례로 하급 지휘관들에게 군령을 전했습니다.

저자 : 지금도 지휘계통 확립과 명령 이행 여부를 확인하기 위해 예하 지휘관들은 복명복창을 합니다. 군 통수권자는 양군 대장의 선서와 명령 하달 그리고 예하 지휘관들의 복명복창을 통해 부대의 지휘계통 확립과 명령 이행 여부를 먼저 점검했을 것으로 판단됩니다. 그다음은 어떻게 진행되었는지 궁금합니다.

이순신 : 양군 대장은 양군의 훈련을 통제하는 훈련통제부에서 큰 나팔을 불고, 청색 휘와 백색 휘를 휘두르면, 양군은 약정된 신호 규정에 따라 여러 진을 형성했지요. 진을 설치하는 훈련이 끝나면, 훈련통제부에서는 대포를 발사하고, 전투 나팔을 불었습니다. 그리고 청휘와 백휘를 서로 마주 보게 지(指)[43]하도록 하고, 큰 나팔을 불고 초요기와 휘를 입(立)[44]하여 양군 대장을 소집하는 신호를 보냅니

---

43 최형국, 『陣法, 조선군 진법 속 무예와 전술신호』(민속원, 2021), p. 38, 지(指)란 깃발을 지면에 대었다가 지면에 닿을 정도에서 계속 유지하는 동작으로 정의하였다.
44 국방부 전사편찬위원회, 『병장설·진법』(1983), p. 211, 입(立)이란 평상시 깃발을 세워놓는 것이 아니라, 지(指) 동작이나 깃발을 크게 휘두르는 휘(揮) 동작에서 깃발을 세우는 동작이라고 정의하였다.

다. 양군 대장은 대표기를 점하고서 소집령에 응하고, 단기로 달려와 명을 받습니다.

(23) 해미읍성에 군관 근무 시절 : ❺-8 진법의 꽃, 쌍방 전술훈련[45]

저자 : 지금까지 장군께서 설명해주신 진법에 관한 내용(부대편성, 부대지휘에 필요한 지휘·통신 수단과 방법, 부대원들이 상황에 따라 5개의 진을 치는 방법, 진을 치고 지휘관이 부하들에게 명달하달 절차와 부대 운용에 필요한 각종 명령을 여러 깃발과 청각 수단(나팔, 북 등)을 이용하여 전달하는 방법, 명령 이행이 잘 되기 위한 신상필벌 규정, 조선의 기본 편제인 5개 부대의 구성원들을 식별하기 위한 휘장 표지, 그리고 군 통수권자를 모시고 실시하는 진법훈련 의식)은 쌍방 전술훈련을 실시하기 위한 준비 과정들이라고 생각됩니다. 당시에 쌍방 전술훈련은 어떻게 했는지요? 장군께서 설명을 쉽게 하고, 독자들의 이해를 돕기 위하여 제가 오위진법의 내용을 토대로 훈련장 구조를 추정하여 도식해보겠습니다.

---

45 전술(戰術)이란 용어의 정의는 다양하나, 본 책자에서 용겁지세(勇怯之勢)와 승패지형(勝敗之形) 훈련을 전술훈련으로 정의한 이유는, 전술이란 전쟁에 대비하여 전쟁을 준비하고 계획하며 수행하는 용병술인 전략이 아니고, 전쟁의 하위 개념인 '전투를 준비하고 전투에서 승리하기 위해 부대의 가용한 전투력을 통합하여 부대를 배치(배열)하고 기동하는 활동'이라는 군사용어사전의 정의를 토대로 전술훈련이라는 용어를 사용하였다. 또한 용겁지세(勇怯之勢)와 승패지형(勝敗之形) 훈련은 어느 한 부대가 대항군이 없이 단독으로 하는 훈련이 아니고, 좌군과 우군으로 나누어 쌍방이 훈련을 하므로 '쌍방 전술훈련'이라는 용어를 사용하였다. 또한, 진법 속 다른 내용들은 진법의 꽃이며 결론이라 할 수 있는 쌍방 전술훈련을 실시하기 위한 준비 과정들이므로, '진법 연습'도 광의적으로 해석하여 '쌍방 전술훈련'이라고 제시한다. 참고로 현대적 의미의 전술훈련은 실시하는 방법에 따라 단일 과제를 숙달하는 '과제훈련'과, 여러 과제가 통합된 '전투모형훈련'이 있는데, 진법에는 용겁지세(勇怯之勢) 3개 모형과 승패지형(勝敗之形) 3개 모형이 있으므로, 이를 현대적 의미로 표현하면, 큰 틀에서는 쌍방 전술훈련이고, 훈련을 실시하는 방법은 전투모형훈련으로 해석하는 것이 바람직하다.

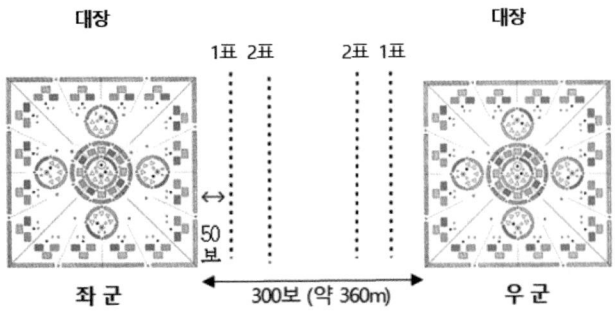

〈진법 훈련장 구조[46]〉 (출처 : 저자)

이순신 : 저자께서 이렇게 훈련장 구조를 도식해 놓으니, 내가 설명하기 좋군요. 먼저 쌍방 전술훈련 모형 중에서 용겁지세(勇怯之勢) 1형을 설명하겠소

① 먼저 통제부에서 '전투 시작'을 알리는 대포를 발사하고 신호 규정에 따라 나팔을 불고 깃발을 날리면, 양군 대장은 신호 규정에 따라 명령을 수신했다는 것을 깃발로 응답합니다. 그리고서 진군나팔과 함께 북을 치고 깃발을 흔들며 신기전을 발사합니다.

② 다음은 양군 대장 예하의 5개 부대의 지휘관인 위장들과 부장들, 영장들, 그리고 통장들에게 차례로 신호 규정에 따라 진군 명령을 내리면, 예하 지휘관들은 명령을 수신했다는 것을 신호 규정에

---

46 국방부 전사편찬위원회, 『병장설·진법』(1983), p. 242, 계축진설(癸丑陣說)의 교련장 규격 참조, 재구성

따라 응답을 합니다.

　③ 다음은 각 부(部)에 소속된 보병 전투부대인 보전통과 말을 탄 기병 전투부대인 기전통, 그리고 유군장(遊軍將) 예하 부대인 5개 유영(遊領)에서 3개 유영이 진군하되, 유군들은 기전통과 보전통의 후미 30보 정도 떨어져 진군하며, 나머지 병력은 진을 지키고 있습니다.

　④ 전진하던 양군의 선두부대인 기전통과 보전통이 1표에 도착하면 통장이 징을 울리고 깃발을 이용하여 정지 신호를 보냅니다. 그러면 그 자리에서 기병은 말에서 내리고 보병은 앉습니다.

　⑤ 다음은 신호 규정에 따라 통장이 부대를 2표까지 전진시키고, 돌격을 알리는 북을 두드리고 깃발을 흔들면 기전통 군사들은 말을 타고, 보전통 군사들은 뛰어서 함성을 지르며 전진합니다. 다만 유군들은 전진하지 않고, 북을 요란하게 치고 함성을 지르며 기전통과 보전통 부대들을 응원합니다.

　⑥ 양군에서 돌격하던 기전통과 보전통의 군사들은 함성을 지르며 상대편 군사들과 약속 대련으로 칼과 창을 이용한 공격과 방어를 6~7회 정도 합니다. 그다음 통장이 징을 울려 군사들을 2~3보 후퇴시키고 부동자세를 취하도록 합니다.

　⑦ 다음은 ⑤번과 ⑥번 동작을 3회 정도 반복하되, 20여 보씩 물러설 때마다 창과 칼 그리고 활로 무용을 과시합니다.

　⑧ 기전통과 보전통 군사들이 유군들이 대기하고 있던 선에 도달하면, 유군들은 현 위치에서 기전통과 보전통 군사들의 철수를 엄호한 후에 영장의 신호에 따라 퇴로를 경계하며 본대로 복귀를 합니다.

저자 : 자상하신 설명에 감사드립니다. 용겁지세(勇怯之勢) 1형을 현재의 전술과 비교해보면, 부대별로 방어 시 예비대를 이용한 공세 행동, 공격(돌격), 철수 시 엄호 등은 현재의 전술과 유사합니다. 또한, 쌍방 전술훈련을 통해서 상급 지휘관과 예하 지휘관의 지휘 통신 능력, 팀워크, 신호 규정 숙지, 개인화기 숙달 능력, 특히 어느 부대가 더 용(勇)감하고 겁(怯)이 많은가를 평가하는 훈련평가 방식도 현재와 유사하다고 생각합니다.

장군님께서 너무나 자상하게 설명해주시어 이하 용겁지세(勇怯之勢) 2형·3형, 그리고 승패지형(勝敗之形) 1·2·3형은 제가 다음과 같이 정리하였습니다.

1) 용겁지세(勇怯之勢) 2형

① 공격과 방어부대 편성

훈련통제부에서는 양군 대장에게 5개의 진 중에서 임의대로 하나를 설치하라고 지시한 후, 설치한 진의 형태를 보고 승군(勝軍)과 패군(敗軍)으로 분류를 합니다. 승패를 판단하는 방법은 오행의 원리로 다루지요. 예를 들어 좌군이 화(火)와 관련 있는 예진을 치고, 우군이 수(水)와 관련 있는 곡진을 쳤다면, 수(水)가 화(火)를 이기므로 우군이 먼저 공격하는 승군이 되고, 좌군이 방어하는 패군이 된다.

② 쌍방 전술훈련 진행

처음에는 용겁지세 1형처럼 양군의 예비대[각 부(部)에 소속된 보전통과 기전통, 그리고 유군장(遊軍將) 예하 부대인 5개 유영(遊領)에서 3개 유영]를 약정된 신호에 의거 진군하여 교전하는 것은 같다. 그러나 패군 측에서는 훈련 목적상 보전통과 기전통이 물러서면 유군들이 함성을 지르며 달려가 지원하고, 유군들도 힘껏 교전하다가 철수할 때는 보전통과 기전통의 철수를 엄호하면서 본대로 복귀한다. 승군의 경우는 최초에는 보전통과 기전통이, 다음은 유군들이 합세하여 패군들과 교전하며 추격을 하고, 패군의 진영에 이르러서는 무용을 과시하고 약정된 신호에 의거 전진을 멈추고 본대로 복귀한다. 복귀할 때도 20보씩 물러날 때마다 무용을 과시한다.

2) 용겁지세(勇怯之勢) 3형

① 쌍방 전술훈련 진행

양군의 예비대[각 부(部)에 소속된 보전통과 기전통, 그리고 유군장(遊軍將) 예하 부대인 5개 유영(遊領)에서 3개 유영]를 약정된 신호에 의거 상대방의 주진 전방 50m까지 진군시킨다. 양군의 3개 위(전, 좌, 우) 척후 기병들이 적의 동태를 위장에게 보고하면 양군 대장은 자기 주진을 굳게 지킨다. 양군의 예비대가 상대 주진 군사들과 교전하다가 물러서면, 양군의 대장은 예비병력을 일부 투입하여 적과 교전 중인 예비대를 지원한다. 이런 절차를 3회 반복하다가 양군의 예비대가 철수하면, 양군 대장은 은밀히 기병들을 출동시켜 적의 퇴로를 차단하고, 잔여 병력을 출동시켜 예비대와 잔여 병력으로 무용을 과시하며 적을 협공한다.

3) 승패지형(勝敗之形) 1형

① 쌍방 전술훈련 진행

용겁지세에서는 주로 양군의 예비대를 출동시키고 교전을 시켰지만, 승패지형에서는 양군의 대장이 5위 부대 중에서 3개 위를 출동시킨다. 훈련통제부의 통제에 의거 약정된 신호에 따라, 좌군이나 우군 중 한 편을 주진(主陣), 다른 편을 객진(客陣)이라 칭한다. 주진은 3개 위를 일부러 무질서하게 철수시켜 객진의 군사들을 유인한 후에, 5위의 전 병력을 동원하여 반격을 감행한다. 그러면 객진의 3개 위의 군사들이 패주하여 철수하고 잔여 2개 위 병력도 패주하여 철수한다. 한편 반격하던 주진의 대장은 승리를 확인 후 부대를 정지시키고 개선가를 부르며 최초 위치로 복귀한다.

4) 승패지형(勝敗之形) 2형

① 쌍방 전술훈련 진행

훈련통제부에서는 좌군이나 우군 중 한 편을 주군이라 하고 다른 편을 객군(客軍)이라 한다. 주군은 방진(方陣)을 편성하고, 객군은 조운진(鳥雲陣)⁴⁷을 치도록 한 후에, 객군이 주군을 4면으로 둘러싸고 공격을 하도록 통제를 한다. 다음은 객군이 복병을 배치하고 거짓 패주하나, 주군은 추격하지 않고 굳게 방어를 하면, 객군은 다시 집결하여 키를 벌린 형세인 횡대 대형의 학익진(鶴翼陣)을 편성하고 공격한다. 이때 주군은 종대대형인 장사진(長蛇陣)을 편성하고 신속히 객군의 중앙을 돌파하여 객군을 양분하고, 객군 대장의 위치를 파악하여 진의 선두 부대와 후미 부대가 객군 대장을 사로잡으면, 객군 대장은 항복하고 나머지 군사들은 흩어진다.

5) 승패지형(勝敗之形) 3형

① 쌍방 전술훈련 진행

좌군과 우군이 각각 멀리서 행군대형(우위 ← 전위 ← 중위 ← 후위 ← 좌위 순)으로 다가오다가 서로 보이는 곳에 이르면, 주진 대장은 각 위의 유군들을 길목마다 매복시키며 전진한다. 주군은 객군을 발견하는 즉시 반달형 대형인 각월진(却月陣)을 치고, 객군은 장사진의 행군대형을 그대로 유지하고 주군의 중앙을 돌파한다. 이때

---

47 권병운·노영구, "조선 초기 진법의 원리와 문화원형의 시각적 복원 : 세종 시대 계축진설을 중심으로", 『무용예술학연구』 49, 2014. p. 11, 조운진(鳥雲陣)은 세종 시대에 여진족의 '새처럼 흩어지고 구름처럼 퍼져 일정한 항오를 이루지 않는' 진형을 참고하여 만들었으며, 50명을 기본 전투 단위로 편성하고, 다수의 유군(遊軍)을 두어 임기응변 대처하며, 기병 중심의 여진족 전법을 의식하여 조선은 기병 중심의 전술에 더하여 방패, 창수(槍手), 장검수(長劍手), 화통수(火㷁手), 궁수(弓手) 등으로 구성된 보졸(步卒)을 아울러 편성하여 다양한 지형과 상황에 대응할 수 있도록 하고, 궁시(弓矢)와 화약 무기 등 조선의 장기인 장거리 무기를 아울러 편성하였다.

주군은 한참 싸우다가 거짓으로 패주하여 본진으로 복귀하며, 객군이 다시 주군의 중앙 돌파를 시도하면 중앙을 열어주어 객군 병력이 절반 정도 통과하도록 하고, 주군의 대장과 중위장은 전·후위의 기병과 합세하여 반격함으로써 객군의 허리를 절단한다.

주군이 다시 좌·우위 병력으로 각월진을 편성하고 객군의 장사진 머리를 포위하면, 객군 장사진 후미의 병력이 객군 대장을 구하려 공격해온다. 주군은 이를 저지하며, 신속히 포위망을 압축하여 객군 대장을 사로잡고 철수를 하며, 추격해오는 객군의 병력은 길옆에 매복 중인 주군 병력이 객군을 기습 공격하여 패주토록 한다.

(24) 21세기 독자들과 대화

저자 : 그동안 저를 포함하여 해미읍성을 방문한 독자들은 '해미읍성의 초급장교 이순신 군관'의 활동에 대해 막연한 상상과 추측을 했습니다. 따라서 저자는 이런 궁금증을 해소하기 위해 나름대로 연구한 결과, 장군께서는 21세기 초급장교와는 다르게, 이미 초급장교 시절에 장차 고급 지휘관에게 필요한 풍부한 군사 지식을 갖추었습니다. 이곳에서 군사들에게 단순히 창이나 칼의 무예 훈련을 시킨 것이 아니라 충청 병사를 보좌하는 참모로서 충청도 향토 방위를 위한 지형정찰, 전술 토의, 작전계획 수립, 다양한 화포 사격 연습, 그리고 진법 훈련과 같은 업무를 수행했습니다. 앞으로 해미읍성에서 장군님과 관련한 행사를 할 때, 이런 활동 사항이 반영되도록 더욱 노력하겠습니다. 이제 장군님께서 21세기 독자들에게 꼭 전하고 싶은 말씀을 해주시면 감사하겠습니다.

이순신 : 서로 유사한 군 경력을 가진 저자와 대화를 나누어 나도 반가웠어요. 독자들에게 꼭 당부하고 싶은 말은 다음과 같습니다.

첫째, 나는 후손들의 지극한 배려로 무덤이 있고, 유적지들도 많이 있습니다. 그러나 나와 함께 적과 싸우다 전사한 부하 중에는 무덤도 없고, 후손들이 이름조차 기억 못하는 경우가 많이 있어요. 혹시라도 나를 추모할 일이 있다면, 반드시 제 부하들은 물론 시대를 막론하고 조국을 위해 목숨 바친 순국선열들을 위해 이들의 고향과 부대에서 충혼탑과 무명용사탑을 건립하여 추모해주기를 바랍니다.

둘째, 하늘에서 현재의 조국을 내려다보니, 조국의 영토는 반 토막이 났고, 주변국 군대는 조국의 영공과 영해를 침범하고 있습니다. 이는 임진왜란 전의 안보 상황보다 더욱 심각합니다. 군 통수권자부터 모든 군 장병은 물론, 국민이 합심해서 분단된 조국을 통일하고, 주변국의 위협에 대처할 수단과 방법을 강구해야 합니다. 이를 위해서 일찍이 세종께서는 대신들과 함께 새로운 무기체계 개발은 물론 각종 교범을 발간하여 적과 싸워 이기는 방법과 교육훈련 방법을 제시하고, 강무와 대열을 통해 현장에서 이를 점검하고 격려한 것을 교훈으로 삼아주기 바라오.

셋째, 군 통수권자와 국민은 군의 지휘관과 참모들이 전술 토의부터 교육훈련에 전념할 수 있는 여건을 조성해주고, 이들이 필요한 무기체계를 만들어주기 바랍니다.

4 충청 병사 황진

저자가 충청 병사 황진과 인터뷰를 시도한 이유는?

일반적으로 해미읍성을 방문한 독자들이 충청 병사 황진에 대해 얻을 수 있는 정보는 아래와 같다.

첫째, 해미읍성 소개 안내판과 팸플릿 : 없다.
둘째, 해미읍성에서 개최하는 행사 : 없다.

해미읍성을 방문한 독자들이 충청 병사 황진에 대해 반드시 알아야 할 이유는?

첫째, 이곳에 근무했던 역대 충청 병사 중에서, 임진왜란 시 충청 병사로 부임 전은 물론, 부임 후에도 각종 전투에 참전하여 가장 큰 전공을 세운 장군이다.

둘째, 특히 임진왜란 시 충청도 육군 군사들과 함께 진주성 파병되어, 조국 수호를 위해 일본군과 싸우다가 가장 군인답게 장렬히 전사한 장군이다.

셋째, 이렇게 큰 업적을 남기신 황진 장군은 물론 장군과 함께 조국 수호를 위해 싸우다가 전사한 충청도 출신 군사들은 타향 객지에서 불귀의 객이 되어 고향을 찾고 있을 것이다. 해미읍성을 방문한 독자들은 이들을 기억하고 추모하는 것이 후손의 도리라고 생각한다.

따라서 **저자는 임진왜란 관련 자료와 현장 답사를 토대로, 충청 병사 황진과 충청도 출신 군사들의 업적을 재조명**하여, 독자들의 여러 궁금증에 대한 답변과 함께 시대를 초월하여 교훈이 될 내용을 제시하기 위해, 아래의 순서대로 대화를 시도하였다.

① 문안 인사
② 임진왜란 전 일본의 동향과 전투력
③ 충청 병사 부임 전 참가한 주요 전투와 전공
④ 충청 병사 부임 후 참가한 주요 전투와 전공
⑤ 21세기 독자들과 대화

(1) 문안 인사

저자 : 21세기 어느 군인이 지금부터 약 430년 전, 조선 14대 국왕 선조 시대에 오늘날 충청도의 향토사단장인 충청 병사로서 활동하셨던 장군님께 문안 인사를 드리며 대화를 청합니다. 장군님은 임진왜란 발발 약 1년 후인 1593년 3월에 충청 병사로 임명되시어, 충청도 출신 군사들과 함께 각종 전투에 참전하여 충청도와 호남, 그리고 조국을 지켜내신 명장이십니다.

해미읍성에 충청병영이 설립된 후 5백 년 동안 조국 수호를 위해 가장 큰 전공을 세운 지휘관과 군사들은 바로 장군님과 장군님 휘하의 충청도 군사들입니다. 그러나 이런 중요한 사실이 역사 속에 묻혀 해미읍성과 이곳을 찾는 독자에게 알려지지 않은 것이 안타까워 전북 남원의 장군님 기념관과 묘소를 찾아왔습니다. (2022. 2. 8.)

〈황진 장군 영정〉 (출처 : 무민공 황진 기념관)

〈무민공 황진 기념관〉　　　　〈황진 장군 묘소〉

황진 : 먼 길 오시느라 수고 많았습니다. 그리고 이렇게 누추한 곳까지 찾아주니 너무나 고맙군요. 자, 궁금한 것이 있으면 얼마든지 편하게 말해 보시구려.

저자 : 안타깝게도 일부 독자는 '충청 병사라면 충청도에 침입한 적을 무찔러야지, 왜 다른 지역인 경기도와 경상도까지 가서 싸우

다가 장군님과 충청도 군사들이 순국했는가?'라는 생각을 하고 있습니다. 그러나 제 생각은 다릅니다. 현재 미국은 적이 본토에 발을 내딛지 못하도록 병력을 해외에 파병하여 원정 작전을 하고 있습니다. 마찬가지로 이순신 장군도 일본군이 조국에 발을 내딛지 못하도록 남해안에서 제해권을 장악했습니다. 장군님과 충청도 군사들은 일본군이 충청도에 발을 내딛지 못하도록, 충청도와 호남의 관문인 경기도 안성, 경상도 상주와 진주에서 큰 활약을 하셨기 때문에 충청도와 호남 그리고 조국을 지킬 수 있었습니다.

황진 : 모처럼 넓은 시야와 전략적 사고를 지닌 후배 군인을 만나 반갑군요.

(2) 임진왜란 전 일본의 동향과 전투력

저자 : 장군께서는 조선의 명재상이신 황희 정승의 5대손으로 임진왜란 발발 42년 전인 1550년에 전북 남원에서 출생하셨습니다. 27세가 되던 해에 무과에 급제하였고, 이듬해에 명나라로 파견되는 조선의 사신인 황림의 군관으로 명나라에 다녀왔습니다. 1582년에 함경도 북청의 거산 찰방과 1585년에 함경도 경원부 안원보 권관으로 근무하신 바 있습니다. 중요한 것은 다음 보직입니다.

장군께서는 임진왜란 발발 2년 전인 1590년 2월부터 약 1년간 통신사 황윤길의 군관으로 일본을 방문하신 바 있습니다. 당시 군관 신분으로 일본 방문을 준비하면서 파악한 일본의 동향과 전투력

그리고 일본 방문 시 직접 목격하신 일본의 동향과 일본군의 전투력에 대해 알려주시면 감사하겠습니다.

황진 : 시대를 초월하여 군인들이 해외에 무관으로 파견되면, 외교 책임자인 대사나 통신사들을 경호하면서 제일 관심을 가져야 하는 것이 있다면 파견 국가의 동향과 전투력이라 생각합니다. 그러나 더욱 관심을 가져야 할 것은 위와 같은 임무를 성공적으로 수행하기 위해 사전에 파견 국가의 동향과 전투력에 대해 자료수집을 하고 연구를 하는 것이 필요하다고 생각합니다. 따라서 나는 과거에 일본에 파견되었던 통신사와 군관들이 작성한 귀국보고서, 그리고 당시를 기준으로 조선군과 명군이 일본군과의 최근 전투사례[48]부터 일본군의 무기체계와 전술 등을 파악했습니다.

① 1573년 3월 : 왜구가 하동에서 조선 백성 900명을 납치(1573년 3월 14일 '선조실록')

② 1574년 5월 : 왜구가 명으로 진격 사실이 조정에 보고(1574년 5월 14일 '선조실록')

③ 1576년 4월 : 왜구가 제주도에 나타나 10여 명을 납치(1576년 4월 3일 '선조실록')

④ 1586년 6월 : 왜구가 제주도에 출몰하여 조선군과 접전(1586년 6월 3일 '선조실록')

⑤ 1587년 2월 : 왜구가 전라도 흥양현에 속한 손죽도를 침략하

---

48 한국학중앙연구원, '위키실록사전'(검색일 : 2022. 2. 10.), "손죽도지전"

여 많은 조선인과 군선들을 납치(1587년 2월 1일 '선조수정실록')[49]

특히 1587년 2월 왜구와의 전투를 '정해왜변' 또는 '손죽도지전'이라 칭합니다. 이 전투는 기존의 왜구와는 달리 조총으로 무장한 일본 정규군과 조선 정규군과의 전투였지요. 그 결과 녹도 권관 이대원이 전사하고 조선군 100여 명이 포로가 되었지요. 그리고 당시의 일본 동향은 도요토미 히데요시가 전국을 평정하고 1585년에 관백이 된 후에는 대마도주에게 명하여 조선에 수차례 통신사 파견을 요청하였지요.

그러나 조선 조정에서는 이를 무시하다가, 정해왜변 당시 조선을 침공한 왜구 두목과 당시 왜구 앞잡이를 하였던 조선인 사화동을 체포해 조선에 넘겨주고, 당시 납치해간 조선 군인들과 민간인들을 송환해준다면 통신사를 파견하겠다는 조건을 제시하였지요. 이에 일본이 우리의 조건을 수용함에 따라 군 통수권자인 선조는 통신사 파견을 결심하게 되었습니다.

저자 : 현재의 경우도 외국에 파견되는 무관은 물론 국제회의에 참석하는 군 간부들은 사전에 관련 국가의 동향과 전투력을 파악하고 있습니다. 그래야 실제 외국에 파견되어 정보수집과 임무수행을 하기가 쉽기 때문입니다. 그러나 장군께서는 1479년(성종 10) 이래 일본에 통신사 파견이 없었기 때문에, 자료의 제한으로 최신의 일

---

49   KBS 1TV, '불멸의 이순신'(2004. 9월~2005. 8월), "정해왜변"

본 동향과 전투력 파악에 한계가 있었을 것입니다. 따라서 장군께서는 일본 방문 기간 중에 반드시 최신의 일본 동향과 전투력을 파악하겠다는 사명감을 가졌을 것으로 생각됩니다.

황진 : 물론이지요. 그래서 나는 1년이라는 긴 세월 동안 일본에 파견되어 있으면서, 틈나는 대로 일본이 장차 우리나라와 명나라를 공격해 올 것인가? 그렇다면 일본군의 전투력 규모는? 특히 그들의 무기체계와 정신전력 수준은? 등에 대해 사명감을 가지고 파악했습니다. 먼저 내가 1년간 파악한 일본의 주요 동향부터 알려주겠습니다.

① 일본의 군 통수권자는? → 천황이 아닌 도요토미 히데요시
② 도요토미 히데요시가 전국 통일 및 전군(全軍) 지휘권 장악 시기는? → 1590년 11월(이유 : 도요토미 히데요시가 1585년에 관백이 되었으나, 이때까지 완전한 전국 통일이 되지 않았음. 왜냐하면, 조선의 통신사가 1590년 2월에 파견되어 도요토미 히데요시를 만난 것은 9개월 만인 1590년 11월이었는데, 이 기간에 도요토미 히데요시는 반군을 완전히 소탕하느라 통신사를 만날 수 없었음)
③ 조선과 명나라 정벌 의도 → 반드시 정벌 시도할 것으로 판단 (이유 : 첫째, 도요토미 히데요시의 개인적인 욕망. 둘째, 실전경험이 풍부한 장수들과 잘 조련된 강력한 군사력을 해외 원정에 활용하여 일본 내에서 반란 차단. 셋째, 도요토미 히데요시가 전한 국서에 명 정벌을 위해 조선이 길을 비켜달라는 내용이 명시됨)

저자 : 당시 조선 통신사는 정사 황윤길, 부사 김성일, 서장관 허성, 호위군관, 실무담당 하급 관료, 통역관, 악공, 화공, 수행원, 짐꾼 등 200여 명으로 구성되었는데, 이들이 일본에서 일본 군사들을 만났을 때 느끼는 생각은 모두 차이가 있었을 것입니다. 오직 장군님만이 일본 군사들의 눈빛과 무장 상태 등을 면밀하게 관찰했을 것입니다. 또한, 그들로부터 정보를 얻기 위해 다양한 대화를 시도하여 일본군의 병력규모, 지휘체계, 무기체계, 싸우는 전술과 정신전력 수준 등을 파악한 것으로 알고 있습니다.

황진 : 당연하지요. 그 기간에 내가 파악한 일본군의 전투력은 다음과 같습니다.

① 무기체계 및 전술 : 일본 육군의 주 전투력과 전술은 과거에는 조선과 같이 기병을 중심으로 기병 전술을 구사하였음. 1543년 포르투갈 상선으로부터 조총이 일본에 전해진 이후, 조총의 중요성을 인식한 오다 노부나가 영주(다이묘)가 이를 대량 생산하여 자신의 부대를 조총으로 무장하여, 기병이 공격해오는 쪽에 장애물을 만들고 그 뒤에 조총병들을 배치하여, 다른 영주들의 기병 부대를 차례로 제압하였음

도요토미 히데요시는 바로 오다 노부나가의 후계자이므로 조총 위주의 보병 전술을 구사할 것으로 판단하였음. 조총과 활이 원거리 전투 무기라면, 적과 아군이 서로 맞붙어서 근접전투를 할 때 필요한 근거리 전투 무기인 칼의 경우에 조선의 칼에 비해 일본의 칼

이 더 단단하고 칼날이 예리하며 길이도 더 길어서 내가 귀국길에 직접 두 자루를 구매하였음.[50]

일본군은 통신사 일행에게 활 솜씨를 과시하기 위해, 50보 떨어진 거리에서 과녁에 활을 쏘아 명중시켰는데, 나는 더 작은 과녁에 활을 쏘아 명중시켰음. 또한, 바다 위에 떠 있는 새와 하늘로 날아오르는 새도 활을 쏘아 적중하였으므로, 활의 성능과 활 솜씨는 조선군이 우세한 것으로 판단하였음.[51]

② 병력규모, 지휘체계와 정신전력 : 조선의 통신사가 도요토미 히데요시를 만나 선조의 국서를 전해줄 때, 도열한 일본군 장수들의 규모와 눈빛 그리고 도요토미 히데요시를 대하는 자세를 보면서, 조총으로 무장한 십만 이상 일본군의 일사불란한 지휘체계와 복종심으로 반드시 조선을 공격해 올 것으로 판단하였음

---

50   1593년 6월 1일 선조수정실록, '순성장 황진의 졸기'에 의하면, 황진(黃進)은 고상(故相) 황희(黃喜)의 5대손으로서 용맹 건장하고 활을 잘 쏘았으며 엄중하고 충신하여 기절(氣節)이 남보다 뛰어났다. 통신사(通信使)를 따라 일본에 들어갔을 때 적의 상황이 반드시 전쟁을 일으키리라는 것을 살피고는 주머닛돈을 털어 보검(寶劍) 한 쌍을 사가지고 돌아와 말하기를, "머지않아 적이 올 텐데 이 칼을 써야 하겠다" 하였다.
51   『강한집(江漢集)』제15권 무민 황공의 묘지명. 참고로 강한집은 조선 정조시대 문신 황경원의 시문집으로 1790년에 간행되었다.

(3) 충청 병사 부임 전 참가한 주요 전투와 전공(戰功) :
❶ 용인 광교산 전투

저자 : 장군께서는 조선의 많은 장수 중에서 유일하게 임진왜란 발발 2년 전에 일본을 방문하여 일본의 동향과 일본군의 전투력을 직접 파악하고, 임진왜란 발발 약 1년 전인 1591년 2월에 귀국하였습니다. 따라서 장군님은 손자병법에서 말하는 '적을 알고 나를 아는(지피지기, 知彼知己)' 조선의 유일한 장수였습니다. 그러므로 장군님은 이에 대한 대비책을 마련하여, '적과 백 번 싸워도 위태롭지 않을 것(백전불태, 百戰不殆)'으로 기대가 됩니다. 장군께서는 귀국 후에 어디서 어떤 일을 하셨으며, 어떤 대비책을 세웠는지 더욱 궁금합니다.

황진 : 나는 임진왜란 발발 10개월 전인 1591년 7월부터 전라도 동복현(현 화순군 동복면 일대)의 동복 현감(종 6품)으로 근무하면서, 장차 일본군이 우리나라를 공격할 것에 대비하였습니다. 개인적으로는 주색을 멀리하고, 공무 후에는 일본에서 사들인 칼로 일본군 검술을 익혔습니다. 또한, 활쏘기 연습을 더욱 열심히 하였지요.(연려실기술 제5권)

그리고 군사들에게는 이러한 개인 훈련에 추가하여, 적보다 상대적으로 병력이 열세인 아군이 조총과 긴 칼을 주 무기로 하는 대규모 병력의 일본군을 격멸하기 위해서는 정면에서 적을 공격하는 정공법(正攻法)으로는 승산이 없습니다. 따라서 유리한 지형에서 전투하되, 진법에 제시된 쌍방 전술훈련 모형 중에서 경계, 매복, 기습, 우회, 철수, 반격 등의 기책(奇策)에 주안점을 두고 부대훈련을 시켰습니다. 이와 함께 인근 옹성산성을 개축하며 내성을 쌓았습니다. (만기요람 군정편 4 '관방')

저자 : 사실 독자들은 이순신 장군은 잘 알고 있지만, 장군님에 대해서는 잘 모릅니다. 저도 이 책을 집필하면서 조선의 많은 장수 중에서 임진왜란에 대비하여, 철저한 사전 전투준비를 했던 장수는 이순신 장군님과 황진 장군님이라는 것을 알았습니다.

황진 : 나는 임진왜란 전에 일본을 직접 방문해서 일본이 반드시 조선을 침공할 것을 알았기 때문에 당연히 대비하였지만, 임진왜란 발발 1년 2개월 전에 전라좌수사로 임명된 이순신 장군의 경우에는 나처럼 일본을 방문하지도 않았습니다. 그럼에도 냉철한 정보판단으로 장차 일본의 침공을 예상하고, 철저한 전투준비와 훈련을 시킨 분이기에 나는 항상 이순신 장군을 존경하였습니다.

저자 : 그랬군요. 그러면 장군께서는 일본군과 첫 전투를 언제 하였는지요?

황진 : 일본군은 조선을 1592년 4월 13일에 침공하였는데, 여러 입소문과 경상도에서 이곳으로 피난 온 백성들의 진술을 통해, 며칠 뒤에서야 임진왜란이 발발했다는 것을 알았고, 그때부터 우리 군사들은 비상 전투준비태세에 돌입하였지요. 그 후 계속 들리는 소식은 신립 장군이 충주에서 패배하였고, 얼마 후 일본군은 한양

을 점령하였으며, 군 통수권자인 선조도 평양으로 피난을 갔다는 소식을 들었지요. 그래서 이제는 우리 부대가 군 통수권자와 전쟁 지도부를 보호하기 위해 북쪽으로 출동할 것으로 판단하였습니다. 그래서 이곳의 옹성산성에는 최소의 경계병들만 남기고, 출동 병력에 대해서는 진법에 있는 행군 훈련, 행군 간 경계, 그리고 적과 조우 시 행동 절차 등을 훈련시키면서 상급 지휘관의 명령을 기다렸지요.

드디어 5월 중순에 전라 감사 이광으로부터 삼도 근왕군을 조직해 한양으로 진격할 것이니 전주로 집결하라는 명령이 하달되었습니다. 전라 감사 이광은 선조의 명을 받고 전라도 군사 약 4만 명, 충청 감사 윤국형의 병력과 경상 감사 김수의 병력을 합하여, 약 6~7만여 명을 이끌고 한양을 향해 행군을 시작하였지요. (위키실록사전 '이광')

삼도 근왕군은 서둘러 서울로 향하여 진군하였는데, 전라도 군대가 앞장서고, 충청도와 경상도 군대가 그 뒤를 따랐습니다. 삼도 근왕군이 마침내 용인의 일본군을 향해 진격하는 상황에서 6월 6일 일본군 와키자카 야스하루의 선봉대가 갑자기 용인 광교산의 전라도 군사를 기습 공격하였습니다. 이로 인해 전라도 병사 곽영의 군대가 먼저 패배하였고, 후방의 하삼도 군대도 마침내 궤멸하였습니다. 이는 마치 큰 산이 무너지는 것과 같아서 어떻게 막는 방법이 없었지요.

특히 총지휘관인 이광을 비롯하여 도원수 김명원, 경상 감사 김수, 충청 감사 윤국형(윤선각과 같은 인물), 충청 병사 신익은 군사들을 철수부대와 엄호부대로 편성하여 조직적인 철수 지휘를 하여야 하는데 그렇지 못하였지요. 그리고 이들도 군졸처럼 도망을 가서 삼도 근왕군이 와해가 되는 치욕적인 패배를 당하였습니다.

그러나 내 부하들은 평소 훈련한 대로 당황하지 않고 내 명령에 따라 조직적인 철수를 하여 단 한 명의 군사도 피해가 없었지요. 그 후 나는 부하들을 이끌고 전라도로 남하하여 동복현으로 복귀하였습니다. 정말 아쉬웠던 것은 총지휘관인 이광, 도원수 김명원, 경상 감사 김수, 충청 감사 윤국형이 모두 문신 출신들이라 평소 실전과 같은 교육훈련을 소홀히 하였고, 또한 전시 부대 지휘 능력과 상황 조치 능력이 부족했다는 점이지요.

(4) 충청 병사 부임 전 참가한 주요 전투와 전공(戰功) : ❷ 웅치 전투

저자 : 장군께서는 용인 전투 후 1592년 6월 말에 동복현으로 철수하여 복수의 칼을 갈고 있다가 언제 다시 전투에 투입되었나요?

황진 : 일본군은 조선 침공 20여 일 만에 한양을 점령한 후, 조선 8도를 분할 점령하기 위한 작전을 구사했지요. 이에 평안도는 고니시, 함경도는 카토오, 황해도는 구로다, 강원도는 모리 요시나라, 경기도는 우키다 히데이에, 충청도는 제5번대 후쿠시마 마사노리, 경상도는 제7번대 모리 테루모토에게 할당되었습니다. 그리고 전라

도를 담당한 제6번대 고바야카와는 안코쿠지와 함께 전주 점령을 시도했습니다. 이를 위해 일본군은 7월 초에 무주에서 웅치 방향으로 공격을 개시하였습니다.

이에 전라 감사 이광은 광주 목사 권율의 조언을 받아 김제 군수 정담, 해남 현감 변응정, 나주 참관 이복남, 의병장 황박으로 하여금 웅치를 방어토록 하였지요. 아군은 수천 명의 일본군을 맞이하여 선전하였으나, 정담을 포함한 수백 명의 군사들은 화살이 떨어질 때까지 싸우다 전사했고, 이복남과 황박은 안덕원(安德院)까지 철수했습니다. 이 전투로 일본군 200명 이상이 전사하고 수백 명의 부상자가 발생했지요.

〈일본군과 조선군의 웅치 전투와 이치 전투 상황도〉
(출처 : 네이버 지도 위에 저자 작성)

나는 전라 감사 이광의 명을 받아 7월 초에 남원에 주둔하고 있다가, 웅치로 출동하라는 명을 받고 웅치로 진격하였으나 7월 8일에 일본군이 이미 웅치를 점령하고 전주성에서 약 10km 떨어진 안덕원에 집결하였지요. 이에 나는 선봉이 되어 이복남·황박의 군사들과 함께 안덕원의 일본군 부대를 기습 공격하여 적을 금산 방향으로 격퇴했지요.[52]

(5) 충청 병사 부임 전 참가한 주요 전투와 전공(戰功) :
❸ 이치(梨峙) 대첩[53]

저자 : 장군께서는 웅치 전투로 전라도 군사들이 위기에 빠졌을 때, 안덕원에 집결 중인 일본군을 기습 공격하여 일본군의 전주성 점령을 차단하고, 전라도 군사들과 백성들에게 희망을 안겨주었습니다. 이제 장군께서 그 후에 참전한 전투가 궁금합니다.

황진 : 웅치에서 철수한 일본군과 금산성에 주둔 중인 일본군이 이치 방향으로 공격하여 전주를 점령할 것으로 판단되어, 전라 감

---

52 『포저집(浦渚集)』제35권, '충청도 병마절도사(忠淸道兵馬節度使) 황공(黃公)의 행장'
53 이치 대첩의 일자는 사료마다 기록이 다르고, 역사가들의 주장이 다르기 때문에 논란이 있다. 그러나 확실한 것은 각종 관련 사료나 관련 기관의 역사가들 의견을 종합해볼 때, 이치 대첩이 1592년 7월 8일~8월 17일 사이에 있었다는 것은 분명한 사실이다.
* 관련 사료 : 『포저집(浦渚集)』7월 10일 이후, 『난중잡록(亂中雜錄)』7월 20일, 『선조수정실록』 7월 중, 『쇄미록(瑣尾錄)』8월 17일
* 관련 기관 : 문화재청(칠백의총 기념관) 7월 8일
* 참고로 충청남도역사문화연구원과 금산군은 2019년 7월, 이치 대첩의 일자에 대한 학술용역을 통해 하태규 교수가 제시한 연구 결과(8월 17일)를 준용하기로 하였음

사 이광은 권율로 하여금 이치에서 대비토록 하였고, 이에 권율은 나를 부장으로 선택하여 가용병력 1천 5백여 명을 지휘하여 방어 준비와 최전방에서 방어하도록 지시하였지요.

저자 : 권율 장군은 왜 장군님을 이치 전투 시 부장으로 선택하였나요?

황진 : 권율 장군은 비록 문신 출신이나 병서를 많이 연구하여 부대를 지휘하는 것이 남달랐지요. 특히 용인 전투 시 모두 도망가는 순간에도 부하들과 함께 인원과 장비 모두 이상 없이 철수를 한 분이었기에 제가 존경을 하였지요. 권율 장군은 평소 나의 부대 지휘 능력을 면밀하게 관찰하였던 것 같습니다. 이치 전투 시에 저를 부장으로 선택하여 가용병력 1천 5백여 명을 선두에서 지휘토록 권한을 위임하였습니다.

따라서 나는 비장 공시억과 위대기, 의병장 황박과 함께 적이 공격하는 날까지, 제일 먼저 금산에서 이치에 이르는 적의 예상 진격로에 아군의 정찰병을 매복시켜 적의 공격 방향과 공격 규모를 정찰토록 하였지요. 이와 함께 방어를 위해 이치 하단부에서 정상에 이르는 곳까지 방어 진지 구축, 각종 장애물과 화포 배치, 통신 수단을 점검하였습니다. 그리고 조총과 일본도로 공격해오는 적에 대한 방어전투 요령을 교육하고 여러 번 예행연습을 하였습니다.

드디어 아군 1천 5백여 명과 적군 1만여 명 사이에 치열한 공방

전이 벌어졌지요. 이 전투는 적군과 아군의 함성과 비명, 그리고 나팔, 징, 북, 꽹과리, 조총 소리가 뒤섞인 가운데 각종 신호 깃발도 요란하게 휘날리었지요. 임진왜란 발발 이래 조선 육군이 일본군과 벌인 전투 중에서 가장 제대로 싸운 전투였습니다. 해 질 무렵 적들은 나를 암살하기 위해 조총으로 집중 사격을 가하였고, 이에 나는 허벅지와 이마에 적의 총탄을 맞고 잠시 혼절을 했습니다.

얼마 후 깨어나서 주위를 살펴보니, 내가 죽었다는 소문과 함께 군사들의 사기가 떨어지고 도망병이 속출하였지요. 이에 이치 정상에서 이를 지켜보던 권율 장군은 도망병을 참수하며 독려를 하자 군사들은 다시 최초 진지로 복귀하기 시작했습니다. 그 순간에 나는 정신을 가다듬고 부하들에게 "물러서지 말라, 우리가 명예롭게 죽을 곳은 바로 이곳이다"라며 지휘를 하였지요. 그러자 "와, 황진 장군이 살아 계신다"라는 함성이 들려오면서 전세는 아군에게 유리한 방향으로 역전되어 적은 패주를 하였습니다. 이렇게 임진왜란 발발 후에 조선 육군 1천 5백여 명의 군사로 일본군 1만여 명을 격퇴한 조선 육군 최초의 승전보가 전국에 전해지자, 군 통수권자는 물론 조선의 백성들이 모두 기뻐했습니다.

〈조선군(상단)과 일본군(하단)의 이치 전투 재현 축소 모형〉
(출처 : 전북 남원 황진 장군 기념관)

저자 : 만약 이치 전투에서 적의 공격을 저지하지 못했다면, 전주성과 호남지역 그리고 충청도 서부지역 일대마저 적에게 점령당하였을 것입니다. 또한, 이순신 장군도 수군에게 식량과 탄약을 제공할 기지를 상실하게 되어, 조선은 더 이상 전쟁 수행이 어려웠을 것입니다. 이 전투를 승리로 이끈 장군께 국가에서는 어떤 포상이 있었는지요?

황진 : 훈련원 판관(종 5품)에 이어 익산 군수(종 4품)로 승진하였습니다. 그러나 가장 큰 포상은 내가 부상으로 들것에 실려 전주를 지나갈 때, 백성들이 마실 것을 준비하고, "공의 덕분에 우리가 살았습니다!"라며 감사하고 위로해준 것입니다. (존재집 제3권)

⑹ 충청 병사 부임 후 참가한 주요 전투와 전공(戰功) :
❶ 경기 안성 죽주산성 전투

저자 : 다음은 장군께서 충청 병사로 부임 후에 어떤 전투에 참가하셨나요?

황진 : 당시 의주로 피난을 간 군 통수권자 선조는 이치 전투 승리 후에 권율을 전라 감사(종 2품)로 진급시키고, 권율에게 명나라 군대가 곧 참전할 것이니 이들과 함께 연합작전으로 한양을 탈환하기 위해 삼남의 군사와 의병들을 모아 한양으로 북상하라는 명령을 하달하였습니다. 이에 권율은 전라 병사 선거이를 대동하고 1만여 명의 군사들과 의병을 이끌고 북상을 하여, 1592년 12월에 수원 독성산성에 주둔하였습니다. (국조보감 제31권)

다음해 1월에 권율은 2,300명의 병력과 함께 행주산성으로 이동하면서, 전라 병사 선거이와 소모사 변이중에게 각각 4,000명의 병력으로 금천(현 서울 금천구)과 한강변 양천에 방어 진지를 편성하도록 하여, 명군이 한양을 공격할 시 연합작전으로 한양을 탈취토록 조치를 하였소. (위키실록사전 '행주 승첩')

그러나 명나라 이여송은 4만 3,000여의 군사를 거느리고 압록강을 건너와, 1593년 1월 말에 평양을 탈환하고 남으로 진군하다가 벽제관 전투에서 일본군에게 패배를 당하였지요. 그 후 평양으로 철수하여 전투를 회피하고 있는 상황이었어요. 벽제관 전투로 명군의 위협에서 벗어난 일본군은 1593년 2월 12일에 약 3만 명의 병력으로 행주산성을 공격했으나, 권율은 휘하 군사들과 승병 및 의병을 합하여 총 약 3천 명의 병력으로 적을 격파하여 행주대첩의 신화를 만들었지요.

나는 이치 전투 후 부상을 치료하다가 전라 감사 권율의 명을 받고 1592년 12월 초에 수원 독성산성에 주둔하면서 전라 병사 선거이와 함께 한양에 주둔 중인 적 부대를 정찰하고, 한양과 부산을 오가는 적의 병력과 보급부대를 기습 공격하였지요. 특히 이 기간에 나는 한강변 교통요지인 사평(현 강남 반포 일대)으로 정찰을 나갔다가 적의 기습공격을 받고 혼자 적진에 남게 되었습니다. 적은 나를 포로로 잡기 위해 수백 명의 병력으로 나를 포위했으나, 나는 3일 동안 피해 다니다가, 마침내 일본에서 직접 산 일본도로 나를 포위했던 일본군들을 살해하고 원대에 복귀하였지요.

전라 병사는 이런 사실을 상부에 보고하였고, 이에 선조는 기뻐하며 1592년 12월 말에 나를 절충장군(정 3품)으로 진급을 시켰습니다.[54] 그 후 전라 병사 선거이를 따라 금천(현 서울 금천구)에 주둔하면서, 권율 장군이 행주에서 전투를 수행하는 동안 한양에 있는 일본군 부대를 교란하며, 적의 주력이 행주에 집중되지 않도록 견제를 하였지요. 이 공로로 1593년 3월에는 충청 병사(종 2품)로 임명되었습니다.

---

54 『포저집(浦渚集)』제35권, '충청도 병마절도사(忠淸道兵馬節度使) 황공(黃公)의 행장'

저자 : 드디어 장군께서 1593년 3월에 충청 병사(종 2품)로 임명되신 후에 첫 전투가 궁금합니다.

황진 : 나는 충청 병사로 임명된 후에, 죽주산성에 주둔하고 있는 일본군을 격멸하라는 명을 받고, 충청도 군사들과 함께 경기도 안성에 행영(行營)을 설치하였습니다. (위키실록사전 '황진')

참고로 행영이란 전세가 위급한 지역에 지휘관과 참모, 그리고 병력이 임시 편성한 현재의 전술지휘소 및 숙영지와 유사합니다. 당시 일본군은 행주 전투에서 패배 후에 조명연합군의 압박, 추위로 인한 동상 환자 속출, 그리고 후방으로부터 보급지원 곤란 등으로 3월부터 명군과 강화회담을 하면서 부산 방향으로 철수를 준비하였지요. 따라서 한양의 일본군이 철수하려면 안성을 통과해야 하고, 안성을 통과한 후에는 바로 충청도의 충주와 청주를 통과해야 하므로, 적들이 충청도에 발을 딛기 전에 안성에서 최대한 적을 격멸하는 것이 충청 병사로서 중요한 임무였지요.

저자 : 모든 병법서와 각종 전쟁사례를 종합해보면, 강력한 방어진지를 구축한 적을 공격하기 위해서는 적보다 3배의 병력이 필요합니다. 적장 후쿠시마는 임진왜란 초기 예하 병력이 5천여 명이었고, 그 후 병력 손실로 죽주산성을 약 3~4천 명으로 점령 중이라고 가정 시, 이를 공격하려면 적어도 아군 9천 명~1만 2천 명이 필요한데, 당시 충청 군사 약 1천 명으로 어떻게 공격하였는지요?

〈경기도 안성 죽주산성〉 (출처 : 안성시청 홈페이지)

　황진 : 정공법 대신에 적을 기만하고 유인해 격멸하는 전술을 사용하였지요. 나는 먼저 적의 척후병에게 우리 주둔지의 경계근무·복장·장비와 물자 정렬 상태를 일부러 오합지졸, 난장판으로 만들어 적을 기만하였지요. 또한, 적으로 하여금 성 밖으로 나와 아군 주둔지를 공격하도록 유인하였으며, 미리 성 주위에 매복시켜 둔 우리 병력이 적 주력이 성을 비운 사이 죽주산성을 점령토록 하였고, 이들과 함께 성 밖의 적 주력을 협공하자, 적은 큰 피해를 입고 이천에서 충청도를 거쳐 상주로 철수했습니다.[55] 나는 적들이 철수하면서, 충청도 백성들에게 피해를 주지 않도록 계속 상주까지 적 부대를 추격하였어요. (위키실록사전 '황진')

55　김동진, 『임진무쌍 황진』(교유서가, 2021), pp. 200~203, 본 자료는 황진 장군을 주인공으로 하는 역사소설이나 최대한 관련 사료를 근거로 전술 개념에 부합되도록 재구성하여, 황진 장군 연구에 큰 도움이 된다.

(7) 충청병사 부임 후 참가한 주요 전투와 전공(戰功) :
❷ 진주성 2차 전투

저자 : 장군께서는 신출귀몰한 작전으로 경기도 안성 죽주산성에서 대승을 거두신 후에, 어떤 전투에 참전하셨는지 궁금합니다.

황진 : 독자들도 잘 알고 있는 바와 같이, 1592년 4월에 조선을 침공한 일본군은 전라도와 충청도 서부지역을 점령하기 위해, 1592년 음력 10월 5일부터 10일까지 약 3만의 병력으로 호남의 관문인 진주성을 공격했지요. 그러나 진주 목사 김시민은 단지 3,800여 명의 병력과 백성들을 지휘하여 10배 가까이 많은 대군에 맞서 성 안에서 싸웠습니다. 성 밖에서는 곽재우, 임계영, 최경회(崔慶會)의 의병 2천여 명이 왜군의 후방을 기습하는 격렬한 전투 끝에, 결국 왜군은 11월 13일 진주성에서 패배하고 철수를 했지요. 이것을 진주대첩 또는 진주성 1차 전투라고 하지요.

진주성 2차 전투는 1593년 6월에 일본군이 현재의 경상남도 일대로 철수하여 주둔하고 있던 중에, 진주성을 점령하고 호남으로 진출하라는 도요토미 히데요시의 명에 의거 약 10만의 병력으로 진주성을 공격하여 아군 6~7천여 명과 이루어진 전투입니다.

나는 창의사 김천일의 요청을 받고 진주성 전투 참전을 위해 해미 현감 정명세(鄭名世)를 조방장으로 임명하였습니다. 그리고 태안 군수 윤구수(尹龜壽), 결성 현감 김응건(金應健), 당진 현감 송제(宋悌), 남포 현감 이예수(李禮壽), 황간 현감 박몽열(朴夢說), 보령 현감

이의정(李義精) 휘하 충청도 군사 700여 명과 함께 진주성에 6월 중순에 도착하였습니다. (1593년 7월 16일 무진 4번째 기사 '선조실록')

한편 창의사 김천일은 300명, 경상우병사 최경회는 500명, 의병장 고종후·장윤·이계련·변사정·민여운의 의병 약 1,300명과 함께 진주성에 도착하여, 진주 목사 서예원과 김해 부사 이종인의 군사들을 모두 합쳐 약 6~7천여 명의 아군과 함께, 약 10만 대군의 적과 싸울 준비를 하였습니다. (지승종, 『진주성 전투』〈알마 : 2014〉, p. 123 & p. 132)

〈진주성〉 (출처 : 진주시청 홈페이지)

당시 도원수 김명원은 대구에 있는 명나라 유정에게 진주성 지원을 요청하고, 또한 경산도 성주에 주둔하고 있던 전라 병사 최원에게 방어사의 직책을 주어 진주성을 지원하도록 지시하였지요. (1593년 7월 10일 '선조실록')

그러나 6월 21일에 10만 대군의 적이 진주성에 도달했을 때는 명군은 물론, 전라 감사 권율, 최원의 후임 전라 병사 선거이, 그리고 의병장 곽재우도 진주성에서 전투를 포기하고, 진주성을 지원하지 않았지요. (정경운, '고대일록', 1593. 6. 16.~7. 4.)

그 후 진주성을 방어 중인 6~7천여 명의 병력은 전투 경험이 많은 나를 의지하면서 6월 2일부터 28일까지 적군 10만의 공격을 막아냈어요. 그러나 나는 6월 28일 야간에 전투지휘를 하다가 총탄을 맞고 전사를 했고, 6월 29일에는 진주성이 함락되면서 성 안에 있던 6만여 명의 백성들이 살해당하였습니다. 일본군도 진주성을 함락시켰지만, 충청도 군사 700명을 포함한 조선 군사들과 의병들의 선전으로 상당한 피해를 보게 되어 전라도와 충청도 진출 계획이 좌절되었지요.

〈진주성 전투〉 (출처 : 전쟁기념관·한국문화정보원 '공공누리 제1유형')

저자 : 동양의 전략가인 손자와 서양의 전략가인 클라우제비츠에 의하면, 전쟁 승리의 가장 지배적인 요인은 군 통수권자 - 군대 - 국민의 3위 일체 여부입니다. 그리고 전쟁의 원칙에는 지휘통일의 원칙으로부터 집중과 분산, 경계, 기습 등 여러 요인이 있습니다. 그런데 제2차 진주성 전투 시 군 통수권자인 선조는 도원수에게 관군과 의병을 통합하여 진주성 사수 또는 철수를 명확히 지시했어야 하고, 지휘통일도 시켰어야 하나, 그렇지 못하여 관군과 의병들이 진주성 사수파와 철수파로 분산되었습니다.

이렇게 지휘통일도 안 되고 병력이 분산된 관군과 의병으로는 군 통수권자 - 군대 - 국민이 3위 일체가 될 수 없었고, 결국 총력전 수행이 불가능했습니다. 이런 이유로 장군님과 충청도 군사들의 희생에도 불구하고 결국 제2차 진주성 전투는 승리할 수 없었으며, 성 안에 있던 6만의 백성들도 불쌍하게 살해되었습니다. 그러나 장군님과 충청도 군사들의 결사 항전 의지와 희생 덕분에 일본군의 호남과 충청도 진출을 좌절시켰습니다.

참고로 조선 초기 대마도 정벌과 4군 6진 개척 시에는 군 통수권자인 태종과 세종, 군대, 그리고 백성이 3위 일체가 되어 장수들이 전쟁에서 승리할 수 있도록 평시에 정예 전투력을 육성하고, 전시에는 장수들에게 부대 지휘를 맡기고 필요한 병력과 군수품을 적극적으로 지원해주었습니다. 21세기에도 군 통수권자 - 군대 - 국민이 3위 일체가 된 정예 전투력 육성과 전쟁원칙에 입각한 용병은 불변의 진리라고 생각합니다. 이와 같은 역사의 교훈을 망각하면 불행한 역사를 되풀이하게 될 것입니다.

(8) 21세기 독자들과 대화

저자 : 장군님께 마지막 질문에 앞서, 먼저 21세기 독자들과 후배 군인들을 대신하여 사죄를 드립니다.

황진 : 사죄라니요?

저자 : 임진왜란 시 장군님과 충청도 군인들은 충청병영에 소속된 군인 중에서 조선 역사 500년 동안 충청도와 조국을 지키기 위해 가장 큰 공을 세운 분들입니다. 그렇다면, 적어도 장군님이 소속되었던 부대(해미읍성)와 고향(남원)에서는 해미읍성과 남원시를 소개

하는 팸플릿이나 홍보자료에 장군님의 업적을 수록하여 애국애족과 호국정신을 고취하는 것이 도리라고 생각합니다. 그러나 해미읍성과 남원시를 소개하는 팸플릿에는 이런 소중한 내용이 없습니다. 이런 상황에서 장군님께 독자들에게 전하실 말씀을 청하는 것이 너무나 부끄럽습니다.

황진 : 나를 비롯하여 나와 함께 충청도와 호남, 그리고 조국을 지키다 전사한 군인들은 우리의 본분을 다하다가 장렬히 전사했기에 여한이 없지만, 독자들에게 다음 내용은 전하고 싶군요.

첫째, 국가의 명을 받고 나를 따른 충청도 군인들은 경기도 안성과 경상도 진주에서 자신들의 고향인 충청도에 적이 발을 딛지 못하도록, 또한 조국과 국민의 생명과 재산을 보호하겠다는 일념으로 적과 싸우다 장렬히 전사했소. 그러나 이들은 거의 모두 불귀의 객이 되어 고향에 묻히지도 못했다오. 이들을 위해 해미읍성에 무명용사탑을 세워주고, 이들의 이름을 파악할 수 있다면 고향 지자체에서 충혼탑에 이름을 새겨주기 바라오.

둘째, 해미읍성과 남원시를 소개하는 팸플릿이나 홍보자료에는 나를 위해 나의 업적을 소개하지 말고, 조국이 위기에 처했을 때 위국헌신(爲國獻身)의 사례로 제시하여 장차 내 고향과 내 조국 수호에 활용하기 바랍니다.

셋째, 이치 대첩을 전·후로 금산에 주둔 중인 일본군을 공격하다가 전사한 고경명, 조헌, 영규, 변응정 휘하 의병과 승병들의 숭고한 희생도 영원히 기억해주기를 바랍니다.

 넷째, 조국을 넘보는 국가와 집단은 언제나 존재합니다. 이에 대비하기 위해서는 위협이 되는 국가의 동향과 전투력을 사전에 파악하여, 대응 전술과 무기체계를 마련하고, 군인들에게 사격과 전술 훈련을 철저히 시키도록 국민들이 여건을 조성해주어야 합니다.

 내가 하늘에서 내려다보니 훈련을 강하게 시키는 지휘관을 원망하는 사례가 있는데 군 지휘관들은 좌고우면하지 말고, 국민의 귀한 자식인 군인들을 잘 먹이고, 잘 입히고, 잘 재우면서 소신껏 훈련을 시키도록 군 통수권자와 국민이 여건을 만들어주기 바랍니다.

5 조선 전기, 역대 충청 병사

시간과 자료 제한으로 조선 전기 역대 충청 병사를 모두 찾아뵙지 못했지만, 이분들의 명단을 소개하면 다음과 같다.

<조선 전기 역대 충청 병사 명단>

시기	이름	시기	이름
1396년(태조 5)	이귀철(李龜鐵)	1469년(예종 1)	이중영(李仲英)
1402년(태종 2)	김남수(金南秀)	1471년(성종 2)	김봉원(金奉元)
1405년(태종 5)	유습(柳濕)	1472년(성종 3)	박양신(朴良信)
1406년(태종 6) 이전	김용초(金用超)	1475년(성종 6)	김서형(金瑞衡)
1408년(태종 8)	이도분(李都芬)	1475년(성종 6)	이종생(李從生)
1408년(태종 8)	이귀철(李龜鐵)	1477년(성종 8)	안인후(安仁厚)
1411년(태종 11)	신유정(辛有定)	1479년(성종 10)	박식(朴埴)
1412년(태종 12)	김중보(金重寶)	1481년(성종 12)	박거겸(朴居謙)
1413년(태종 13)	이지실(李之實)	1481년(성종 12)	배맹달(裵孟達)
1416년(태종 16)	유습(柳濕)	1487년(성종 18)	한환(韓懽)
1418년(태종 18)	김상려(金尙旅)	1488년(성종 19)	손계량(孫繼良)
1420년(세종 2)	이천(李蕆)	1489년(성종 20)	변수(邊脩)
1420년(세종 2)	구성량(具成亮)	1490년(성종 21)	이평(李枰)
1421년(세종 3)	박광연(朴光衍)	1491년(성종 22)	조숙기(曺淑沂)
1422년(세종 4)	이흥발(李興發)	1492년(성종 23)	이손(李蓀)
1424년(세종 6)	조정(趙定)	1494년(성종 25)	이굉(李紘)
1426년(세종 8) 이전	최이(崔迤)	1507년(중종 2) 이전	박형무(朴衡武)
1430년(세종 12)	이순몽(李順蒙)	1513년(중종 8)	조순(趙舜)
1434년(세종 16)	이교(李皎)	1519년(중종 14)	강징(姜澂)

연도	인물	연도	인물
1434년(세종 16)	김익생(金益生)	1523년(중종 13)	최세절(崔世節)
1444년(세종 26)	안숭직(安崇直)	1531년(중종 26)	김수연(金秀淵)
1445년(세종 27)	이완(李莞)	1535년(중종 30)	이형순(李亨順)
1446년(세종 28)	이진(李震)	1542년(중종 37)	유성(柳星)
1449년(세종 31) 이전	조뇌(趙賚)	1544년(중종 39)	이몽린(李夢麟)
1450년(세종 32)	신처강(辛處康)	1547년(명종 2)	우맹선(禹孟善)
1451년(문종 1) 이전	이천(李蕆)	1574년(선조 7)	이전(李戩)
1453년(단종 1)	성승(成勝)	1578년(선조 11)	김오(金鋘)
1455년(세조 1)	이종효(李宗孝)	1578년(선조 11)	이흔(李昕)
1457년(세조 3)	정종(鄭種)	1581년(선조 14)	이정(李挺)
1457년(세조 3)	황치신(黃致身)	1589년(선조 22) 이전	정원상(鄭元詳)
1459년(세조 5)	강곤(康袞)	1592년(선조 25)	신익(申翌)
1460년(세조 6)	이종효(李宗孝)	1592년(선조 25)	이세호(李世灝)
1461년(세조 7)	이윤손(李允孫)	1593년(선조 26)	이옥(李沃)
1463년(세조 9)	권언(權躽)	1593년(선조 26)	황진(黃進)
1464년(세조 10)	이윤손(李允孫)	1594년(선조 27)	변양걸(邊良傑)
1465년(세조 11)	이내(李徠)	1595년(선조 28)	원균(元均)
1468년(세조 14)	윤흠(尹欽)	1596년(선조 29)	이시언(李時彥)
1468년(예종 즉위년)	성귀달(成貴達)	1601년(선조 34)	권준(權俊)
1601년(선조 34)	김거병(金去病)	1624년(인조 2)	이항(李沆)
1602년(선조 35)	이봉수(李鳳壽)	1627년(인조 5)	유림(柳琳)
1603년(선조 36)	김응서(金應瑞)	1628년(인조 6)	이의배(李義培)
1603년(선조 36)	유형(柳珩)	1637년(인조 15)	신경류(申景柳)
1605년(선조 38)	김준계(金遵階)	1638년(인조 16)	유정익(柳廷益)
1605년(선조 38)	배흥립(裵興立)	1640년(인조 18)	이확(李廓)
1608년(광해 즉위년)	이유직(李惟直)	1641년(인조 19)	신경진(申景珍)
1609년(광해 1)	홍유의(洪有義)	1643년(인조 21)	조후량(趙後亮)
1609년(광해 1)	이경준(李慶濬)	1644년(인조 22)	이시영(李時英)
1610년(광해 2)	송안정(宋安廷)	1650년(효종 1)	이급(李坂)
1623년(인조 1)	이완(李浣)	1652년(효종 3)	구의준(具義俊)

지금까지 조선 전기 역대 충청 병사 명단을 제시하였는데 독자에게 익숙한 인물(이천, 조숙기, 이손, 황진, 원균, 이완 등)도 있지만, 그렇지 않은 인물도 많이 있을 것이다.[56] 그러나 익숙하지 않은 인물이

---

56   위 명단은 조선왕조실록에서 찾은 결과물이다. 그러나 위 명단의 활동 시기와 인물은 일부

바로 역사와 군사에 관심 있는 독자의 흥미 있는 연구 대상이니, 후속 연구로 이들의 평시 부국강병 노력과 왜란·호란 시 군 통수권자 - 군대(병사 - 군사) - 국민의 대응태세, 그리고 상벌 사례 등을 교훈으로 도출하기 바란다.

그리고 역사와 전통을 소중히 생각하고 조상의 빛난 얼을 오늘에 되살리기 위해서는 충청도 향토사단 사령부 역사관에는 이분들의 명단도 전시하고, 특히 예하 부대에 '향토역사동아리'를 편성하여 즐겁게 관련 연구와 현지답사에 참고하기 바란다. 또한 이를 모델로 전국의 향토사단에도 '향토역사동아리'를 편성하여 연구 분위기 조성에 조금이라도 도움이 되기를 바란다. 참고로 조선 전기 역대 충청 병사를 비롯하여 조선 후기 역대 충청 병사, 그리고 각 도별 역대 병사의 명단을 파악하는 방법을 소개하면 다음과 같다.

① 국사편찬위원회 웹사이트(http://www.history.go.kr) 접속 → '조선왕조실록' 클릭
② 검색어 : 아래 검색어 모두를 각각 입력하여 검색
(충청 병사의 경우 : 충청 병사, 충청 병마도절제사, 충청 병마절도사)

누락된 경우도 있고, 연도도 정확하지 않아 관련 사료들의 중복 확인이 필요하다. 누락된 경우는 다른 사료들을 참고하여 보완이 필요하다. 그리고 번역 과정에서 오탈자가 있는 경우도 있으니, 반드시 다른 사료와 중복 확인이 필요하다. 예를 들면 '정걸(丁傑)'은 선조 시대에 충청 수사였으나, 조선왕조실록에는 국역과 원문 모두에 충청 병사로 잘못 제시된 경우가 있다.

제3장
조선 후기, 해미읍성의 영웅호걸과 인터뷰

조선 후기, 충청 병사와 지휘부가 청주로 이전한 후, 해미 현감이 해미현 수령 임무에 추가하여, 충청 병사의 지휘를 받는 5개 부대(호서좌영, 호서우영, 호서전영, 호서후영, 호서중영)의 하나인 호서 좌영의 지휘관(현 여단장)을 겸직하면서 참모들과 함께 해미읍성에 지휘부(현 여단본부)를 설치하고, 예하 부대와 군인들을 지휘하던 시절, 해미읍성 관련 군인들과 천주교 신자와 인터뷰

★ 인터뷰 대상
1. 군 통수권자 효종
2. 선정을 베풀었던 호서좌영장 겸 해미 현감 박민환
3. 생활상
   ■ 하멜(외국인이 본 조선 후기 백성과 군인들의 생활상)
   ■ 다산 정약용(천주교 신자, 해미읍성 유배 생활)
4. 조선 후기, 역대 호서좌영장 겸 해미 현감 명단

★ 인터뷰 주제
1. 당시의 생활상
2. 부국강병의 교훈

1 군 통수권자 효종

> **TIP**
>
> **저자가 효종과 인터뷰를 시도한 이유는?**
>
> 일반적으로 해미읍성을 방문한 독자들이 효종에 대해 얻을 수 있는 정보는 아래와 같다.
>
> 첫째, 해미읍성 소개 안내판과 팸플릿에 "효종이 1652년에 해미읍성에 있던 충청병영을 청주로 이전토록 지시하였다"는 내용이다.
> 둘째, 그리고 효종은 충청병영이 떠난 해미읍성에는 호서좌영을 설치하였다는 내용이다.
>
> 위와 같은 제한된 정보를 인지한 독자들은 나름대로 효종에 대해 대체로 다음과 같은 상상을 하게 될 것이다.
>
> 첫째, 도대체 호서좌영이 무엇인가? 그리고 효종은 왜 충청병영을 청주로 이전하고 해미읍성에 호서좌영을 설치했는가?
> 둘째, 병자호란 후 소현세자와 함께 청나라에서 10년간 볼모 생활을 하였고, 포로로 잡혀간 수만의 조선 백성들의 참상을 지켜보면서, 청나라에 대한 복수의 칼을 갈았던 봉림대군이 효종으로 즉위 후에 추진했던 '북벌 정책'의 실체는 무엇인가? 등

따라서 **저자는 조선왕조실록**을 비롯한 여러 역사적 사료를 토대로, 효종을 조선의 국왕보다는 군 통수권자로서 이룩한 실제 업적을 재조명하여, 독자들의 여러 궁금증에 대한 답변과 함께 시대를 초월하여 교훈이 될 내용을 제시하기 위해, 아래의 순서대로 인터뷰를 시도하였다.

① 문안 인사
② 충청병영을 청주로 이전하고 해미읍성에 호서좌영 설치와 관련
③ 북벌 정책을 추진하기 위한 지방군 강화와 관련
④ 북벌 정책을 추진하기 위한 중앙군 강화와 관련
⑤ 북벌 정책을 추진하기 위한 무기체계 개발과 관련
⑥ 21세기 독자들과 대화

효종과 인터뷰에 필요한 배경지식

① 임진왜란 후~정유재란 이전 : 이몽학의 난

임진왜란 발발 1년 후인 1593년 4월(선조 26)부터 명·일 사이의 강화 협상이 시작되어 일본군이 경상도 해안 지역으로 철수하면서 휴전상태를 유지하였다. 휴전 중에 선조는 조선 주둔 명군 군수 지원, 일본의 재침에 대비한 청주 상당산성 증축, 무기 생산 및 보급을 위해 백성들을 동원하였다. 그러나 전쟁 피해와 기근에 시달리던 충청도 백성들에게는 큰 고통이었다. 이에 이몽학은 1596년(선조 29) 7월 6일 거병하여 충청도 홍산, 임천, 정산, 청양, 대홍 일대를 함락하였으나, 홍주 목사 홍가신의 계략과 철저한 방어 태세로 홍주성 공략에 실패하고 휘하 반군에게 살해당했다.

② 정유재란 시 충청도의 전황

 명·일 사이의 강화 협상이 결렬된 이후, 일본군은 1597년(선조 30) 7월부터 전라도 - 충청도 - 한양을 목표로 총공세를 취했다. 일본군은 원균 휘하의 조선 수군을 칠천량해전에서 제압하고, 이어서 일본군은 전라도 남원 - 전주를 점령하며 충청도 지역으로 진격해 올라왔다. 그러나 9월 5일에 명군이 충청도 직산(현 천안) 인근에서 일본군의 북상을 저지하는 데 성공했고, 이어 9월 16일에는 이순신의 조선 수군이 전라도 명량해전에서 일본 수군을 대파함으로써, 일본군은 충청도에서 철수하였다.

③ 이괄의 난 : 공주 공산성으로 인조 피신

 이괄은 1622년(광해군 14) 함경북도 병사로 부임하기 직전 인조정변에 가담하여 많은 공헌을 했다. 그 후 평안도 병사로 근무 중에 공신 책봉 과정에서 받은 불만으로 군사 1만 2천여 명을 거느리고 서울로 진격하며 관군을 차례로 격파하자, 위협을 느낀 인조는 공주(公州) 공산성으로 피신하였다. 이괄은 서울 입성 이튿날 도원수 장만이 거느린 관군에 의해 참패를 당하고, 부하의 배신으로 살해당했다.

④ 정묘호란 : 강화도로 인조 피신

 1627년(인조 5) 1월에 후금이 36,000명의 군사로 조선에 침입한 후 3월 초에 강화협정이 체결될 때까지 두 달 가까이 벌어진 전쟁으로, 이때 인조는 강화도로 피신하였다.

⑤ 병자호란 : 남한산성으로 인조 피신, 봉림대군(효종)은 청나라에서 10년간 볼모 생활

 1636년(인조 14) 12월에 청나라가 조선에 침입한 후 50일간 전쟁이 계속되었으나, 남한산성으로 피신했던 인조의 항복으로 전쟁이 종결되었다. 그 후 왕자들(소현세자, 봉림대군)은 청나라에서 10년간 볼모 생활을 하였고, 수만 명의 백성이 포로로 잡혀갔다.

(1) 문안 인사

저자 : 21세기 어느 군인이 삼가 하늘나라에서 영면(永眠) 중이신 조선의 17대 국왕이시고, 군 통수권자이셨던 효종께 문안 인사를 드리며 대화를 청합니다. 국왕께서는 지금부터 약 400년 전인 1619년(광해군 11) 5월에 인조의 둘째 아들로 출생하시어, 병자호란 시 부왕 인조의 삼전도 굴욕을 눈물로 지켜보셨습니다. 그 후 형 소현세자와 청에 볼모로 가 있다가 먼저 귀국한 소현세자가 갑자기 죽자, 만 30세에 군 통수권자로 즉위하신 후 약 10년간 북벌 정책을 추진하셨습니다.

그러나 안타깝게도 뜻을 이루지 못한 채 만 40세에 승하하셨기에, 지금도 아쉬움과 한이 너무도 크실 것이리라 생각합니다. 사실 21세기인 지금도 중국은 한국을 속국처럼 취급하는 상황이기에, 효종의 북벌 정책으로부터 교훈을 얻고자 세종대왕과 효종이 잠들고 있는 이곳 영릉[57]을 찾아왔습니다. (2022. 5. 10.)

〈영릉(寧陵) 주변 전경(좌)과 효종 묘소(우)〉

---

[57] 여주 영릉에는 조선 4대 세종대왕의 영릉(英陵)과 17대 효종의 영릉(寧陵)이 근거리에 있다. 이곳에는 2017년에 개관한 세종과 효종의 업적을 소개하는 역사문화관이 있으며, 위치는 경기도 여주시 세종대왕면 영릉로 269-50이다.

효종 : 반갑습니다. 궁금한 것은 무엇이든지 편히 물어보세요. 기억나는 범위에서 답변을 주겠습니다. 그러나 내가 답변 못하는 것은 옆에 계신 세종대왕님께 꼭 여쭙고 자문받기를 바랍니다.

저자 : 예, 잘 알겠습니다. 세종대왕께서는 북방의 여진족을 몰아내고 4군 6진을 개척하신 분이시고, 국왕께서는 여진족 후예인 청나라를 정벌하려다가 뜻을 이루지 못했습니다. 그러나 북벌 의지가 강하셨기에 여주 영릉에서 두 분의 군 통수권자께서 대화도 자주 나누시고, 조국의 부국강병을 기원하고 계시리라 믿습니다.

효종 : 물론입니다.

〈영릉(英陵) 주변 전경(좌)과 세종대왕 묘소(우)〉

〈2017년에 개관한 세종대왕 역사문화관〉

(2) 충청병영을 청주로 이전하고, 해미읍성에 호서좌영 설치

저자 : 국왕께서는 임진왜란 발발 후 약 60년이 지난 1651년(효종 2) 11월에 영의정 김육의 건의에 따라 충청병영의 청주 이전을 착수하였습니다. (1651년 11월 13일 '효종실록') 왜 이런 조치를 하셨는지 궁금합니다.

효종 : 저자도 잘 알고 있는 바와 같이, 삼국시대부터 임진왜란 전까지 왜구들은 소규모로 조선의 해안으로 침투하여 백성들을 괴롭히고 재물을 약탈해 갔습니다. 따라서 지방의 병사영이 모두 해안에 배치되어 그 소임을 완수했습니다. 충청도의 경우는 태종의 지시로 해미읍성을 구축하고, 내륙에 있던 충청병영을 해미읍성으로 이전하여 약 230년간 충청 병사와 참모들의 지휘부로 사용하였습니다.

그러나 임진왜란은 역사 이래 최초로 일본의 정규군 20여만 명이 조선을 침략하면서, 부산에 상륙 후 해안이 아닌, 내륙의 경부 가도를 이용하여 충청도 충주와 청주, 그리고 한양으로 공격을 하였습니다. 정유재란 시에도 내륙의 호남 가도를 이용하여 전라도 남원과 충청도 직산(현 천안)으로 공격하였습니다.

사실 군 통수권자인 선조와 비변사에서는 임진왜란 시 적으로부터 예상치 못한 병력 규모와 방향으로 공격을 받은 후에 일본의 재침(정유재란)에 대비하여 충청병영을 경부 가도와 호남 가도의 교통 요충지인 청주나 충주로 이전하는 것을 검토하게 되었지요. 그러나 충주는 임진왜란 시 신립 장군이 충주 탄금대에서 적과 일전을 벌이다 패배한 후, 대부분의 관아와 민가들이 초토화되었어요. 그래서 청주 이전이 강력한 대안으로 제시되었습니다. (1595년 9월 3일 '선조실록')

저자 : 선조께서는 이순신이 임진왜란 후 신설된 삼도수군통제사가 되자 이에 불만을 품은 원균을 충청 병사로 전속시켰고, 원균이 1595년부터 1596년 가을까지 충청 병사로 근무하는 동안 청주의 상당산성을 개축하라고 지시하였습니다. 이에 원균은 언제 재침할지 모르는 일본군의 공격에 대비하여 움막에서 생활하며, 충청도 고을의 군인들과 백성을 동원하여 상당산성을 개축하였지요. 이에 대해 선조와 대신들은 그 노고를 칭찬하신 바 있습니다. (1596년 5월 7일 및 1597년 1월 27일 '선조실록') 그렇다면 이 당시 충청병영을 청주로 이전하지 않은 이유가 궁금합니다.

효종 : 평시에도 성을 개축하고 관아시설까지 지으려면 비용이 많이 들고 백성들의 고통이 수반되지요. 그런데 임진왜란 후에 백성들의 피해가 막심한 상황에서 이를 충청도 백성들에게 부담을 주었더니, 이에 불만을 품고 1596년 7월에 이몽학의 난이 일어났지요. 그래서 선조는 아무리 전시라도 백성들의 민생고는 챙겨주어야 하는데, 그렇게 하지 못한 것에 대해 안타까움을 느끼고 더 이상 충청병영의 청주 이전을 추진할 수 없었지요.

저자 : 그러면 선조 이후 군 통수권자가 되신 인조께서는 왜 충청

병영의 청주 이전을 추진하지 않으셨나요?

효종 : 물론 부왕이신 인조도 병자호란 2년 후에 지리적으로 충청도 중앙에 있는 청주로 충청병영의 이전을 검토했지요. 그러나 의정부에서 재원 마련과 백성들의 부담을 고려하여 이전을 반대했기 때문에 성사되지 못했습니다.(1638년 7월 11일 '인조실록') 특히 재임기간에 이괄의 난, 정묘호란 그리고 병자호란을 겪으면서 차후 전쟁 준비보다는 내우외환으로 피폐해진 민생고 해결과 전후 복구가 더 시급했지요.

저자 : 국왕께서는 임진왜란 발발 후 약 60년, 그리고 병자호란 발발 후 15년이 지난 1651년 11월에 충청병영을 청주로 이전했습니다. 당시에 양대 전란의 후유증이 남아 있어 충청도 백성들의 부담이 크지 않았을까 생각됩니다. 이 문제는 어떻게 해결하셨나요?

효종 : 군사적 측면뿐 아니라 충청도 백성들 특히 현재 충청남도 지역 백성들의 부담을 경감시키기 위해 충청병영을 청주로 이전하였습니다. 독자들도 잘 알고 있는 바와 같이, 임진왜란 시 충주에 있던 충청감영(충청 감사와 관리들이 있던 관아)이 소실되어, 임진왜란 5년 후인 1603년(선조 36)에 충청감영이 공주로 이전하였습니다. 따라서 충청남도 지역에는 충청감영과 충청병영(해미) 그리고 충청수영(보령)에 위치함에 따라 충청남도 지역에 살던 백성들의 부담이 가중되었습니다.

그래서 충청병영을 청주로 이전하되 충청 병사가 청주 목사를 겸임하고, 충청 수사가 보령 부사를 겸임하도록 하여 인건비 부담 등 충청남도 지역 백성들의 부담을 경감시켰지요. 또한, 충청병영이 떠난 해미읍성에는 호서좌영을 설치하되, 해미 현감의 품계를 높여 주어 호서좌영의 영장(현 여단장)을 겸임토록 하였습니다. (1652년 1월 15일 '효종실록')

저자 : 지금까지 설명을 듣고 보니 효종께서 왜 해미읍성에 있던 충청병영을 청주로 이전했는지 충분히 이해됩니다. 그러면 호서좌영이 무엇인지? 호서좌영이 충청도 지방군 개편과정에서 어떤 위상을 갖게 되었는지 궁금합니다.

(3) 북벌 정책을 추진하기 위한 지방군 강화 :
❶ 충청도 육군 부대 개편

저자 : 북벌 정책을 추진하려면 북쪽에 있는 청나라를 공격할 부대가 필요하고, 한편으로는 청나라와 일본의 재침에 대비한 지방군의 강화를 위해 부대 개편도 필요했을 것입니다. 해미읍성에 관심이 있는 독자들을 위해 먼저 지방군의 개편 방향과 이에 따른 충청도의 부대 개편에 관해 설명해주시면 감사하겠습니다.

효종 : 지방군의 개편 방향은 노비까지 군사로 편입하는 속오군 편성입니다. 이는 임진왜란이 소강상태에 접어들던 1594년(선조 27)부터, 일본군의 재침에 대항할 군사들과 부대를 확보하기 위해,

명나라 척계광이 지은 병법서인 기효신서를 참고하였습니다. 벼슬이 없는 양반과 양민, 특히 노비까지 포함된 '속오군'을 편성하되, 각 제대는 '영 - 사 - 초 - 기 - 대'로 편성하는 것입니다. 속오군은 조선 초기 '잡색군'과 구성원들의 신분은 유사하지만, 잡색군은 평시에 정기적인 훈련을 받지 않는 현재의 민방위와 유사하고, 속오군은 평시에 정기적인 훈련을 받는 예비군과 유사합니다.

그러면 지금부터 충청도의 지방군 부대 개편을 대관 세찰 방식으로 설명하겠습니다. 먼저 해미읍성에 있던 충청병영을 청주읍성으로 이전하였습니다. 조선 전기에는 충청도 육군의 최고 지휘관으로 임명된 충청 병사와 그의 참모 및 직할 부대 군사들이 근무하는 곳을 주진(主鎭)이라 하였는데, 주진의 위치는 해미읍성이었지요. 그러나 충청병영은 앞서 설명한 여러 이유로 내가 청주로 이전하였지요.

〈현재 청주시 중앙 공원에 위치한 청주읍성 충청병영〉

저자 : 21세기 독자들의 이해를 돕기 위해 제가 보충 설명드리면, '충청병영'은 오늘날 충청도 향토방위를 위해 충청도 육군의 최고 지휘관으로 임명된 충청도 향토사단장과 사단 참모 및 직할 부대 군사들이 근무하는 '향토사단사령부'와 유사합니다. 따라서 방금 효종께서 말씀하신 내용은 충청도 향토방위를 담당하던 향토사단사령부가 해미읍성에서 청주읍성으로 이전하였다는 것으로 이해가 됩니다.

효종 : 다음은 4개 거진으로 편성된 충청도 지방군을 5개 진영으로 확대 개편하였습니다. 조선 전기에는 충청 병사 예하에 4개 거진(충주, 청주, 공주, 홍주)을 설치하고 거진의 지휘관은 문과 출신의 목사가 겸임했습니다. 그러나 임진왜란과 병자호란을 겪으면서 문과 출신 지휘관들의 전투지휘 능력이 부족하여, 인조 때부터는 전국 각 도에 전·후·좌·우·중영의 5개 진영을 설치하고 무과 출신의 영장(정 3품)을 파견하였지요. 충청도의 경우는 4개 진영만 설치되었던 것을 내가 충청병영을 청주로 이전하면서 5개 진영(鎭營)으로 확대 개편하였소.

그리고 해미읍성의 호서좌영에는 무과 출신 영장을 별도로 파견해야 하나, 재정 문제로 해미현 관아를 해미읍성으로 이전하면서, 문무를 겸비한 유능한 관리를 해미 현감으로 임명하고 호서좌영장을 겸임하도록 조치하였습니다. 그러나 내가 재임 5년차에는 호서좌영의 영장을 무과 출신으로 파견한 적이 있고, 내 아들 현종도 무과 출신 영장을 파견한 적이 있습니다. 그 후로는 지방의 재정 부담으로 영장은 모두 수령이 겸임하였습니다.

저자 : 독자들의 이해를 돕기 위해 제가 보충 설명하겠습니다. '진영(鎭營)'이란 조선 전기 '거진'과 명칭만 다를 뿐 기능은 같으며, 오늘날 향토사단 예하 여단장과 여단 참모 및 직할 부대 군사들이 근무하는 '여단본부'와 유사합니다. 따라서 방금 효종께서 말씀하신 내용은 오늘날 충청도 향토사단사령부 예하에 5개 여단본부와 유사한 5개 진영이 있었고, 해미읍성에는 5개 여단본부의 하나인 '호서좌영'이 설치되었다는 것으로 이해가 됩니다.

조선 시대 전기		
부대	지휘관	위치
거진 (4)	병마첨절제사 *종 3품 (목사 겸직)	충주
		청주
		공주
		홍주(홍성)

조선 시대 후기		
부대	지휘관	부대명/위치
진영 (5)	영장(營將) *정 3품	호서후영/충주
		호서중영/청주 상당산성
		호서우영/공주
		호서전영/홍주
		호서좌영/해미

또한 해미읍성의 위상 변화 측면에서 살펴보면, 해미읍성에는 충청도 향토방위를 담당하는 향토사단사령부가 230년간 주둔했다가 청주로 이전하게 되면서, 이제 해미읍성에는 사단사령부보다 서열이 한 단계 낮은 여단본부가 주둔하였습니다.

효종 : 다음은 충청병영을 이전하고 해미읍성에 호서좌영을 설치하면서 호서좌영의 관할구역을 조정했지요. 조선 전기에 홍주 관할이던 대흥군, 면천군, 서산군, 온양군, 결성현, 당진현, 덕산현, 신창현, 아산현, 예산현, 평택현, 해미현을 호서좌영 관할구역으로 조정

한 것이지요.[58] 지금까지 설명한 호서좌영 관할구역을 포함하여 조선 후기 충청도 5개 진영의 관할구역을 도표로 제시하면 다음과 같습니다.

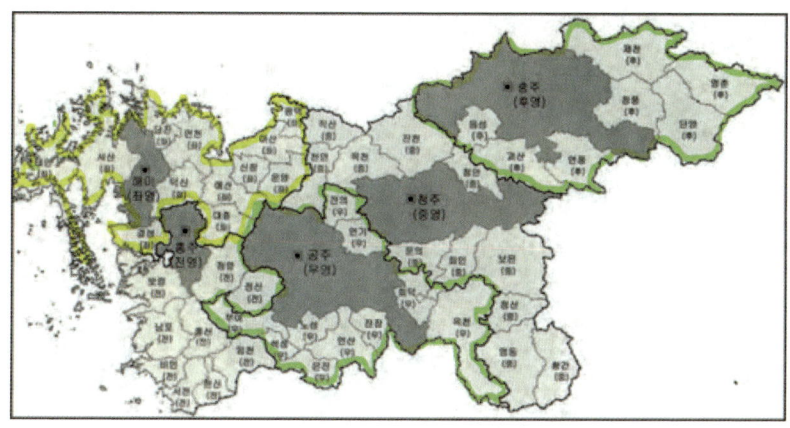

〈 조선 후기 충청도 5개 진영의 관할구역 〉
(출처 : 국방부 군사편찬연구소, 왜란·호란 이후 군제개혁과 국방체제, p. 181)

저자 : 충청도를 포함한 지방의 군사 교육훈련은 어떻게 시켰는지 궁금합니다.

효종 : 지방군의 훈련은 1596년 1월에 편찬된 '연병규식(練兵規式)'에 의거 이루어졌습니다. 먼저 훈련장 설치는 영 - 사 - 초 단위까지

---

58 1685년 5월 13일 '숙종실록'에 의하면 호서좌영이 관할하던 12개 군·현의 병력은 다음과 같다. 대흥군 485명, 면천군 372명, 서산군 1,103명, 온양군 380명, 결성현 416명, 당진현 292명, 덕산현 602명, 신창현 306명, 아산현 518명, 예산현 495명, 평택현 179명. 해미현 295명 - 계 5,443명. 참고로 태안군의 군병력은 안흥성 수군에서 관할하였다. 각 군·현별 세부적인 직책과 병종, 병력 수에 대한 세부적인 현황은 여지도서, 호서읍지, 충청도읍지 등을 망라하여 제시한 서태원, "조선 후기 해미 진영 연구", 『역사교육』 92, 2004. 12. 연구논문을 참고 바란다.

설치하였습니다. 현재로 말하면 예비군 중대 단위까지 훈련장이 설치된 것입니다.[59] 지방 속오군은 평소에는 농사에 전념하다가 서울 도성이나 지방 요충지 성에서 교대 근무를 하거나, 겨울에 훈련기인 습진(習陣) 때에만 동원되었습니다. 훈련은 다음과 같이 1년에 3가지 방식으로 진행되었습니다.

① 수령의 훈련 책임 : 10월 15일~2월 말까지 매달 3일씩 2회 주관
② 영장의 훈련 책임 : 위 기간 중 3차례 훈련 주관
③ 병사와 감사의 훈련 책임 : 매년 말에 1회 5개 진영 군사들 통합 훈련

그러나 나는 여기에 추가하여, 농번기를 제외하고 봄과 가을에도 훈련을 시켰습니다.

TIP
임진왜란 후 속오군으로 구성된 전국 지방군 전투편성표 해설

① 개요
　임진왜란 후 강화회담이 진행되는 동안 일본의 재침(정유재란)에 대비하여, 당시 도체찰사 류성룡의 제안으로 1596년(선조 29)에 양반에서

59　국방부 군사편찬연구소, 『왜란·호란 이후 군제개혁과 국방체제』(국군인쇄창, 2017), pp. 104~106 & pp. 113~114

노비에 이르는 속오군의 전투편성표가 '진관관병편오책(鎭管官兵編伍册)'이라는 이름으로 전국 지방군에서 작성되었다. 그 후 이와 같은 양식의 전투편성표는 조선 후기에도 전국의 지방군에서 작성되었다.

② 원본 및 영인본 사료
  ㉠ 원본 : 현존하는 사료는 평안도의 4개 진관(영변, 안주, 구성, 의주)의 속오군 편성 내용이며, 안동 하회 풍산류씨 충효당에서 소장
  ㉡ 영인본 : 국회전자도서관에서 다운로드 가능

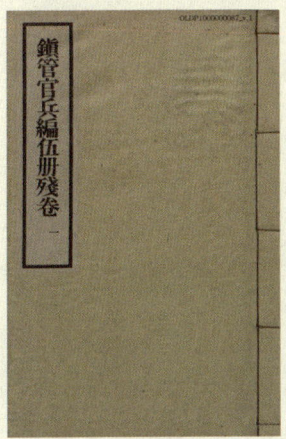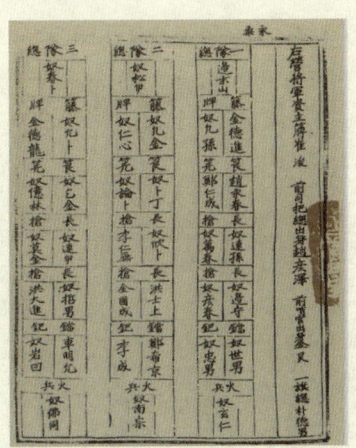

〈진관관병편오책〉 (출처 : 국회전자도서관, https://dl.nanet.go.kr)

③ 본 사료의 가치와 교훈
  ㉠ 조선 후기 지방군 편성 이해
  ㉡ 일본군 재침에 대비한 무기체계 이해
  ㉢ 국가가 위급 시 양반으로부터 노비에 이르기까지 군인으로 편성

④ 조선 후기 지방군 편성 이해
  ㉠ 각 도(道)의 육군 지휘관 : 병사(兵使) → 부하 약 12,500명(현재의 향토사단장과 유사)

ⓒ 병사 예하에 5개 진영(전·후·좌·우·중영) 편성, 각 진영의 지휘관 : 영장(營將) → 부하 약 2,500명(현재의 향토사단 여단장과 유사)
ⓒ 영장 예하에 5개 사(전·후·좌·우·중사) 편성, 각 사(司)의 지휘관 : 파총(把總) → 부하 약 500명(현재의 향토사단 대대장과 유사)
ⓒ 파총 예하에 5개 초(전·후·좌·우·중초) 편성, 각 초(哨)의 지휘관 : 초관(哨官) → 부하 약 100명(현재의 향토사단 중대장과 유사)
ⓒ 초관 예하에 3개 기(一·二·三기) 편성, 각 기(旗)의 지휘자 : 기총(旗總) → 부하 36명(현재의 향토사단 소대장과 유사)

⑤ 사례 : 현재의 소대급인 '기(旗)'의 전투편성표

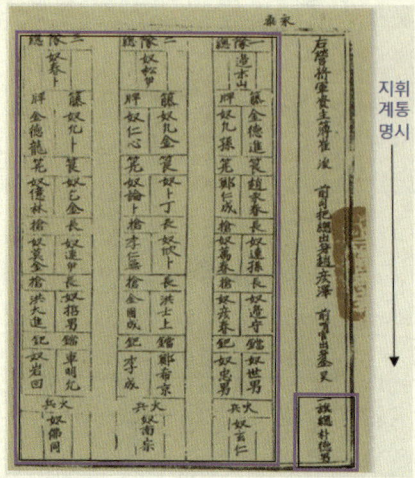

㉠ 右營將(우영장) : 崔浚(최준) → 현재의 여단장급 지휘관
㉡ 前司(전사) 把總(파총) : 趙彦澤(조언택) → 현재의 대대장급 지휘관
㉢ 前哨官(전초관) : 金昊(김호) → 현재의 중대장급 지휘관
㉣ 一旗總 (1기총) : 朴德男(박덕남) → 박스 안의 37명 = 박덕남 1 + 박덕남 부하 36명

〈진관관병편오책〉 (출처 : 국회전자도서관)

※ 현대적 의미
소대장 직속상관, 그리고 소대장을 포함한 소대원 37명의 직책과 성명이 포함된 소대 전투편성표)

⑥ 조선 후기 지방군 편성 이해
- ㉠ 기총 예하에 3개 대(一·二·三 대) 편성, 각 대(隊)의 지휘자 : 대총(隊總) → 현재의 향토사단 분대장과 유사
- ㉡ 1개 대(隊) : 대총(隊總)과 취사병(火兵) 포함, 12명으로 편성 → 현재의 1개 분대와 편성 인원이 유사

⑦ 사례 : 현재의 분대급인 '대(隊)'의 전투편성표[60]

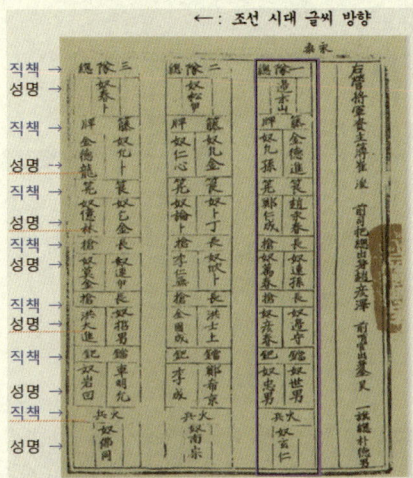

- ㉠ 一隊總(1대총) : 邊末山(변말산) → 현재의 1분대장
- ㉡ 藤牌(등패) 주특기 2명 → 金德進(김덕진), 奴九孫(노비, 구손)
- ㉢ 狼筅(낭선) 주특기 2명
- ㉣ 長槍(장창) 주특기 4명 → 성이 '奴'로 시작하는 노비 출신임
- ㉤ 鐺鈀(당파) 주특기 2명
- ㉥ 火兵(화병) 주특기 1명

〈진관관병편오책〉 (출처 : 국회전자도서관)

※ 현대적 의미
분대장 직속상관, 그리고 분대장을 포함한 분대원 12명의 직책(주특기)과 성명이 표시된 분대 전투편성표

⑧ 일본군 재침(정유재란)에 대비한 무기체계 이해
임진왜란 초기 조선군은 일본군의 조총과 긴 칼로 큰 피해를 보았다.

---

60 등패(藤牌) : 등나무로 만든 방패 / 낭선(狼筅) : 대나무 가지에 세모꼴의 날카로운 쇠를 달아 사용한 창 / 장창(長槍) : 긴 창 / 당파(鐺鈀) : 끝이 세 갈래로 갈라진 창 / 화병(火兵) : 취사병

따라서 조선은 이에 대비하기 위해 임진왜란 강화 기간에 조총을 포함하여 명군이 보유한 좋은 무기들을 모방 제작하여 조선군에 보급하였다. 이런 무기체계들을 운용하기 위해 삼수병을 급히 양성하고 전투편성표에 반영하였는데, 삼수병은 다음과 같은 무기체계들을 활용했다.

㉠ 사수(射手) : 활
㉡ 포수(砲手) : 조총
㉢ 살수(殺手) : 등패(藤牌), 낭선(狼筅), 장창(長槍), 당파(鐺鈀) 등
* 칼(단검 : 환도) : 모든 삼수병이 지참

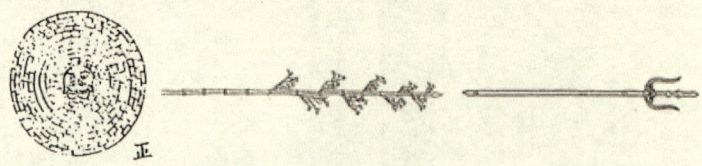

〈등패(좌), 낭선(중), 당파(우)〉
(출처 : 국방군사연구소 '한국무기발달사', p. 467 & p. 477)

⑨ 사례

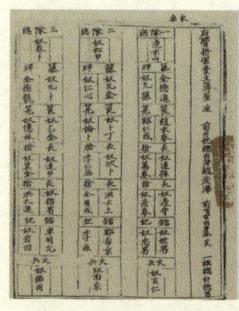 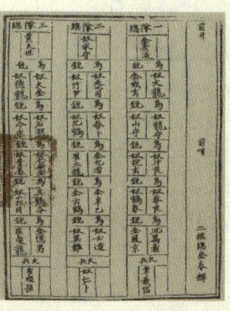 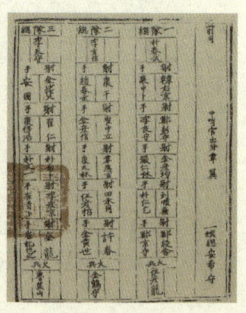

㉠ 살수용 무기체계로 편성된 1개 기(37명) → 창과 방패로 무장한 1개 소대

㉡ 포수용 무기체계로 편성된 1개 기(37명) → 조총(鳥銃)으로 무장한 1개 소대

㉢ 사수(射手)용 무기체계로 편성된 1개 기(37명) → 활로 무장한 1개 소대

※ 교훈
임진왜란 후 재침(정유재란)에 대비하여, 양인과 노비를 모두 군인으로 편성하고, 신무기들(조총, 등패, 낭선, 당파)을 신속히 제작하여 군인들에게 보급

(4) 북벌 정책을 추진하기 위한 지방군 강화 :
❷ 충청도 수군(안흥성 증축)

 저자 : 국왕께서는 선조 때 충청도 태안에 처음 쌓은 안흥성(安興城)을 1655년에 대규모로 증축하신 바 있습니다. 안흥성은 증축 이후 240년간 내려오다 1894년 동학혁명 때 성내의 건물이 모두 소실되었지만, 지금도 성곽과 동·서·남·북의 성문이 비교적 원형대로 남아 있습니다. 안흥성의 증축 배경이 궁금합니다.

 효종 : 안흥성에 수군 군사들을 배치하면, 충청도를 포함하여 호남과 영남에서 바다를 이용하여 한양에 양곡을 운반하는 조운선의 안전을 보장하고, 또한 조운선의 양곡을 한양에 있는 경창(京倉)에만 보관할 것이 아니라 이곳에 분산 배치하면, 조운선의 운반 횟수도 감소하며 안전사고도 줄어들게 되지요.

 더 중요한 것은 독자들도 잘 알다시피, 나는 병자호란 당시 봉림대군 신분으로 강화도로 피신하였다가 청군의 포로가 된 적이 있소. 따라서 안흥성의 수군은 국왕을 포함한 전쟁지도본부가 유사시 강화도로 이전할 때에, 신속히 강화도로 출동하여 강화도 수군들과 함께 전쟁지도본부를 방호하기 위함이었소.

〈안흥성 위치〉 (출처 : 네이버 지도에 저자가 표기)   〈안흥성〉

저자 : 국왕께서는 북벌 정책을 추진하시면서, 청나라와 일본의 침공에 대비하여 충청병영의 청주 이전과 함께, 안흥성 증축으로 충청도 수군의 전력도 향상되었습니다. 이제 북벌을 담당하는 중앙군의 편성이 궁금하지만, 잠시 후에 질문드리기로 하고 편한 질문을 드립니다. 혹시 안흥성 인근의 태안해양유물전시관을 둘러보신 적이 있는지요?

효종 : 하. 하. 2018년에 개관했더군요. 서해는 해안선의 드나듦이 복잡하고 조류가 강해 조운선을 포함하여 화물선들이 많이 침몰했는데, 특히 태안 앞바다에서도 많이 침몰했지요. 문화재청에서 침몰한 배들을 원형으로 복원하고 방대한 유물들을 잘 전시해 놓았으니 독자들도 안흥성을 방문할 때 이곳도 방문하여 해군의 제해권 확보와 선박의 안전 항해를 기원하면서, 조상들의 훌륭한 문화유산도 잘 감상하시기 바랍니다.

〈국립태안해양유물전시관 외부 모습(좌)과 내부 전시물(우)〉

(5) 북벌 정책을 추진하기 위한 중앙군 강화 : 5군영 설치

저자 : 국왕께서는 즉위 후, 김상헌(金尙憲)·김집(金集)·송시열(宋時烈)·송준길(宋浚吉) 등 대청 강경파를 중용하여 은밀히 북벌계획을 수립하시었습니다. 이를 위해 외침에 대비한 지방군 강화와 함께, 북벌을 위한 중앙군을 개편하면서 화포 개량, 군사훈련 강화 등 군사력 증진 노력을 하셨습니다. 또한 백성들의 부담을 줄이기 위해 대동법 확대실시, 전세 개혁, 그리고 상평통보를 주조·유통하였습니다. 먼저 북벌을 위한 중앙군 개편을 어떻게 하셨는지 궁금합니다.

효종 : 조선 전기의 중앙군은 5위 체제였지만, 연산군 이후부터 다른 사람을 대신 군에 복무토록 하는 대립제, 그리고 포를 내고 군 복무를 하지 않는 방군수포제로 인해, 병력 수 감소와 전투력 약화로

임진왜란 시 5위가 전투력을 발휘하지 못했습니다. 이를 개선하기 위해 5군영 체제로 개편을 하였지요. 5군영은 임란 중에 정유재란에 대비하여 선조가 창설한 훈련도감, 인조가 창설한 어영청·총융청·수어청 그리고 숙종 때 창설한 금위영입니다.

5군영 중에서 총융청은 북한산성에 주둔하면서 북방 청의 도성 침공에 대비하고, 수어청은 남한산성에 주둔하면서 남방 일본의 도성 침공에 대비하는 부대입니다. 내가 재임 시대에는 금위영이 없었기 때문에, 북벌 전담 부대는 어영청으로 하고, 훈련도감은 삼수병(조총 중심의 '포수', 활 중심의 '사수', 창, 검 중심의 '살수') 양성을 위한 훈련, 도성의 방위, 그리고 국왕 호위의 임무를 수행토록 하였습니다.

저자 : 북벌 전담 부대인 어영청은 현재의 후배 군인들과 독자들도 기대가 큰 부대였습니다. 이에 관한 질문은 잠시 후에 드리기로 하고, 5군영 중에서 가장 먼저 편성된 훈련도감의 병력 구성과 근무 방식이 궁금합니다.

효종 : 훈련도감은 창설 초기부터 양반, 양인, 천민이 망라된 속오군으로 병력을 충원했고, 주특기는 포수(砲手)·살수(殺手)·사수(射手)로 구분된 삼수군으로 조직되었으며, 그 수는 약 1,000명이었지요. 중요한 것은 이들은 모병에 의한 직업군인들로서, 군인 1명당 1개월에 쌀 여섯 말의 월급을 받는 현역으로 모집되어 교대 없이 근무하였습니다. 그러나 1,000여 명의 직업군인을 유지하는 것은 재

정적인 어려움이 있어, 1602년 삼수미(三手米)를 거두게 되면서 병자호란 직전에는 5,000명을 넘게 되었지요.

나는 재임 동안 병자호란 시 큰 공을 세운 이완을 1653년(효종 4)에 훈련대장(종 2품)으로 임명하고 훈련도감의 병력을 1만 명으로 증원하려고 노력하였으나, 재정적인 문제로 증원을 하지 못했습니다. (한국민족문화대백과사전 '훈련도감')

저자 : 재정 문제로 훈련도감 병력 증원이 이루어지지 못한 것이 아쉽습니다. 다음은 북벌 전담 부대인 어영청의 편성이 궁금합니다.

효종 : 어영청의 병력은 훈련도감의 직업군인과는 다르게, 병력 21,000명을 6번으로 나누어 번상 근무하게 하였고, 이들에게는 보인을 지정하여 경제적 지원을 하도록 하였습니다. 어영청의 지휘관은 병자호란 시 큰 공을 세운 이완을 1652년(효종 3)에 어영대장(종 2품)으로 임명하여, 안으로는 왕권 수호의 정예군으로, 밖으로는 북벌의 선봉군으로 삼았지요. (위키실록사전 '어영청')

저자 : 국왕께서는 즉위 후에 지방군과 중앙군의 편성을 강화하고, 2차에 걸쳐 나선정벌을 하였는데, 이에 대한 배경과 결과가 궁금합니다.

효종 : 17세기 중반에 러시아가 흑룡강 쪽으로 남진하여 청과 충

돌하자, 청은 1,500명의 군사로 러시아군 500명을 기습했다가 화력의 열세로 패배하였습니다. 이에 청은 조선 조총수들의 원병을 요청하였습니다.[61] 당시 나는 외교적으로는 청의 요구에 응하면서도, 군사적으로는 장차 북벌 대상인 청나라 군대의 강점과 취약점을 직접 확인하고, 우리 군사들에게 해외파병을 통한 전투 경험을 축적하기 위해 함경북도 병마우후(정 3품) 변급(邊岌)에게 조총수 100명과 간부 등 50여 명을 거느리고 출정하도록 하였지요. (1654년 2월 2일 '효종실록')

그 결과 우리 조선군은 1654년 4월에 영고탑에서 청군과 합류하여 흑룡강 방면으로 내려가서 27일부터 러시아군과 싸워서 승리를 거두었고, 1명의 전사자도 없이 회군하여 돌아왔습니다. 이 전투가 제1차 나선정벌이지요. (1654년 7월 2일 '효종실록')

저자 : 성공적인 1차 나선정벌로 임진왜란과 병자호란으로 사기가 위축된 조선 육군은 물론, 효종과 대신들도 그동안의 북벌 정책에 대해 보람을 느꼈을 것으로 생각합니다. 이제 2차 나선정벌의 배경과 결과가 궁금합니다.

효종 : 청나라는 1655년 봄에 러시아군에게 한 차례 더 패한 후 새로운 원정을 준비하면서 1차 파병 시 보여준 조선군 조총수의 우수성을 인정하고 1658년 2월에 조선에 재차 파병을 요구해왔지요. 나

---

61 국방부 군사편찬연구소, 『한국 군사역사의 재발견』(국군인쇄창, 2016), p. 302

는 이를 1차 파병과 같이 좋은 기회라고 생각하고, 2차 파병 때는 함경북도 병마우후 신류(申瀏)에게 1차 파병 때보다 약 2배가 많은 조총수 200명과 간부들을 포함하여 총 265명을 파병하였습니다.

이 전투로 러시아는 사령관을 비롯하여 250명이 전사했고, 부상자와 도망병이 200여 명에 달하였으며, 청군 또한 전사자와 부상자가 각각 110명과 200여 명이었습니다. 그러나 우리 조선군은 뛰어난 작전과 전술로 완벽한 승리를 거두었고, 전사자 8명, 부상자 25명의 경미한 피해가 있었을 뿐입니다.[62] 이렇게 두 차례의 나선정벌로 나는 더욱 군사력 강화에 박차를 가할 수 있었지요.

저자 : 비록 나선정벌의 승리로 조선군의 전투력이 우수하다는 것을 검증받았다 하더라도, 향후 조선 중앙군 어영청 군사들이 주축이 되어 청나라 대군을 공격하겠다는 것은 쉽게 이해가 되지 않습니다. 특별한 준비와 전략이 있었는지요?

효종 : 있었지요. 그러나 나는 이 사실이 청나라에 알려지면 대사를 그르치기에 보안을 유지하였지요. 나는 북벌 준비 기간을 20년으로 설정하고, 기간 내에 정예 포수(조총수) 10만 명을 양성할 계획을 세웠지요. 그리고 청나라 공격은 조선군 단독으로 하는 것이 아니라, 청나라 요동에 억류되어 있었던 조선인 포로들, 그리고 남명(南明) 정권의 군사들과 연합작전으로 청나라를 공격하는 전략을 수

---

62 앞의 책, pp. 302~303

립했습니다.[63]

저자 : 계획대로 추진되었다면 달성 가능한 북벌 정책과 전략이라고 생각합니다. 그러나 전쟁은 국가의 중대사이고, 재정부담도 클 것으로 생각되는데, 이 문제는 어떻게 해결할 계획이었나요?

효종 : 나는 재위 10년에 이르러서 구체적인 북벌 정책을 발표하면서 양반 관료층의 적극적인 지원을 끌어내고자 했습니다. 그러나 임진왜란과 병자호란을 겪은 이후 민생경제가 회복되지 않은 상황에서, 대폭적인 병력 확충과 무기와 군수물자 준비에 따른 재정이 뒷받침되지 못해 북벌 정책이 탄력을 받지 못했습니다. 지금도 원통하게 생각하는 것은, 재위 10년이 되는 해 늦여름, 종기를 치료하다가 갑자기 의식을 잃고 쓰러지는 바람에, 더 이상 북벌 정책을 추진하지 못했습니다.[64]

(6) 북벌 정책을 추진하기 위한 무기체계 발전

저자 : 지금까지 효종께서 북벌 정책을 추진하기 위해 지방군과 중앙군의 부대 개편과 병력증강 내용에 관하여 설명해주셨습니다. 다음은 임진왜란과 병자호란을 겪으면서 발전시킨 무기체계와 효종께서 북벌 정책을 추진하시면서 심혈을 기울인 무기체계 발전 내

---

63 앞의 책, p. 301
64 앞의 책, p. 303

용이 궁금합니다.

효종 : 먼저 임진왜란과 병자호란을 겪으면서 발전시킨 무기체계들은 다음과 같이 3개 분야로 구분할 수 있지요.[65]

첫째, 우리 조선군이 보유한 무기체계보다 성능이 우수한 일본군, 명군, 그리고 청군이 보유한 무기체계들을 모방하여 이를 우리 실정에 맞게 개발한 무기체계들은 다음과 같습니다.

① 일본군 보유 무기체계 모방 개발 : 조총
② 명군 보유 무기체계 모방 개발 : 등패, 낭선, 당파, 호준포, 불랑기 등
③ 청군 보유 무기체계 모방 개발 : 홍이포

둘째, 일본, 명나라, 그리고 청나라로부터 직접 수입한 무기체계들은 다음과 같습니다.

① 일본군 보유 무기체계 수입(정묘호란 후, 병자호란 대비 목적) : 조총, 왜검(장도), 화약 등
② 명군 보유 무기체계 수입 : 호준포, 불랑기포, 화약 제조용 염초 등

---

65 국방군사연구소, 『한국무기발달사』(1994), pp. 445~544, '조선 후기의 무기'를 중심으로 요약정리

③ 청군 보유 무기체계 수입 : 홍이포

셋째, 임진왜란과 병자호란을 겪으면서 개발 또는 성능 개량된 조선의 무기체계들입니다.

① 개인화기 : 활(각궁 → 흑각궁)
② 공용화기 : 검차(劍車), 천·지·현·황자총통, 완구, 비격진천뢰 등

저자 : 당시 무기체계 관련 교범과 효종께서 발전시킨 무기체계들이 궁금합니다.

효종 : 선조 31년(1598) 명나라 기효신서를 참고하여 발간한 '무예제보'를 포함하여, 선조 36년(1603)에 편찬된 '신기비결', 광해 7년(1615) '화기도감의궤', 그리고 인조 13년(1635) '화포식언해'가 있지요. 나는 위 무기체계들의 보급 확대를 위해 지방 수령들이 매월 제작하여 진상하는 월과군기(月課軍器) 외에 별도의 무기를 제조한 수령을 포상하였고, 특히 1653년(효종 9)에 제주에 표류한 네덜란드 사람 하멜 일행이 보유한 소총을 모방하여 개발하였지요.

임진왜란과 병자호란 후 조선군에 도입된 주요 무기체계

① 개인화기

㉠ 조총 : 국내 제작 조총을 포함하여, 일본·명나라 제작 소총을 합쳐 약 30여 종이 있다. 효종 9년에는 국내 제작 조총의 성능이 우수하여 청나라에서 무역을 요청할 수준이었으며, 2007년에 발견된 충청도 속오군의 병적기록부를 보면 1600년대 후반 군사들의 76.5%가 조총이 주특기였다. 또한 1896년경에는 전국에 약 20만정을 보유한 것으로 추정된다.[66]

〈조총〉(출처 : 국립진주박물관)

㉡ 흑각궁(黑角弓)

기존의 각궁은 장마철의 습기에 취약하여, 임란 후에는 활채를 대나무가 아니라 산뽕나무로 만들고, 뿔은 수입산 검은색 물소 뿔을 사용했으며, 표면을 실로 감고 옻칠도 해서 내구성을 보강하였는데, 이를 흑각궁(黑角弓), 또는 흑각군궁(黑角軍弓)이라 칭하였다. 그러나 흑각궁은 국내에 현존하는 것이 없고, 2010년 12월 야스쿠니 신사에서 발견된 활이 흑강궁일 가능성이 높은 것으로 언론에 보도된 바 있다.[67]

〈각궁(출처 : 문화재청)〉　　　〈흑각궁(출처 : 나무위키)〉

66　김병륜, "조선 후기 대표무기 조총", 『유용원의 군사세계(http://bemil.chosun.com)』, 2011. 7. 21.

67　김병륜, "조선군의 자존심 각궁", 『유용원의 군사세계(http://bemil.chosun.com)』, 2011. 2. 6.

ⓒ 단검(환도)과 장검

단검은 모든 삼수병이 지참한 칼이며 수많은 종류가 있으나, 임진왜란 시 의병장 곽재우가 소장한 칼은 전장이 88cm이나, 최경회가 소장한 장검인 왜검은 전장이 130.8cm로 길고 칼날이 예리하다.[68]

〈조선 단검(환도)(좌), 일본 장검(우)〉 (출처: 국방군사연구소, '한국무기발달사')

② 공용화기

㉠ 호준포

임진왜란 때 명나라로부터 도입되었으며, 호랑이가 걸터앉아 있는 형상처럼 보인다 하여 호준포(虎蹲砲)라 불린다. 포신 길이 약 40~50cm, 중량 20~30kg의 4종류가 있으며, 한 번에 납탄 70발, 또는 철환 30발을 발사한다. (한국무기발달사)

〈호준포〉 (출처 : 국립중앙박물관)

---

68 국방군사연구소(1994), pp. 454~458

ⓒ 불랑기 : 명군이 임진왜란 시 평양성 탈환에 사용되었다. 모포(母砲)와 포탄을 장전하는 자포(子砲)로 구분되며, 모포 포신 길이 70~200cm, 중량은 40~300kg의 다양한 종류가 있다. 불랑기(佛郞機)란 이름은 아라비아 상인들이 포르투갈을 '불랑기'로 부른 데서, 그 유래를 찾을 수 있다. (나무위키)

〈불랑기〉 (출처 : 해미읍성)

ⓒ 홍이포
청군이 병자호란 시 남한산성과 강화도 공격 시 사용되었으며, 포신 길이 2m, 무게 3,000근으로, 조선의 천자총통(길이 1.2m, 무게 700근)과 비교 시, 위력이 대단하였다. (한국무기발달사)

〈홍이포〉 (출처 : 경기도 남양주 실학박물관)

ⓔ 검차(劍車)
수레 위에는 날카로운 칼들을 진열하고, 짐승의 얼굴을 한 방패 속에서는 신기전에서 화기가 품어 나오도록 만들었으며, 25명의 군사가 배치된다. (앞의 책)

〈검차〉 (출처 : 해미읍성)

(7) 21세기 독자들과 대화

　저자 : 그동안 저를 포함하여 해미읍성을 방문한 독자들은 효종께서 왜 해미읍성에 230년간 주둔하고 있던 충청병영을 청주로 이전하고, 이곳에는 호서좌영을 설치했는지? 그리고 효종께서 추진했던 북벌 정책이 당시의 여건에 비추어 달성 가능했던 정책이었는지에 대해 의문도 많았습니다. 그러나 효종께서 자상하신 설명을 해주시어 의문들이 많이 해소되었습니다. 특히 국왕께서는 장차 일본군의 재침에 대비하여 충청병영을 충청도의 지리적 중앙인 청주로 이전하고, 해미읍성에는 호서좌영을 설치하였습니다. 인근 태안에는 안흥성을 축성하여 충청도 육군과 수군의 전투력을 강화했습니다.

그리고 효종께서 추진하시던 북벌 정책은 양대 전란 이후 재정적인 어려움이 있었기 때문에, 20년을 목표로 단계적인 병력과 부대 증강, 그리고 무기체계 증강 계획을 수립하고 이를 추진하였습니다. 청나라 공격은 무모하게 조선군 단독으로 공격하는 것이 아니라 중국대륙 남쪽에 있는 남명(南明)과 북부 만주에 있는 조선인 포로들과 연합작전을 계획하였습니다. 그러나 재위 10년 만에 뜻하지 않게 승하하시어 안타까울 뿐입니다. 이제 효종께서 21세기 독자들에게 꼭 전하고 싶은 말씀을 해주시면 감사하겠습니다.

효종 : 시대를 초월하여 군 통수권자로부터 국민 모두 부국강병의 노력을 게을리해서는 안 됩니다. 이를 위해 첫째, 공세적인 의지와 실천이 매우 중요합니다. 과거 고구려의 경우는 공세적인 의지로 자위적 선제 공세와 유인격멸 전략을 실천했기에 수나라와 당나라의 침공을 격퇴했고, 조선 태종과 세종께서는 대마도 정벌과 4군 6진을 개척하였지요.

둘째, 다음은 주변국의 위협에 대비하여 방어할 부대, 반격을 위한 공격 부대, 그리고 이에 필요한 무기체계들을 구비하는 데 엄청난 국가 재정이 소요됩니다. 국민들의 부담을 최소화하기 위해서는 국가 경제를 발전시키면서 장기적이고 은밀하게 준비해야 합니다.

셋째, 보안 유지입니다. 일단 국가정책으로 북벌을 추진하겠다고 결정되면, 적국이 모르도록 하는 것이 중요합니다. 제2의 김자점 같은 밀고자가 있어서는 안 되지요.

2 선정을 베풀었던 호서좌영장 겸 해미 현감 박민환

저자가 박민환과 인터뷰를 시도한 이유는?

일반적으로 해미읍성을 방문한 독자들이 조선 후기에 호서좌영장과 해미현감을 역임했던 박민환에 대해 얻을 수 있는 정보는 아래와 같다.

첫째, 해미읍성 소개 안내판과 팸플릿 : 없다.
둘째, 지역 홍보 매체 : 간략히 소개
 ① 디지털 서산문화대전 : 1847년에 박민환이 영장(營將)으로 부임하여 해미읍성의 대대적인 보수 공사 착수 경위와 진행사항 및 1848년 9월 공사를 마무리하였다는 내용 등
 ② 서산시대 & 서산포스트 등 : 진남루에서 거행되는 생생문화제를 홍보하며 박민환에 관해 간략히 소개

위와 같은 제한된 정보를 인지한 독자들은 박민환에 대해 대체로 다음과 같은 궁금증을 갖게 될 것이다.

첫째, 당시의 국내 상황과 국제정세는?
둘째, 조선 시대 수령 중에는 탐관오리도 꽤 있었다는데, 박민환 영장은 정말 선정을 베풀었을까? 그렇다면 구체적으로 무엇을 어떻게?

셋째, 박민환과 관련된 진남루 생생문화제는 테마가 있는 멋진 문화축제로 생각되어 전국에 알리고 싶은데, 이에 대해 추가적인 정보는? 등

따라서 **저자는 해미읍성 진남문 입구 좌측에 있는 비석 2개69에 기록된 박민환 관련 자료와 조선왕조실록 및 한국천주교사에 제시된 내용을 토대로**, 조선 후기 헌종 시대 국내 상황과 국제정세, 박민환 영장이 베푼 선정 내용에 대해 아래의 순서대로 인터뷰를 시도하였다.

① 문안 인사
② 해미읍성 진남루 축제 관련
③ 당시 국내 상황과 국제정세
④ 백성들에게 부담을 주지 않고 해미읍성을 멋지게 보수 공사한 비결
⑤ 21세기 독자들과 대화

(1) 문안 인사

저자 : 박민환 영장(營將)께서는 지금부터 약 170년 전인 1847년, 해미읍성에 오늘날 충청남도 내포 지역 일대 12개 시·군을 관할하는 향토 여단장과 유사한 호서좌영장으로 부임하시어, 해미 현감 임무도 병행하여 수행하셨습니다. 저는 영장님과 대화를 나누기 위해, 영장님의 업적이 남겨진 해미읍성 입구의 2개 비석을 찾았습니다. (2022. 4. 1.)

---

69 현감겸영장박공민환무공위덕비(縣監兼營將朴公民煥茂功威德碑) & 해미좌영루첩중수비(海美左營樓堞重修碑)

그러나 죄송한 것은 제가 본 책자를 저술하면서 앞서 소개한 태종, 조숙기, 이순신, 황진, 효종의 경우는 관련 유적과 묘소를 찾아 뵙고 대화를 청하였습니다. 그러나 영장님과 관련된 유적은 해미읍성 입구에 남겨진 2개 비석밖에 찾지 못하여, 영장님의 체취와 숨결이 담겨있는 이곳에서 대화를 청하는 것이 송구할 뿐입니다.

〈현감겸영장박공민환무공위덕비(좌), 진남문(중), 해미좌영루첩중수비(우)〉

그러나 영장께서 해미읍성에 근무하시던 시기는, 당시 조선을 넘보는 일본과 세계열강의 부국강병 노력에 비해 조선은 너무 미흡하였던 시기이므로 이와 관련하여 궁금한 것이 많이 있습니다. 또한, 조선 후기에는 탐관오리가 백성의 고혈을 축내는 시대였지만, 영장께서는 백성들에게 부담을 주지 않고 해미읍성을 멋지게 보수 공사를 하였으며, 공사 후에 멋진 마무리 문화행사를 하셨습니다. 이와 관련하여 궁금증이 많은 저와 21세기 독자들에게 많은 가르침을 부탁드립니다.

박민환 : 감사합니다. 그리고 저는 이곳을 거쳐간 조숙기 병사, 이순신 장군, 황진 장군, 정약용 선생과 비교하여 남긴 업적이 너무 초라하다고 생각합니다. 그러나 아직 저를 기억해주시고 저와 관련된

문화행사를 해주시는 문화재청, 서산시, 그리고 저자와 많은 독자의 관심과 배려에 거듭 감사할 뿐입니다. 자, 궁금한 것이 있으면 편하게 말씀하세요.

(2) 해미읍성 진남루 축제

저자 : 감사합니다. 그러면 편한 질문부터 드리겠습니다. 영장께서는 지난 2021년 11~12월에 해미읍성에서 개최되었던 생생문화제 공연을 관람하셨는지요? 이는 지금부터 약 170년 전, 영장께서 이곳에 부임 후 진남문을 비롯한 성벽 보수를 끝내고, 그동안 고생한 백성과 병사들의 노고를 위로하기 위해 잔치를 열어준 바 있는데, 이번 공연은 당시의 모습을 현대적으로 재해석한 프로그램입니다.

〈170년 전 진남루 잔치 모습〉 (출처 : 서산시)

〈2021년 진남루 잔치 재연 공연〉 (출처 : 서산시대, www.sstimes.kr)

박민환 : 물론이지요. 저는 코로나19로부터 자유로운 존재라 제일 먼저 그곳에 도착해서 관람했는데, 그야말로 저에게는 벅찬 감동이었습니다. 비록 이번 공연은 코로나19로 인해 관람객이 적은 것이 아쉬웠지만, 독자들은 역사적 사실에 입각하여 지방에서 개최되는 이런 멋진 공연은 접하기가 어렵기에, 앞으로 큰 관심과 참여가 있을 것으로 기대됩니다. 그런데 이번에 멋진 공연을 했던 수행 단체, 공연 제목, 연극 단체, 그리고 국악 공연 단체는 어딘가요?

저자 : 이번 서산시 문화재 활용사업 수행 단체는 '마을공동체 탱자성협동조합(이사장 정진호)'이며, 공연 제목은 '진남루에 울리는 북소리'입니다. 연극은 '극단 서산' 소속 배우들이 진행했고, 국악 공연은 '홍주 국악관현악단' 단원들이 진행하였습니다.

박민환 : 천상에서 듣고 본 공연 중에서 가장 훌륭했다고 전해주시기 바랍니다.

(3) 당시 국내 상황

저자 : 영장께서 해미읍성에 부임할 당시 군 통수권자가 누군지 궁금합니다.

박민환 : 헌종입니다. 헌종께서는 1834년 순조가 죽자 같은 해 8세의 어린 나이로 조선 제24대 국왕으로 즉위하셨지만, 대왕대비 순원왕후(순조妃)가 수렴청정을 하였지요. 그 후 순조께서는 15세가 되는 1841년부터 8년 동안 친정(親政)을 하시다가 1849년에 23세로 후사 없이 승하하셨습니다. 그러니까 저는 헌종께서 21세가 되는 1847년에 이곳에 부임했습니다.

저자 : 순조 때부터 안동김씨에 의한 세도정치가 시작되었다고 하는데, 헌종 때는 어떠했는지요?

박민환 : 헌종 즉위 초인 1837년부터는 새로 등장한 외척 풍양조씨 세력이 한동안 세도를 잡았으나, 1846년 조만영의 죽음을 계기로 정권은 다시 안동김씨의 수중으로 넘어갔지요.

저자 : 그러면 조선의 개혁 군주인 정조께서 승하 후, 1800년에 즉위한 순조부터 헌종에 이르기까지, 당시 국내 상황은 어떠했나요?

박민환 : 불행하게도 다음과 같이 반란, 전염병, 그리고 천재지변이 많이 발생하여 민생이 도탄에 빠졌습니다.

① 순조 : 11세 즉위(1800년) ← 정순왕후 수렴청정 → 15세 ← 친정 → 45세 승하(1834년)

　㉠ 홍경래 난(1811~1812, 평안도)
　㉡ 양제해 민란(1813, 제주도)
　㉢ 이응길 민란(1815, 용인)
　㉣ 액예와 원예의 모반운동(1819)
　㉤ 전염병으로 약 10만 명 사망(1821)
　㉥ 수해(재위 34년 중 19년 동안 발생) 등

② 헌종 : 8세 즉위(1834년) ← 순원왕후 수렴청정 → 15세 ← 친정 → 23세 승하(1849년)

　㉠ 남응중 모반사건(1836)
　㉡ 이원덕, 민진용 모반사건(1844)
　㉢ 수해(재위 15년 중 9년 동안 발생)
　㉣ 서양의 이양선 출몰(1848~) 등

저자 : 1800년 조선의 마지막 강력한 개혁 군주인 정조 사후, 안동 김씨와 풍양조씨 일파 정권 다툼, 각종 민란과 모반사건, 역병 창궐, 장기간 수해로 인한 피해와 흉년으로 백성과 나라 모두 위기에 처했다고 생각합니다. 그러면 이런 위기 상황에서 국가 경제 발전과 국가안보를 위해 어떤 노력을 했나요?

박민환 : 순조께서는 서영보·심상규에게 지시하여 조선 왕조의 재정 통계와 군정에 관한 내용이 포함된 '만기요람(萬機要覽)'을 1808

년에 편찬하였습니다.[70] 만기요람의 재정 통계에는 대전·중궁전·왕대비전 등의 연간 소요 경비를 포함하여, 18세기 후반기부터 19세기 초에 이르는 국가 전체 세입 세출에 관한 통계가 수록되어 있습니다. 또한 전국의 사창(社倉)에 식량을 보관해두고 봄에 꾸어주었다가 가을에 이자를 붙여 받아들이는 환곡(還穀)의 문란을 바로 잡기 위해 각 도의 사창과 감영·병영·수영·진영별 곡식 총량이 수록되어 있습니다.

그리고 군정 분야에는 조선 후기 중앙군의 편성, 재정, 교육훈련, 지휘통신을 위한 각종 군기(軍旗)와 신호용 기구 설명이 자세하게 포함되어 있으며, 지방의 경우는 조선 8도 주요 방어 요충지와 성곽을 비롯한 방어 시설의 규모가 포함되어 있지요. 특히, 순조는 홍경래의 난을 평정한 훈련대장 박종경에게 지시하여 조선 각종 화기의 제원과 사용법을 그림과 함께 설명한 '융원필비(戎垣必備)'를 1813년에 편찬하였습니다. (한국민족문화대백과사전)

저자 : 다음은 정조 사후, 순조와 헌종 시절에 천주교도 박해가 궁금합니다.

박민환 : 정조께서는 서학을 서양의 학문으로 생각하고, 이를 신봉하는 천주교 신자들에게도 관대한 편이었지요. 특히 1794년, 주문모 신부가 조선에 입국하여 선교활동을 벌인 결과 천주교 신자는

---

70 한국고전번역원(https://db.itkc.or.k), '만기요람'

약 1만 명이나 되었습니다.[71] 그러나 1801년 황사영 백서사건을 계기로 순조와 헌종 재위 기간에 다음과 같은 박해가 있었습니다. (한국민족문화대백과사전)

① 순조 : 주문모 신부와 초기 교회의 지도자이던 이승훈·정약종 등 300여 명 처형(신유박해, 1801), 경상·충청·강원도의 천주교 신자들 처형(을해박해, 1815), 충청·전라도의 교인들을 검거 및 탄압(1827)

② 헌종 : 앵베르 주교, 모방·샤스탕 신부를 비롯하여 많은 신자들 처형(기해박해, 1839), 천주교인을 적발하기 위하여 오가작통법(五家作統法)을 실시하고, 최초의 한국인 신부 김대건 신부 처형(1846)

(4) 당시 국제정세

저자 : 15세기 후반부터 영국, 포르투갈, 스페인, 네델란드 등 서양 세력은 아메리카 대륙 진출에 이어 인도, 동남아를 거쳐 동아시아로 진출하기 시작하였죠. 19세기에 이르러 영국, 프랑스 등 산업화한 국가들은 동아시아 국가를 상대로 천주교 선교와 근대식 통상무역을 요구하였습니다. 당시 이런 서세동점(西勢東漸)의 국제정세 하에서 러시아는 시베리아, 극동으로 동진하여 연해주 지역까지 확

---

[71] 한국천주교주교회의, 『한국 천주교회 총람(2013~2017년)』(서울 : 한국천주교중앙협의회, 2018), p. 508

보하였지요. 청나라는 1840년 영국이 도발한 아편전쟁에서 패하고 영국에 홍콩을 할양하였습니다.

일본의 경우는 17세기에 이미 네델란드와 활발한 무역을 추진하고 있었습니다. 그리고 1853년 미국의 동인도 함대(사령관 : 페리 제독)의 무력시위에 굴복하여 1854년 미·일 화친조약과 1858년 영국, 프랑스, 러시아 등과 통상조약을 체결하였으며, 특히 부국강병의 기치를 걸고 메이지유신을 단행하여 동아시아 신흥 강국으로 부상하게 됩니다.

이처럼 당시 서세동점의 국제정세 분위기에서, 일본은 서양에 문호를 개방하고 서양문물을 받아들여 신흥 강국으로 부상하였지만, 청나라는 일본과 같은 노력이 부족하여 멸망의 길로 진입하게 됩니다. 그렇다면 조선의 경우도 순조와 헌종 시절에 서양 국가들이 이양선(異樣船)을 출몰시키며 조선에 통상과 천주교 선교를 요구하였는데, 당시 조선 정부의 대응은 어떠했는지요?

박민환 : 헌종께서는 이양선이 해마다 오는 것은 놀랍다고 하셨지요. (1847년 8월 9일 '헌종실록') 그리고 1848년 여름·가을 이래로 이양선이 경상·전라·황해·강원·함경 다섯 도의 대양(大洋) 가운데에 출몰하는데, 널리 퍼져서 추적할 수 없었습니다. 혹 뭍에 내려 물을 긷기도 하고 고래를 잡아 양식으로 삼기도 하는데, 거의 그 수를 셀 수 없이 많았습니다. (1848년 12월 29일 '헌종실록')

당시 조선 정부는 청나라의 눈치를 보며 배타적이고 소극적으로 대응하였습니다. 특히 1845년 영국 측량선 사마랑호가 조선과의 무역을 시도했을 때, 청국은 조선에게 '조공국이 독자적으로 통상을 할 수가 없으며, 조선은 너무나 가난하여 무역으로 얻을 이익이 없다'면서 기득권 차원에서 조선에 대한 종주권을 행사하였습니다.[72]

저자 : 그러니까 당시 조선 정부는 천주교 선교사를 통해 서양의 문물과 과학기술을 더 도입할 수 있었는데 천주교 선교사와 신자들을 처형했고, 또한 서양 여러 나라에서 이양선을 타고 조선에 와서 무역하자는 것을 청나라와 조선이 거부하였습니다. 영장께서는 당시 조선 정부에서 천주교 신자와 서양의 선교사, 그리고 이양선에 대해 과민할 정도로 혐오감을 갖게 된 이유가 어디에 있다고 생각하는지요?

박민환 : 1801년 역적 황사영이 중국 북경의 구베아 주교에게 '서양 군함 수백 척과 군대 5~6만 명을 조선에 보내 신앙의 자유를 허용하도록 조정을 굴복'하게 하는 백서사건의 여파로, 천주교 신자와 선교사, 그리고 이양선과 외국인들이 두려움과 혐오의 대상이었지요. 오죽했으면 정약용 선생도 황사영을 역적이라고 하지 않았나요!

---

72 국방부 군사편찬연구소, 『한국 군사역사의 재발견』(국군인쇄창, 2016), p. 344

(5) 백성들에게 부담을 주지 않고 해미읍성을 멋지게 보수 공사한 비결

저자: 영장께서 해미읍성에 호서좌영장 겸 해미 현감으로 부임한 시기는 국내 상황과 국제정세에 비추어볼 때, 정말 힘든 시기였습니다. 그런데 영장께서는 당시에 '토포사(討捕使)'라는 직책도 겸임한 것으로 알고 있는데, 이에 대한 설명을 부탁드립니다.

박민환: 원래 토포사는 1561년(명종 16)에 임꺽정(林巨正)의 무리를 토벌하기 위하여 남치근(南致勤)에게 임시로 내린 직책명이지요. 그 후 선조 때도 도적이 극심한 고을의 수령을 겸직시킨 사례가 있었으나, 정식으로 제도화한 것은 1638년(인조 16)부터입니다. 그러나 현종(재위 1659~1674) 때 이르러 토포사는 수령이 겸직하는 것을 폐지하고, 그 대신 각 도의 진영장으로 하여금 겸임하게 하였습니다. (한국민족문화대백과사전)

저자: 그러면 토포사의 주요 임무는 도적을 잡는 것인가요?

박민환: 원래는 도적, 특히 명화적(明火賊)을 잡고, 백성들에게 해를 가하는 호랑이를 잡는 것이었는데, 천주교 신자들을 잡는 임무까지 추가되었습니다.

저자: 그런데 방금 말씀하신 내용 중에서 '명화적(明火賊)'이 무슨 뜻인가요?

박민환: 명화적이란 횃불을 들고 다니는 도적 집단으로, 세종대왕

시절에 '경기도 임강현의 명화강도(明火强盜)인 금음동·오마대를 목을 베었다'라는 기록이 최초로 등장합니다. (1424년 7월 29일 '세종실록') 명화적은 나라가 어지러워지고 백성들이 도탄에 빠질수록 점점 규모가 커졌는데, 호서지방의 경우에도 예외가 아니었습니다. 특히 정조 16년에는 대사간 김이희(金履禧)가 호서지방의 명화적에 대해 특단의 조치가 필요하다는 아래와 같은 상소를 올린 적이 있습니다. (1792년 4월 26일 '정조실록')

"근래 도적들의 환란이 서울과 지방을 막론하고 곳곳마다 낭자합니다. 심지어는 명화적(明火賊)이 종종 기회를 엿보아 일어나는데 호서(湖西) 지방이 더욱 심합니다. 그런데 토포사(討捕使)들은 태연하게 경계하지 않으니, 서울과 지방의 토포사를 엄하게 신칙하여 도적을 없애는 방도를 특별히 생각하게 함으로써 점점 불어나는 걱정이 없게 하소서."

이에 대해 정조께서 지시하신 내용은 다음과 같습니다.

"지방 고을에서 도적을 엄하게 다스리지 못하는 것은 또한 영장(營將)이 태만하기 때문이니, 여러 도에 엄히 신칙하여 답습하는 폐단이 하나라도 있으면, 각 병사(兵使)로 하여금 우선 영문(營問)에 잡아다가 곤장을 쳐서 징계하게 하고, 혹은 파직시키고 잡아다 심문할 것을 장계로 청하게 하라. 호서(湖西)가 더욱 힘쓰지 않았다는 데 이르러서는 너의 말이 또 이와 같으니, 병사로 하여금 가장 용렬한 자를 조사해내어 잡아다 곤장을 치게 하라."

저자 : 그렇다면 당시 명화적에 대한 특단의 조치는 오늘날 향토사단장이 떼강도를 제대로 잡지 못하는 여단장을 불러들여 곤장을 치거나 파직을 시키는 것이었군요. 이런 엄중한 상부 지시가 있었기에 영장께서도 명화적에 대해 신경을 곤두세울 수밖에 없었군요.

다음 질문입니다. 영장께서는 해미읍성에 부임하시어, '호서좌영장 + 해미현감 + 토포사'의 임무를 수행하게 되었습니다. 그런데 제일 먼저 하신 일이 해미읍성 보수공사였는데, 그 이유가 궁금합니다.[이하 내용 : 좌영루첩중수비(左營樓堞重修碑) 참조, 저자가 재구성]

박민환 : 저는 1847년 겨울에 해미현에 부임하였는데, 이곳은 서울과의 거리가 삼백리요, 12개 고을의 병마를 관장하는 호서(湖西)의 요충이며 해문(海門)을 방어하는 관문이었습니다. 이 때문에 성의 높이는 몇 길이나 되고 외성을 가시나무로 두르고 문은 세 방향으로 내어 바다로 성을 삼았으며, 좌우의 관청과 동서의 청방(廳房)이 나름대로 규모가 있어 자못 모양을 이루었지요.

당초에 계획하여 만들 때 다른 읍성보다 잘 축성하였으나, 다만 지은 지가 오래되고 흥함과 폐함이 무상하여, 남문은 큰 바람에 쓰러지고 서문은 큰 비에 무너졌으며 동문은 용마루와 대들보가 썩어 떨어지고 무너지니, 전후의 수령들이 일찍이 개탄하여 탄식하지 않은 적이 없었습니다. 그러나 작은 고을의 쇠잔함과 여섯 개 면의 피폐한 실정으로 녹봉이 수백 곡에 불과하고 임기가 30개월이 안 되는 사람이 착수할 방도가 없으니 계획을 하지 못하고 마치 여관을 지나가듯 할 뿐이었습니다. 그러나 저는 부임 3일 만에 현장을 둘러보고 부하들로부터 업무보고를 받은 후에 다음과 같이 부하들에게 명령을 내렸습니다.

"나는 조정의 명을 받은 관리이니 백성을 다스리고 진을 지키는 것이 바로 나의 직분이다. 지금 성첩(城堞)은 붕괴되고 문루(門樓)는 다 허물어졌으며 관청은 기울어 쇠락하였으니 진에 성이 없으면 어찌 지킬 것이며 성에 문이 없으면 어찌 막을 것이며 관청에 관아가 없으면 어찌 머무를 수 있겠는가? 이것이 가장 급한 일이다. 내가 이로써 계획하니 감히 어기는 자는 죄를 줄 것이다."

저자 : 군사 시설과 전투 진지를 보수하는 것은 현재의 지휘관들도 매년 당면한 문제입니다. 전방의 철책선부터 방어 진지도 여름 장마와 겨울 폭설로 피해가 심하여, 지휘관은 가용 병력·장비·물자·예산으로 부하들을 덜 고생시키기 위해 많은 고민을 합니다.

저의 경우에도 이를 위해 상급 부대에 포크레인과 같은 중장비를 요청하고, 추가 예산을 확보하기 위해 현장 피해 사진을 첨부하여 관련 부서에 제출하였으며, 특히 공사가 시작되기 전에, 공사 경험이 없는 장병들을 위해 공사 시범을 보였습니다. 영장께서는 당시 중장비도 없었고, 또한 가용 예산도 부족했을 것으로 생각되는데, 이 문제를 어떻게 해결하였나요?

박민환 : 저는 먼저 공사 소요 예산을 판단해보니 약 800민(緡)[73]이 되었고, 수십 개의 큰 대들보 목재가 필요했습니다. 이에 저는 상급 관청으로 찾아가 목재를 요청하고, 돈은 3,000민을 빌려왔습니다. 공사 소요예산은 약 800민인데 3,000민을 빌려온 이유는 2,200민을 시장 상인들에게 빌려주어 이자를 받아 불려서 공사예산을 충당하기 위함이었습니다. 실제 공사를 집행하다 보니 공사예산이 추가로 소요되었는데, 이는 제 녹봉을 덜어서 보탰습니다.

저자 : 현재로 말하면, 영장께서는 대단한 경영 마인드를 갖고, 공사 준비에 필요한 예산 확보는 물론, 돈이 필요한 시장 상인들에게 돈을 빌려주어 지역경제 활성화에도 크게 기여하셨습니다. 그런데 공사는 사람이 하는 것인데, 백성들을 공사에 동원하였나요?

박민환 : 농부들은 농사에 전념해야 하므로, 농사에 전혀 지장이 없도록 아래와 같이 공사 계획을 수립하여 공사를 완료했습니다.

① 공사명 : 해미읍성 3개 문루 및 성곽 대규모 보수 공사
② 공사기간 : 1848년 1~8월
  ㉠ 1848년 1~2월 : 공사 자재 준비 및 구입(기와 4만 편 굽기, 벽돌 준비 등)
  ㉡ 1848년 3~4월 : 남문 보수 공사 완료

---

73 민(緡)이란 '동전을 꿰는 꿰미' 의미를 내포한 것으로 보아, 당시 유통되던 상평통보들을 꿰묶은 상평통보 한 다발로 추정된다.

㉢ 1848년 5~7월 : 동문과 서문 보수 공사 완료
㉣ 1848년 8월 : 낙성식 및 축하연

③ 공사 및 안전 총 책임자 : 호서좌영장 & 해미현감 & 토포사 박민환
 ㉠ 목수(木手) : 김해성(金海成)
 ㉡ 석수(石手) : 서일관(徐日觀)

④ 공사 참여 인력 : 해미읍성 근무 관리·군사·노비, 한가한 양반 자제. 단 농민은 제외
⑤ 행정사항 : 민폐 근절, 첫째도 안전, 둘째도 안전!

저자 : 전임 호서좌영장 겸 해미 현감 겸 토포사들이 손을 대지 않았던 큰일을 하시느라 수고 많으셨습니다. 그런데 이런 큰 공사를 하면서 안전사고는 없었나요?

박민환 : 공사에 동원된 인원은 수백 명인데 공사 중 다친 사람은 한 명도 없었습니다.

저자 : 안전사고 없이, 그리고 농민 부담 없이 계획대로 공사를 성공적으로 완료 후에, 낙성식과 함께 축하연을 베풀었다고 전해지는데, 설명 부탁드립니다.

박민환 : 진남문(鎭南門)에서 낙성식을 하였는데 선비들은 누대 위

에서 연회를 하고 서리와 장교들은 누대 아래에서 연회를 하였습니다. 고기와 과실이 풍성하고 술자리가 성대하며 춤과 노래를 번갈아하며 음악이 함께 울리니 여러 고을에서 소문을 듣고 구경하는 사람이 담장을 두른 듯하였습니다. 그다음 날은 고을의 나이 많은 노인들을 초대해서 잔치를 베풀어드렸더니, 모두 "80년 내에 비로소 오늘 같은 날이 있구나"라고 기뻐했습니다.

저자 : 그 후에도 상급 관청에서 빌린 돈을 잘 활용하였나요?

박민환 : 돈이 필요한 지역 주민에게 빌려주고 이자를 받아, 매년 해미읍성 보수 공사를 했습니다.

(6) 21세기 독자들과 대화

저자 : 그동안 저를 포함하여 해미읍성을 방문한 독자들은 조선 후기 어려운 시국에 영장께서 백성들의 고혈을 짜내서 무리하게 성곽을 보수하고, 잔치나 베풀지 않았나 하는 의구심이 있었습니다. 그러나 이 모든 것은 기우였으며, 영장께서는 비록 책임 지역에서나마 백성들에게 부담을 주지 않고 남다른 경영 마인드와 추진력으로 부국강병을 위해 최선을 다했습니다.

그리고 시대를 초월해서 사람들은 리더의 화끈한 리더십, 즉 일을 할 때는 화끈하게 하되, 쉴 때는 확실하게 휴식을 보장해주는 것을 좋아합니다. 이런 훌륭한 리더십으로 지역 어르신들에게도 경로잔치를 베풀어드린 훌륭하신 지휘관이자 수령이었습니다. 이제 영장께서 21세기 독자들에게 꼭 전하고 싶은 말씀을 해주시면 감사하겠습니다.

박민환 : 과찬입니다. 저는 제가 해야 할 일을 했을 뿐입니다. 그러나 제가 하늘에서 이곳을 내려다보니, 1866년 병인박해 때 수많은 천주교 신자들이 이곳에서 처형되었고, 1985년 갑오경장의 신제도에 의해 전국의 지방성과 함께 폐영이 되었습니다. 그리고 1910년에 일제강점기가 시작되면서, 일제에 의해 국권을 강탈당하고 읍성 철거령으로 관아 건물들이 철거되고 면사무소, 학교, 그리고 민가 등이 들어섰습니다.

다행히 1973년부터 면사무소, 학교, 그리고 민가 등을 성 밖으로 이전하고 1997년부터 지속적으로 발굴이 이루어지면서, 현재의 모습으로 복원되었습니다. 그리고 이제 '진남루에 울리는 북소리' 공연에 저를 초대해주어 감사드립니다.

〈2021년 진남루 잔치 재연 공연〉 (출처 : 서산포스트, www.seosanpost.co.kr)

이제는 독자들 모두 자신에게 주어진 일을 즐겁게 하시면서, 진남루에서 울리는 즐거운 북소리! 그리고 희망찬 부국강병의 북소리가 전국과 전 세계에, 그리고 자손만대에 울려 퍼지길 기원합니다!

3 생활상

TIP

(1) 저자가 하멜과 인터뷰를 시도한 이유는?

해미읍성을 방문한 독자들은 조선 시대 군졸(현 용사)들의 생활상이 궁금하겠지만, 해미읍성 소개 안내판과 팸플릿을 통해 얻을 수 있는 정보는 거의 없다. 그 이유는 앞서 소개한 군 통수권자 태종과 효종, 충청 병사 조숙기와 황진, 그리고 군관 이순신은 관련 사료들이 있지만, 해미읍성에 근무했던 어느 군졸이 남긴 일기(日記)와 같은 사료는 발견할 수 없기 때문이다. 이런 이유로 독자들은 군졸들의 생활상에 대해 대체로 다음과 같은 궁금증을 갖게 될 것이다.

첫째, 21세기에 군에 입대하는 용사들은 거의 미혼인데, 조선 시대 군졸들은 미혼일까? 기혼일까?

둘째, 조선 후기 군졸들은 21세기 용사들처럼 담배를 피웠을까?

셋째, 조선 후기 군졸 구성원(양반, 농민, 노비, 승려), 무기체계, 건강 상태, 용모, 신상명세서는?

넷째, 21세기 육군 용사의 복무기간은 1년 6개월인데, 조선 시대 군인은 16~60세로 44년이었다. 그렇다면 44년간 복무 형태는?

따라서 저자는 1653년(효종 4)부터 **13년간 군부대**(제주진, 훈련도감, 전라병사영, 전라좌수영)**에서 억류 생활을 했던 네덜란드인 하멜의 표류기를 토대로**, 독자들의 여러 궁금증에 대한 객관적이고 흥미 있는 답변과 함께, 시대를 초월하여 교훈이 될 내용을 제시하기 위해, 아래의 순서대로 인터뷰를 시도하였다.

① 문안 인사
② 하멜이 만난 조선 VIP(제주 목사, 효종, 훈련대장, 전라 병사, 전라 좌수사) 관련
③ 당시 군졸들과 백성들의 생활상 관련 : 결혼·흡연 문화, 성인·군졸 신분증(호패), 군졸 구성원, 무기체계, 방역 및 건강 상태, 군졸 용모 및 신상명세서, 승군(僧軍), 44년간 복무 형태(지방 근무 & 서울 근무), 불평불만 소원수리
④ 21세기 독자들과 대화

TIP

(2) 하멜과 인터뷰에 필요한 배경지식

① 하멜은 누구인가?
　네덜란드 동인도회사의 서기로 1653년부터 1666년까지 13년간 조선에 살았으며, 이를 바탕으로 하멜표류기라는 책을 써낸 것으로 유명하다.

② 네덜란드 동인도회사는 어떤 회사인가?
　임진왜란 100년 전인 1492년, 콜럼버스가 아메리카 대륙을 발견한 이래 유럽 열강들은 세계로 진출하기 시작했으며, 동인도회사는 17세기 초 영국, 네덜란드, 프랑스 등의 유럽인들이 동인도(인도의 동쪽 지역)

281

진출을 목적으로 세운 회사이다. 각국의 동인도회사들은 후추, 커피, 사탕, 무명 등 동양의 특산품을 대상으로 무역업을 하였으며, 영국과 프랑스는 인도에 동인도회사를 설립하였다. 네덜란드인들은 임진왜란 직후인 1602년(선조 35)에 인도네시아 자카르타에 동인도회사를 설립하였다. 네덜란드 동인도회사는 세계 최초의 주식회사이며, 스리랑카, 일본 나가사키, 타이완 섬, 중국 광저우 등에 상관을 설립했다. 전성기인 1670년대에는 150척의 상선, 40척의 군함, 50,000명의 직원과 10,000명 규모의 군대를 거느린 거대 조직이었다. (나무위키)

③ 하멜은 왜 조선에 13년간 살게 되었고, 어디서 살았는가?

1653년(효종 4) 네덜란드 동인도회사 상선 스페르버르호(Sperwer)에서 서기로 일하며 일본 나가사키로 향하던 중, 제주도 부근에서 폭풍을 만나 표류하였다. 제주도에서 몇 개월간 억류되었다가 서울 훈련도감에서 약 3년, 그 후 전라도 강진 전라병영에서 7년, 그리고 여수 전라좌수영에서 3년 동안 감시받고 살다가 일본으로 탈출하였다.

④ 제주도에 도착한 하멜 일행은 몇 명이었나? 그 후 조선에서 탈출한 인원은?

승무원 64명 중 난파로 28명이 죽고, 제주도에 도착한 인원은 36명이었다. 36명이 13년간 조선에서 생활하다가 20명이 죽었고, 13년 후 생존자는 16명이었으며, 이중 하멜과 함께 일본으로 탈출한 인원은 8명이었고, 탈출하지 못한 8명은 그 후 송환되었다.

⑤ 하멜이 '하멜표류기'를 작성한 이유는?

조선에 13년간 체류하면서 받지 못한 봉급을 동인도회사에 청구할 목적이었다.

■ 하멜(외국인이 본 조선 후기 백성과 군인들의 생활상)

(1) 문안 인사

저자 : 21세기 어느 군인이 지금부터 약 370년 전인 1653년 8월, 제주도에 도착하여 13년간 조선에서 생활하였던 미스터 하멜과 대화를 나누기 위해, 전라남도 강진 전라병영성 인근에 있는 하멜 기념관을 찾았습니다. (2022. 5. 11.)

미스터 하멜은 제주도에서 몇 개월 억류 후, 서울 훈련도감에서 약 3년, 그 후 전라도 강진 전라병영에서 7년, 그리고 여수 전라좌수영에서 3년 동안 생활하였습니다. 현재 한국에는 강진, 여수, 그리고 제주도에 각각 미스터 하멜의 기념관과 동상 등이 있습니다.

〈강진 전라병영성 인근 하멜기념관〉

〈여수 하멜전시관〉 (출처 : 여수시청)　　〈제주 하멜상선 전시관〉 (출처 : 제주시청)

　저는 해미읍성을 방문하는 독자들에게 군졸들의 생활상을 소개하기 위해 그동안 관련 사료들을 찾아보았으나, 어느 군졸의 일기와 같은 확실한 사료는 발견하지 못했습니다. 그러나 다행스럽게도 미스터 하멜은 조선의 군부대에서 13년간 생활하면서, 이를 기록으로 남겼기에, 이를 토대로 조선 시대 군졸들의 생활상을 소개하려고 합니다.

　하멜 : Thank you! 그리고 저를 기억해주시고 기념해주시는 모든 한국인에게 감사드립니다. 저자도 잘 알고 있듯이, 사실 저는 본의 아니게 조선에 체류하면서 조선의 군부대에서 13년간 생활을 했고, 또한 제가 조선의 군졸로 생활한 것이 아니기에 모르는 것이 많이 있습니다. 제가 잘 모르는 부분은 저자께서 보충 설명을 해주세요.

　저자 : 대화에 응해주시어 감사드립니다. 미스터 하멜은 조선의 군부대에서 생활하면서, 조선 군졸이 휴대한 무기체계들과 처우를

직접 확인했습니다. 그리고 얼차려로 제초작업, 새끼꼬기, 땔감 나무 구하기, 태형도 체험하였으며, 성 밖으로 외출을 나가 구걸도 해보고 백성들의 생활상을 직접 목격하였기에, 저와 독자들이 그 당시 생활상을 이해하는 데 큰 도움이 됩니다.

(2) 하멜이 만난 조선 VIP(제주 목사, 효종, 훈련대장, 전라 병사, 전라 좌수사)

저자 : 미스터 하멜과 일행이 1653년 8월 15일, 처음 조선에 발을 디딘 곳은 제주도입니다. 그곳에서 만난 제주 목사 이원진의 첫인상은 어떠했으며, 그분은 하멜 일행들을 어떻게 대우해주었나요?

하멜 : 나이는 70세 정도였고, 제주목 관아 대청마루에 왕처럼 앉아 있었습니다. 제주 목사께서는 저희에게 어디서 왔으며, 어디로 가는 길이냐고 묻고, 부상자를 치료해주었습니다. 국왕에게 보고 후 조치를 기다리는 동안, 필요한 부식도 지급해주고 외출도 허용해주었으며, 때때로 잔치도 열어주었습니다. 한마디로 저희는 이교도로부터 그리스도교도 뺨칠 정도의 후한 대접을 받았습니다.

그리고 제주도에서 이렇게 잘 지내며, 두 달 정도 지난 10월 29일에는 인조 때 조선에 귀화한 네덜란드 출신 박연(벨테브레이)이 서울에서 내려와서 통역하였지요. 12월 초가 되니 신임 제주 목사가 부임했는데, 이분은 전임 목사와 달리 부식도 제대로 주지 않았기에 일행 중 5명이 빈 배를 이용해 도망치다가 발각되어, 이들은 곤장 25대를 맞고, 저희 일행 모두는 외출 금지 조치를 받았습니다. 그

러다가 1654년 5월 말에 국왕으로부터 서울로 보내라는 지시를 받고 제주도를 떠나게 되었습니다.[74]

저자 : 안타깝게도 제주도에서 일본으로 건너갔다가 인도네시아 자카르타에 있는 동인도회사로 가는 것이 무산되고, 서울로 가서 북벌 정책으로 유명하신 효종을 만났군요, 조선에서 최고 높으신 효종께서는 일행들에게 무어라고 말씀하셨고, 일행들을 어떻게 대우해주셨나요?

하멜 : 효종께서는 "외국인을 국외로 내보낸다는 것은 이 나라 관습에는 없는 것이므로 외국인은 여기서 일생을 보내야 한다. 그 때문에 너희들의 식량이 배당되는 것이다"라고 말씀하셨습니다. 그리고 네덜란드식 춤과 노래를 요구하시어, 알고 있는 모든 춤을 추고 노래를 하였습니다. (강진군지, p. 247)

저자 : 다음날 일행은 훈련대장 이완을 만났는데, 이완 대장께서는 무어라고 말씀하셨고, 일행들을 어떻게 대우해주셨나요?

하멜 : 이완 대장은 저희가 국왕의 명령으로 훈련대장의 호위병이 되었으며, 1인당 매월 70근의 쌀을 지급할 것이라고 알리고는, 각자에게 머스킷 소총 1자루와 화약, 총알 등을 지급해주었으며, 성

---

74 강진군·강진문화원, 『강진군지 제2권』(2012), pp. 240~242 ; 핸드릭 하멜 지음, 신동운 옮김, 『하멜표류기』(스타북스, 2020), pp. 32~34, 내용 요약 정리

명·출생 연도·신분·근무지 등이 표시되고 국왕과 훈련대장의 직인이 찍힌 명패를 지급하였습니다. 그리고 저희에게 주어진 임무는 매달 1일과 4일에 훈련대장 앞에서 일제 사격 연습을 하고, 국왕과 훈련대장이 외출할 때 호위를 하는 것입니다.[75]

저자: 훈련대장이 지휘하는 부대는 당시 조선에서 최정예부대인 훈련도감인데, 훈련도감의 훈련상태는 어떠했나요?

하멜: 훈련대장은 봄과 가을에 매달 3번씩 직접 부대의 훈련상태를 점검하였기에, 군사들은 자주 훈련을 받았습니다. (앞의 책, p. 210)

저자: 훈련도감에 근무하는 동안 숙소는 어디였나요?

하멜: 훈련도감 인근에 민가 오두막집 여러 채를 은전으로 구입하여 살았습니다. (신동운 역, 하멜표류기, p. 55)

저자: 제주에 상륙할 때, 일행들이 소지했던 머스킷 소총은 어떻게 되었나요?

하멜: 제주 관아에서 압수당한 후, 일부는 훈련도감에서 우리에게 지급하였고, 나머지 소총들의 행방은 모르겠습니다.

75 　핸드릭 하멜 지음, 이병도 옮김, 『하멜표류기』(일조각), p. 210

저자 : 당시 조선군이 보유한 조총(화승총)보다, 머스킷 소총은 총열도 길고 정교하여 사거리도 많이 나가는 신형 소총이므로, 제주 관아에서 훈련도감으로 보냈고, 훈련도감에서는 이를 모방 개발하였습니다. 그러나 이렇게 어렵게 개발된 머스킷 소총은 효종이 갑자기 승하 후, 후임 국왕인 현종의 군비축소 정책으로 인하여 확대 보급되지 못하였습니다. (한국무기발달사, p. 481)

원래 이런 무기체계 개발은 군기시(軍器寺)에서 해야 하나, 군기시는 임진왜란 전부터 평화 시기에 규모가 축소되었고, 특히 임진왜란 중에 훈련도감이 설치된 후, 훈련도감의 규모가 커지고 재정기반도 갖추어지면서, 훈련도감에서 무기체계들을 자체 제작하였기 때문입니다. (위키실록사전 '군기시')

저자 : 1655년 3월에 일행 2명이 조선에 온 청나라 사신에게 일본으로 보내줄 것을 요구하다가 연행되어 일행 모두가 볼기를 50대씩 맞고 감시를 받았습니다. 이듬해 1656년 3월에 전라병영성이 있는 강진으로 이송되었는데, 전라 병사께서는 무어라고 말씀하셨고, 일행들을 어떻게 대우해주셨나요? (강진군지, pp. 250~251)

〈강진 전라병영성 남문〉

하멜 : 처음 만난 전라 병사 유정익은 저희에게 호의적이었습니다. 그다음 만난 전라 병사는 쌀만 지급하고 힘든 일을 시켰습니다. 그래서 저희는 부식과 의복을 구하러 3~4일에 한 번씩 민가와 절에 가서 구걸했습니다. 그러나 일반 백성들과 스님들은 저희에게 호의적으로 대해주었습니다.

1659년에 효종이 승하한 후 2년 동안 흉년이었지만 전라 병사는 저희를 호의적으로 대해주었습니다. 그러나 1662년부터 3년간 연속 가뭄으로 몇 천 명이 굶어 죽었습니다. 전라 병사는 더 이상 저희를 수용할 수 없다고 국왕에게 보고하였지요. 국왕은 저희를 전라좌수영에 12명, 순천에 5명, 남원에 5명씩 분산 수용하라고 지시하였습니다. (앞의 책, p. 251)

〈여수 전라좌수영 '진남관'〉 (출처 : 여수시청)

저자 : 효종 승하 후, 호남 곡창지대에 약 5년간 계속 흉년이 들어 효종의 뒤를 이은 현종이 북벌 정책을 지속 추진하지 못하고 군비 축소 정책을 추진한 것이 이해됩니다. 또한 이런 연유로 일행들이

강진에서 구걸도 하였지만, 미스터 하멜을 포함한 12명이 여수의 전라좌수영으로 이송되었군요. 그러면 전라 좌수사께서는 일행들을 어떻게 대우해주셨나요?

하멜 : 처음 만난 전라 좌수사는 저희 일행이 전라 좌수영에서 약 3년을 지내는 동안 가구는 없는 집 한 채를 제공해주었지요. 그 후 호의적인 전라 좌수사는 저희에게 때때로 술과 음식을 주었고, 백성들의 농가 주택도 개량해주면서 군함들도 잘 정비했습니다.

한편 악의적인 전라 좌수사는 저희에게 새끼꼬기와 같은 힘든 노역을 시켰으며, 일등사수로 만들겠다며 하루 내내 활을 들고 서 있는 얼차려를 주었습니다. 특히 매일 벼를 찧도록 힘든 일을 시킨 수사 이민발은 수군 훈련 중에 포수의 부주의로 탄약상자에 불이 붙어 5명의 수병이 사망했는데도 이를 전라도 감사에게 보고하지 않았다가 암행어사에게 적발되었지요. 결국 국왕에게 소환되어 90대의 태형을 받고 종신 유형에 처해졌습니다. 이런 생활을 하다가 1666년 9월 5일 저희 일행 8명이 민간 배를 구매하여 여수를 탈출하여 일본으로 가게 되었습니다. (앞의 책, pp. 255~256)

(3) 당시 군졸들과 백성들의 생활상 : 결혼과 흡연 문화

저자 : 지금까지 미스터 하멜은 외국인 신분이라서 조선 시대는 물론, 현재의 경우도 군 복무 중인 용사가 감히 만나기 힘든, 초특급 VIP들의 초대를 받고 대화를 나누었습니다. 미스터 하멜은 오늘날

로 말하면, 군 통수권자인 대통령, 수도방위사령관, 제주도지사, 전라도 향토사단장, 남해 해군 제독의 초대를 받고 대화를 나눈 것입니다. 이제부터는 독자들이 궁금해하는 조선 시대 군졸들과 백성들의 생활상에 대해 미스터 하멜과 대화를 나누고 싶습니다.

하멜 : 앞서 말씀드린 바와 같이, 저는 조선 시대 군졸로 생활한 것이 아니고 옆에서 주로 관찰하였기에 답변에 제한되는 것이 많을 것입니다. 이런 부분에 대해서는 저자께서 보충 설명을 해주시면 감사하겠습니다.

저자 : 예, 좋습니다. 그러면 함께 고민해보도록 합시다. 첫 번째 질문입니다. 조선 시대 백성들은 통상 몇 살에 결혼했습니까?

하멜 : 8살로부터 12살입니다. 그런데 결혼은 연애결혼이 아니고 부모들이 배필을 정해준 대로 결혼을 했습니다. (이병도 역, 하멜표류기, p. 79)

저자 : 방금 답변하신 내용은 조선 시대 군졸들의 생활상을 이해할 수 있는 중요한 단서가 됩니다. 왜냐하면 21세기에 군에 입대하는 대부분의 성인 남자들은 거의 미혼이라 야간에 보초 근무를 설 때 밤하늘의 달과 별을 보면서 부모 형제와 애인을 많이 생각합니다. 그러나 조선 시대에는 16세가 되어 군에 입대하는 남자들이 거의 기혼이라서, 이들은 조용한 시간이 되면 처자식과 부모 형제를 많이 생각했다고 판단됩니다. 두 번째 질문입니다. 당시 조선 시대

백성들은 담배를 피웠나요? 피웠다면 통상 몇 살부터 담배를 피웠나요?

하멜 : 4~5세 어린아이 때부터 시작하였으며, 남녀노소를 가리지 않고 담배를 피우지 않는 사람들이 드물었습니다. (앞의 책, p. 86)

저자 : 정말입니까? 믿기 어려워서 제가 당시의 관련 사료를 찾아보니, 미스터 하멜이 방금 말씀한 내용과 일치합니다.

① 이익, 성호사설, 만물문 남초편 : 광해군 말부터 조선에 흡연이 유행. 남녀노소가 공부나 일은 제대로 안 하고 담배 구하기에 혈안
② 인조실록(1638년 8월 4일) : 담배는 1616년경 조선에 전래. 1621년부터 담배를 피우지 않는 사람이 없을 정도임
③ 나무위키 : 조선 시대 흡연 문화는 남녀노소와 신분을 가리지 않고 자유롭게 흡연

방금 답변하신 내용도 조선 시대 군졸의 생활상을 이해할 수 있는 중요한 단서입니다. 왜냐하면 21세기에 군 복무 중인 용사들도 스트레스와 고향 생각 등으로 비교적 흡연을 많이 하지만, 상관의 눈치를 보며 흡연을 하고 있습니다. 그러나 조선 시대 광해군 때부터 흡연이 유행하였다면, 광해군 시절부터 해미읍성에 근무하는 군졸들은 물론, 전국에서 군 복무하는 군졸들은 상관과 함께 자유롭게 담배를 피우며 스트레스 해소와 처자식 걱정하는 모습을 상상할 수 있기 때문입니다.

⑷ 당시 군졸들과 백성들의 생활상 : 성인 남자 신분증, 호패

저자 : 다음 질문입니다. 미스터 하멜은 훈련도감에 근무하면서 명패를 받았다고 하는데, 그 명패의 호칭과 명패를 만든 배경을 알고 있는지요?

하멜 : 그건 모르겠습니다. 저자께서 설명해주시면 감사하겠습니다.

저자 : 조선 시대 16세 이상의 남자가 신분을 증명하기 위해 차고 다니던 호패(號牌)입니다. 여기에는 이름, 거주지, 출생 연도, 신분이나 지위, 호패 제작 연도, 소속 관청 직인 등이 표시된 현재의 주민등록증과 기록 내용이 유사합니다. 조선 시대에 호패를 만든 배경은, 전 세계 어느 국가에서나 국가를 경영하기 위해서는 인구와 가구 수, 특히 군 복무가 가능한 인구들을 파악해야 세금을 걷고, 병역의 의무를 부과할 수 있지요.

미스터 하멜도 잘 파악한 바와 같이 조선은 16세부터 60세에 이르는 양인 장정은 모두 군역(軍役)의 의무를 지고 있었지요. 이들의 복무 형태는 번상군이나 유방군처럼 직접 군사 활동을 하는 군졸인 정병(正兵)과 정병의 군 복무에 소요되는 경제적 뒷받침을 해주는 사람인 봉족(奉足), 또는 보인(保人)으로 구분되었습니다. 그러니까 해미읍성은 물론, 전국에서 군 복무 중인 군졸들은 미스터 하멜처럼 호패를 차고 다녔지요.

〈호패〉 (출처 : 국립중앙박물관 그림에 저자가 설명 내용 추가)

(5) 당시 군졸들과 백성들의 생활상 : 조선 후기 군졸 신분

저자 : 조선 시대 노비들은 전 국민의 몇 %나 되었나요?

하멜 : 노비 수는 전 국민의 반 이상이 되는 것 같았습니다. (앞의 책, p. 70)

저자 : 조선 시대 전기에는 서양처럼 노비를 사고파는 상황이었고, 군에 복무할 자격조차 부여하지 않았습니다. 따라서 조선 초기부터 임진왜란까지 군졸의 사회적 신분은 양인의 대부분을 차지하는 일반 농민들이었습니다. 그런데 임진왜란 후 조선군이 속오군을 편성하면서 양인이 아닌 노비들까지 군졸에 포함시켰는데 미스터 하멜은 노비 출신의 군졸들 많이 보게 된 것이지요.

① 조선 전기 군졸 신분(임진왜란 이전) : 양인(대부분 농민)
② 조선 후기 군졸 신분(임진왜란 이후) : 양인(양반, 농민) + 노비

그러니까 임진왜란 이전에 군졸들의 신분은 대부분이 농민 출신 양인이었는데, 임진왜란 이후부터 해미읍성은 물론, 전국에서 군 복무 중인 군졸들은 양반과 농민은 물론 노비까지 포함된 속오군이었습니다.

(6) 당시 군졸들과 백성들의 생활상 : 조선 후기 군졸 무기체계

저자 : 다음 질문입니다. 관련 사료에 의하면, 당시 지방군의 전투 편성표인 '진관관병편오책'에 군졸들의 명단과 개인별 주특기, 그리고 각자가 소지하고 있는 무기가 제시되어 있습니다. 즉 사수는 활, 포수는 조총, 살수는 창이나 칼 등으로 무장하고 있는데, 이에 대해 미스터 하멜의 증언을 듣고 싶습니다.

하멜 : 훈련도감을 포함한 중앙군의 지휘관들과 각 도(道)별 지휘관인 병사(兵使)들은 해당 부대별 편성 인원과 무기 보유 현황을 매년 파악하여 국왕에게 보고합니다. 그래서 국왕은 필요할 때 동원할 수 있는 병력과 무기 현황을 파악할 수 있었습니다. 그리고 무기체계의 경우 제가 직접 관찰한 바에 의하면, 보병은 쇳조각인 철편(鐵片)이나 동물의 뼈로 만든 갑옷과 투구를 쓰고 조총, 칼, 창을 소지했습니다. 그리고 기병은 갑옷, 투구, 칼, 창을 소지했습니다.(앞의 책, pp. 69~70)

저자 : 방금 답변하신 내용을 정리하자면, 임진왜란 후부터 조선시대 군졸은 조총을 소지한 포수, 활을 소지한 사수, 그리고 창과 칼

을 소지한 살수로 편성되었습니다. 속오군제에 입각한 중앙군과 지방군의 전투편성표가 매년 작성되었을 것으로 판단되는 중요한 증언입니다. 미스터 하멜이 훈련도감에 근무하면서 조총을 지급받았다면 미스터 하멜은 훈련도감의 전투편성표에 포수로 기록되었을 것입니다.

만약에 미스터 하멜이 조선을 탈출하지 않고 훈련도감에 계속 근무하다가 효종이 일찍 승하하지 않고 북벌을 단행하여 청나라를 공격했다면, 미스터 하멜과 일행은 외인부대의 일원으로 조총을 들고 북벌에 참여할 수도 있었습니다. 왜냐하면 임진왜란 시 조선에 파병된 명나라 군대에는 외국인인 흑인도 명군에 참여했기 때문이지요. 하하하.

하멜 : 역사에 가정은 없지만, 그럴 수도 있었겠군요. 하하. 저는 조선에 크게 기여한 것이 없다고 생각하지만, 저희 나라 후손들은 한국을 사랑하여 한국전쟁 시 약 5,300명이 참전하여 전·사상자 765명이 발생했습니다.

(7) 당시 군졸들과 백성들의 생활상 : 조선 시대 방역 및 군졸 건강 상태

저자 : 다음은 조선 시대 백성들과 군졸들의 건강 상태가 궁금합니다. 당시에 이들이 어디가 아프면 현재처럼 병원이나 약국을 이용할 수 있었나요?

하멜 : 의사는 고관들을 위해 있고, 일반 사람들은 돈 때문에 의사를 부르는 일이 거의 없으며, 약을 제대로 쓰지도 못합니다. 다행히 일반 사람들은 의복이나 식사는 매우 나쁘지만 건강한 편입니다. 그리고 이들이 아프면 장님 점쟁이나 무당 또는 사찰의 승려들을 찾아가 이들이 하라는 대로 합니다. (신동운역, 하멜표류기, pp. 169~170)

저자 : 당시 의료시스템은 너무나 열악했군요. 2020년부터 전 세계는 코로나19 바이러스로 인해 거리두기를 하였고, 격리 치료를 받거나 사망한 사람들도 많이 있습니다. 조선 시대에는 역병이 창궐하면 어떻게 조치했습니까?

하멜 : 당시의 조선사람들은 전염병 환자를 제일 싫어했습니다. 그래서 환자들은 즉시 자기 집 혹은 마을에서 쫓겨나 교외에 지은 초막으로 추방됩니다. 거기에는 간호하는 사람 외에는 아무도 찾아갈 수가 없고 아무도 그들과 말하려 하지 않았습니다. 그 근방을 지나는 사람들은 환자 쪽을 향해서 침을 뱉습니다. 환자를 돌볼 가족이 없는 사람은 보호자 없이 그대로 버려집니다. 그리고 환자가 발생한 집이나 마을은 즉시 판자로 울타리가 쳐지고 환자가 있는 집 지붕에는 나무로 표시를 해서 주위 사람들에게 경고했습니다. (앞의 책, p. 166)

(8) 당시 군졸들의 생활상 : 조선 시대 군졸 용모 및 신상명세서

저자 : 과거나 현재나 역병이 창궐하면 방역 조치로 거리두기, 격리, 폐쇄의 원칙은 유사했군요. 당시는 현재에 비해 의료시스템이 형편없었기에 전염병으로 인한 피해도 컸을 것이라 생각합니다. 혹시 미스터 하멜은 천연두나 홍역을 앓고 얼굴에 마맛자국(곰보)이 있는 조선 군졸들을 보았는지요? 그리고 이런 군졸들이 몇 %가 되는지 아시나요?

하멜 : 정확히는 모르겠으나, 피부에 곰보 자국이 있는 군졸들이 꽤 있었습니다.

저자 : 여기에 대해서는 관련 사료를 토대로 제가 데이터를 제시하겠습니다. 지금도 군에 입대하면 부대에서 개인별로 신상명세서를 작성하는데, 당시에도 신상명세서를 작성했습니다. 현재까지 발견된 사료는 총 3건으로, 임진왜란 당시인 1596년 서애 류성룡이 작성한 평안도 군졸 552명의 신상명세서인 진관관병용모책(鎭管官兵容貌冊), 1685년 무렵에 작성된 것으로 추정되는 제주 군졸 1,700명의 신상명세서, 그리고 1697년에 작성된 충청도 군졸 약 4,000명의 신상명세서가 있습니다.

여기에는 성명, 나이, 주소, 신장, 용모(얼굴색과 수염 길이 상태), 몇 근의 돌을 들어 올리는가를 기록한 체력, 흉터 위치, 주특기(사수, 살수, 포수) 등이 기록되어 있습니다. 특히 얼굴색에는 구릿빛은 철(鐵), 천연두로 인한 곰보 상태에 따라 박(縛) 또는 잠박(暫縛), 홍역으로 인한 곰보 상태에 따라 마(麻) 또는 잠마(暫麻)라고 기록했습니다. 분석 결과, 16세기 말의 평안도 군졸은 약 27%, 그리고 약 100년 뒤의 충청도 군졸은 약 18%가 마맛자국이 있었으므로, 미스터 하멜은 조선 군졸 10명 중 2명은 안타깝게도 천연두나 홍역으로 고생하고 얼굴에 마맛자국이 있는 것을 보았을 것입니다.[76]

하멜: 조선은 조선왕조실록을 포함해서, 귀중한 사료들을 많이 보유하고 있는 대단한 나라입니다. 당시 조선 군졸에 비해 20세기 군인들의 평균신장이 궁금합니다.

저자: 조선 군졸들의 평균신장은 16세기 말에 작성된 신상명세서인 진관관병용모책에 의하면 7.23척으로, 1척의 길이를 경국대전 주척 길이인 21.04cm를 적용 시는 152cm이고, 또한 1척을 23cm로 환산하는 학설에 따르면 약 166cm가 됩니다. 따라서 조선 시대 군졸은 21세기 20대 한국 남성의 평균신장 174cm에 비하면, 약 10cm 정도 작은 편이라고 추정됩니다.

---

76 김성갑(토지박물관 주임), "17세기 조선 군적 남성 18% 마맛자국", 『연합뉴스』, 2008. 3. 12.

조선 시대 군인(속오군) 신상명세서 해설

① 개요

 임진왜란 후 강화회담이 진행되는 동안 일본의 재침(정유재란)에 대비하여, 당시 도체찰사 류성룡의 제안으로 1596년(선조 29)에 양반에서 노비에 이르는 속오군의 전투편성표인 '진관관병편오책(鎭管官兵編伍册)'과 병행하여, 개인 신상명세서인 '진관관병용모책(鎭管官兵容貌册)'이 전국에서 작성되었다. 그 후 이와 같은 양식의 신상명세서는 조선 후기에도 전국의 지방군에서 작성되었다.

② 원본 사료

 ㉠ 원본 : 현존하는 사료는 평안도의 안주 진관의 속오군 신상명세서 내용이며, 안동 하회 풍산류씨 충효당에서 소장

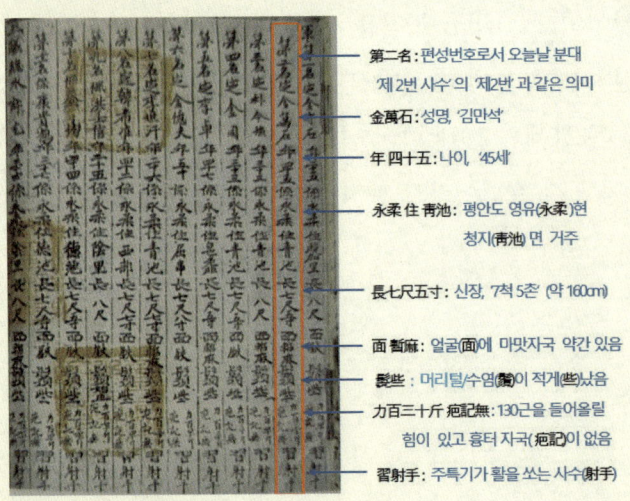

〈진관관병용모책〉 (출처 : 안동 하회 풍산류씨 충효당)

③ 본 사료의 가치 : 조선 시대 군인들의 용모·신분·건강·체력·주특기 파악

⑼ 당시 군졸들의 생활상 : 조선 시대 승군(僧軍)

저자 : 다음 질문입니다. 미스터 하멜은 사찰을 많이 방문한 것으로 알고 있습니다. 조선 시대에 승려는 병역의 의무가 없었지만, 임진왜란 시 최초로 충청도 옥천 가산사에서 영규 대사가 의병장 조헌과 함께 승병과 의병들 약 1,600명을 훈련시켜 청주성을 탈환하고, 금산성 전투에서 장렬히 전사했습니다. 그 후 전국의 승병들이 궐기하여 임진왜란과 정유재란 시 백성들의 생명과 재산을 지켰습니다. 미스터 하멜이 사찰을 방문했을 때, 사찰의 분위기와 전투준비태세는 어떠했는지요?

하멜 : 당시 사찰은 모두 경치가 좋은 산속에 있었으며, 사찰들은 관할 구역 수령들의 통제를 받았습니다. 사찰마다 다르지만, 어떤 사찰에는 승려가 5~6백 명이 되는 곳도 있었고, 가장 큰 곳은 4천 명이 거주하였습니다. 당시에는 승려가 되면 국가에 많은 공물을 바쳐야 하고, 국가를 위해 사역을 많이 해야 하므로, 국가의 노예 정도로 생각하여 일반 사람들은 거의 승려가 되려고 하지 않았습니다.

그런 분위기였지만, 사찰의 주지 스님은 유사시 참전할 승려들의 명단을 갖고 있었으며, 이들은 자비로 무기와 식량을 준비하여 관할 구역에 있는 성(城)에서 교대로 근무했습니다. 정말 이들이야말로 충성스러운 군인들이었습니다. (이병도, 하멜표류기, p. 69)

저자 : 사실은 병자호란 후 청나라에서 조선의 군비 강화를 억제

하고 감시했기 때문에, 조선에서는 은밀히 승군 양성을 추진하였습니다.[77] 특히 승려들은 임진왜란 시 국가가 위기에 처하자 스스로 승군을 조직하고, 처자식이 없으니까 일반 군인들보다 미련 없이 용감하게 잘 싸웠기에, 당시 조정에서는 승군에 대한 기대가 컸다고 생각합니다. 승군의 활약은 삼국시대부터 있었지만, 임진왜란과 병자호란, 그리고 병자호란 이후의 활약을 소개하면 다음과 같습니다. (이하 내용 : 한국민족문화대백과 '승군' 요약 정리)

① 임진왜란 시 승군의 활약

영규(靈圭)의 청주성 탈환 전투 참여, 처영(處英)의 행주산성 대첩 참여, 유정(惟政)의 지휘 아래 이루어진 평양 탈환 때의 모란봉 전투와 도성 수복 때의 수락산 전투·노원평 전투·송교 전투 등에 기여한 공로로 선조 38년 4월에 승군 34명을 선무원종공신(宣武原從功臣)으로 책봉하였음

② 병자호란 시 승군의 활약

각성(覺性)은 1624년(인조 2) 팔도 도총섭이 되어 남한산성을 쌓는 일을 감독하였고, 병자호란 시 3,000명의 의승을 모아 항마군이라 이름한 뒤 스스로 승대장이 되어 북상하였으나, 도중에 왕이 항복하였다는 소식을 듣고 진군을 중지하였음. 명조(明照)는 1627년 후금이 침략해오자, 의승군 4,000명을 거느리고 안주(安州)에 진을 쳐서 크게 전공을 세웠고, 병자호란 때에는 군량미를 모아서 전선

---

77 국방군사연구소, 『한국무기발달사』(1994), p. 446

에 보내는 등 크게 활약하였음

③ 병자호란 이후 승군의 활약

각성(覺性)은 남한산성 안에 의승군 군영인 남한 치영을 설치하고, 각 도에서 의승을 불러서 번을 서게 하였음. 성 안의 9개 사찰 승군으로 하여금 성을 지키게 하였으며, 도총섭 1인 밑에 중군 1인, 교련관 1인, 초관 3인, 기패관 1인, 성 안팎 10개 사찰의 원거승군(原居僧軍) 138명, 의승(義僧) 356인을 두었음

북한 치영은 1711년에 북한산성 안에 설치되었고, 도총섭이 있는 중흥사(重興寺)를 중심으로 인근 10여 개 사찰 승군들이 이곳에 머무르면서 산성을 수호하였음. 이들 치영 외에도 역대 왕조실록을 보관한 곳 인근 사찰인 강릉 월정사, 무주 적상산성, 봉화 각화사, 강화 전등사에 수호 승군을 두어 실록 수호의 임무를 다하게 하였으나, 승군 제도는 1894년 갑오경장 때 폐지되었음

(10) 당시 군졸들의 생활상 : 44년간 군 복무 형태

저자 : 다음 질문입니다. 미스터 하멜이 관찰한 조선 시대 군졸들의 군 복무 형태는 어떠했나요?

하멜 : 16세 이상이 되면 호패를 차고 다니는데, 이들은 모두 병역의 의무를 갖게 됩니다. 이들은 자기들의 고향 혹은 서울에서 근무하였습니다. 특히 제가 서울에서 근무하는 군졸들의 군 복무 형태

를 관찰한 바에 의하면 7년에 한 번씩 2개월 동안 국왕을 호위하기 위해 교대로 근무하였습니다. (이병도, 하멜표류기, p. 69)

저자 : 사실 현재 한국의 경우에도 현역과 예비군의 복무기간이 군 통수권자에 따라 여러 차례 변동이 있었는데, 조선 5백 년 동안에도 수많은 변동이 있었기 때문에 단적으로 설명하기는 어려운 실정입니다. 따라서 사료들을 토대로 일반적으로 조선 시대 군졸들의 군 복무 형태를 제시하면 다음과 같습니다.

① 지방군에 편성되어 지방에서 근무하는 군졸의 경우

㉠ 이들은 유방군이라 칭하였고, 유방군은 조선 초기 2교대 6개월 근무, 세종 때 4교대 3개월, 그리고 세조부터 4교대 1개월씩 근무를 하였지요.

㉡ 그렇다면 16세에서 60세에 이르는 군인들은 4교대로 1개월씩 지방의 군부대에서 상비군(정인)으로 근무할 경우 1개월은 군 복무하고, 3개월은 집에서 농사를 짓는 생활을 반복하였지요.

㉢ 결국 44년 기간 중, 실제로 상비군처럼 군복을 입고 군 복무하는 기간은 11년이고, 나머지 33년은 예비군처럼 집에서 농사지으며 생업에 종사하는 기간이었습니다.

㉣ 그러나, 군 복무 대상 중에서 조선 초기에는 양반과 노비는 제외되고, 농민들이 주축이 되었습니다. 그 후 연산군 이후부터 국가의 재정이 어려워 농민들에게 포를 납부받고 군 복무를 면제하여 주었지요. 지방에서는 군 간부들의 급료에 충당하느라 방군수포라 하여 군졸들에게 장기 휴가를 주고 실제는 군 복무를 하지 않았기

때문에, 임진왜란 시 실제 싸울 군사들이 제대로 없어 국가의 큰 화를 자초하게 되었지요.

　㉤ 임진왜란 직후에는 이래서는 안 되겠다 싶어, 속오군이라 하여 양반, 농민, 그리고 노비까지 군 복무 대상으로 편성하였습니다. 이는 미스터 하멜이 조선에 있었던 효종 때까지는 속오군이 그런대로 유지되다가, 그 후에는 큰 전쟁이 없다 보니, 결국은 양반과 농민들도 포를 내고 빠졌습니다. 또한 관청의 노비는 당장 관아에서 부려먹어야 되니 빠지게 되자, 빈민계층 농민과 사노비들이 군에 복무하게 되었습니다. 그 결과는 군사력 약화로 일본에 나라를 빼앗기게 된 거지요.

② 중앙군에 편성되어 서울에서 근무하는 군졸의 경우

　㉠ 이들은 번상병이라 칭하였는데, 조선 전기에 번상병은 대체로 8교대로 2개월씩 서울에서 근무했습니다. 충청도의 경우는 오늘날 수도방위사령부의 예하 사단이라 할 수 있는 5위 도총부 예하 의흥위라는 부대에 근무하였습니다.

　㉡ 그렇다면 16세에서 60세에 이르는 군인들은 8교대로 2개월씩 서울의 군부대에서 근무할 경우, 2개월은 군 복무를 하고 14개월은 집에서 농사를 짓는 것을 반복했지요. 이는 21세기 동원예비군이 1년 평균 2개월 이상 지정된 부대에 동원되는 것과 유사하지요.

　㉢ 결국 44년 기간에 실제로 군복을 입고 군 복무하는 기간은 5년 6개월이고, 나머지 38년 6개월은 예비군처럼 농사지으며 생업에 종사하는 기간이었습니다.

　㉣ 그러나, 서울에 근무하려면 교통비와 생활비도 더 많이 들고,

국왕을 가까이서 경호하는 부대인 만큼 군기도 엄하였기 때문에 이를 기피하려고 지방군처럼 포를 대납하고 군 복무를 면제받는 군졸들이 증가하였습니다. 그 결과 임진왜란 시 이일 장군이나 신립 장군이 관군을 모집했을 때는 실제 싸울 만한 군졸들이 거의 없었지요.

㉤ 임진왜란과 병자호란 후에는 이런 제도를 개선하여 5군영을 설치했고, 특히 미스터 하멜이 근무했던 훈련도감은 직업군인들로 편성했습니다. 그러나 나머지 어영청, 수어청, 총융청, 금위영의 경우는 국가 재정이 어려워, 각 지방의 번상군들로 편성을 했습니다. 그러나 5군영의 경우에도 효종 이후에는 제대로 유지되지 못하였습니다. 미스터 하멜이 7년에 한 번씩 2개월 동안 국왕을 호위하기 위해 교대로 근무하는 지방군인들을 본 것은, 사실은 훈련도감을 제외한 나머지 부대(어영청 등)에서 교대 근무를 하는 지방군인을 본 것이지요. 어영청의 경우, 전시 완전편성 인원이 21,000명이나 평시에는 1,000명씩만 교대로 근무했기 때문에 교대 시기는 7년에 한 번이 아니고, 3년 6개월에 한 번씩 2개월간 교대 근무를 하였습니다. (한국민족문화대백과사전, '어영청')

㉥ 특히 효종 이후에는 조선에 큰 전쟁이 없다 보니, 북벌 의지는 고사하고 상무정신과 같은 정신전력조차 약화되었습니다. 이와 병행하여 군졸들의 처우개선과 무기체계 개발도 소홀히 하여, 결국 임오군란을 야기하고 조선은 멸망의 길로 들어서게 되었습니다.

(11) 당시 군졸들의 생활상 : 조선 시대 군졸들의 불평불만과 조치

저자 : 다음 질문입니다. 당시 조선 시대 군졸들의 주된 불평불만은 무엇이었고, 이를 어떻게 해결했는지 궁금합니다. 특히 군졸들도 불평불만을 군 통수권자에게 직접 건의하였는지요?

하멜 : 조선 국왕의 권위는 절대적이며, 모든 일을 자기 뜻대로 처리하는 것으로 알고 있습니다. (이병도, 하멜표류기, p. 68)

저자 : 아닙니다. 군 통수권자 중에는 자기 마음대로 하다가 폐위된 경우도 있었고, 또한 이를 제지하는 기관도 있습니다. 특히 백성들과 군졸들도 자신들의 억울한 사정이나 민원을 직접 작성하여 국왕이 행차할 때 직소하는 '상언(上言)'이라는 제도가 있었습니다.

하멜 : 저도 서울에 있으면서 국왕이 행차할 때, 국왕 수행원 한 명이 빈 상자를 들고 따라가는 것을 보았습니다. 그리고 억울한 사정을 청원하고 싶은 백성들이 청원서류를 긴 장대에 달아서 그 상자에 집어넣는 것을 보았습니다. 저는 이런 직접 청원을 일반 백성들만 하는 줄 알았는데, 군졸들도 참여했군요. (앞의 책, p. 226)

저자 : 예, 맞습니다. 미스터 하멜이 3년간 근무했던 훈련도감 군졸들이 인조~영조 재위 시절에 군 통수권자에게 직접 소원수리한 건수는 60건이나 됩니다. 내용 대부분은 훈련도감에 편성된 군병과 군보 지정을 빼달라는 보직 조정 요구부터 처우 개선 건의 등이 있었지요. 이에 대해 군 통수권자는 가족들을 데리고 서울에 올라와

생활하는 군병들의 생계를 고려하여 이들의 상업 활동을 허용하였고, 다른 건의 내용도 비교적 이른 시일 안에 합리적으로 해결해주었습니다.[78]

 이와 같은 제도는 시사하는 바가 큽니다. 당시 서울에 있는 부대는 훈련도감 1개 부대에 추가하여, 3개 부대(어영청, 수어청, 총융청)가 있었으므로, 이들 부대 군졸들이 군 통수권자에게 직접 소원수리한 건수를 모두 합치면 몇 백 건이나 되는데, 군 통수권자가 일일이 확인하고 필요한 조치를 하였습니다.

 미스터 하멜을 포함하여 독자들은 조선의 국왕들은 절대적인 권위를 갖고 있었다고 생각하는데, 동서고금을 통해 조선의 군 통수권자들처럼 일반 백성은 물론, 군졸들의 청원까지 직접 확인하고 필요한 조치를 해준 것은 드문 사례였다고 생각합니다. 이런 분위기로 인하여 해미읍성을 포함한 지방 군부대에서도 군졸들이 불평불만을 상급 지휘관에게 건의하면, 호의적인 상급 지휘관은 이를 해결하려고 노력했을 것입니다. 시대를 초월하여 군대의 불평불만은 어느 나라나 많이 있습니다. 혹시 미스터 하멜은 하늘에서 21세기 네덜란드 군인들의 주된 불평불만이 무엇인지, 그리고 네덜란드에서 이를 어떻게 해결했는지 지켜보셨나요?

 하멜 : 네덜란드에서는 그동안 남자들만 군 복무했는데, 남녀평등

---

78 심재우, 『訓局謄錄』 인조~영조대 上言에 대한 연구(장서각, 2015), pp. 113~114, 내용 요약

시대에 여자도 군 복무를 해야 한다는 여론으로 인하여 네덜란드 정부는 이스라엘, 스웨덴, 노르웨이 등의 여성 징병제를 참고하여, 최근에 여자도 군 복무를 하는 방안을 마련했습니다. 또한 군 복무자 처우 개선으로, 군 복무 가산점과 복지혜택 등의 방안을 강구하고 있습니다.

저자 : 현재 한국의 경우에도 여성 징병제와 군 복무자 처우 개선이 이슈인데, 합리적인 방향으로 해결될 것으로 생각합니다. 저는 개인적으로 군 복무 중인 현역 용사들에게는 매월 최저임금 정도는 지급하고, 예비군들도 훈련에 동원될 때마다 최저임금 수준의 일당을 지급하는 것이 마땅하다고 생각합니다. 물론 군 복무자에 대한 가산점과 복지혜택 등도 병행되어야 한다고 생각합니다.

한국의 경우에는 현재 출산율 저하로 여성 징병제 문제가 활발히 논의되고 있지만, 이는 마지막 카드라 생각됩니다. 선진국처럼 직업 예비군 제도를 도입하는 것도 한 방안입니다. 한국의 동원예비군은 2박 3일 동안 훈련을 받는데, 이런 훈련을 받고 실전에서 전투력을 발휘하기는 어렵습니다. 미국 육군 예비군의 경우에는 매달 1회씩 주말에 1박 2일간 훈련을 받는데 1년이면 24일입니다. 여기에 추가하여 1년에 약 2주간 집중 훈련을 받습니다. 이렇게 매년 평균 약 40일간 훈련을 받은 예비군들은 걸프전, 이라크전, 아프간전에 참전하였습니다.

중요한 것은 미국의 예비군 중에는 대학생들이 많이 있는데, 이들은 매달 주말에 한 번씩 1박 2일 그리고 방학 때 2주간 훈련을 받으면 대학 등록금을 마련할 수 있습니다. 한국에서도 이런 제도를 도입한다면 군 복무를 마친 대학생들이 예비군훈련을 받고 등록금을 마련할 수 있고, 국가에서는 예비군 전투력을 획기적으로 강화할 수 있습니다.

(12) 21세기 독자들과 대화

저자 : 그동안 저를 포함하여 해미읍성을 방문한 독자들은 이곳에서 군 복무를 했던 군졸들의 생활상에 대해 잘 몰랐습니다. 사실은 알고 싶어도 군졸들이 남긴 역사적인 사료가 제한되어 있기 때문입니다. 미스터 하멜은 비록 외국인 신분이었지만, 현재로 말하면 수도방위사령부 예하 최정예부대인 훈련도감과 전라도 향토방위 사단사령부에서 생활했기 때문에 그동안 대화를 통해 독자들의 여러 궁금증을 어느 정도 해소하여 주지 않았나 생각합니다. 이제 미스터 하멜께서 21세기 독자들에게 꼭 전하고 싶은 말씀을 해주시면 감사하겠습니다.

하멜 : 먼저 오랜 세월이 흘렀음에도 저를 기억해주시고 제 동상과 기념관을 건립해주신 한국 국민들에게 감사드리면서, 드릴 말씀은 다음과 같습니다.

첫째, 우방국가와 협력체계 구축입니다. 저는 2002년도에 네덜란드 출신 히딩크 감독과 한국의 축구선수들이 한마음이 되어 월드

컵 4강에 진출했을 때 너무나 기뻤습니다. 그리고 한국전쟁 시 네덜란드 군인들이 참전하여 많은 장병이 전사했지만, 이들의 희생이 한국을 위기에서 구하는 데 이바지했다는 것에 대해 자랑스럽게 생각했습니다. 이처럼 서로 필요로 할 때, 특히 한 국가가 위기에 처했을 때 도울 수 있는 국가가 있다는 것은 국가의 생존과 발전에 매우 중요하다고 생각합니다.

둘째, 조선과 네덜란드는 부국강병을 소홀히 했다가 국민들에게 고통을 준 유사한 역사가 있습니다. 네덜란드의 경우, 제가 살았던 17세기에는 유럽 열강의 하나로 전 세계에 식민지도 많이 있었습니다. 그러나 그 후 네덜란드는 안보 의식이 해이해지고 전쟁 준비를 소홀히 하였지요. 그 결과 2차 대전 시 독일의 침공에 제대로 대응하지 못하고, 약 5년간 독일의 지배를 받았습니다. 이 기간에 네덜란드는 25만여 명의 사상자가 발생했고, 33%의 국가 재산 손실이 있었습니다. 특히 14살 나이로 당시의 참상을 기록하다가 숨진 안네 프랑크의 일기는 패전 국가의 비극을 후세 사람들에게 생생하게 전해주고 있습니다.[79]

---

79   신종태, 『세계의 전쟁 유적지를 찾아서』(청미디어, 2020), pp. 304~305 & pp. 321~322

■ 다산 정약용(천주교 신자, 해미읍성 유배 생활)

저자가 정약용과 인터뷰를 시도한 이유는?

일반적으로 해미읍성을 방문한 독자들이 정약용과 천주교에 대해 얻을 수 있는 정보는 아래와 같다.

첫째, 해미읍성 소개 안내판과 팸플릿에는 정약용이 과거급제 후, 해미읍성에 10일간 유배되었다는 내용은 없다.

둘째, 해미읍성 소개 안내판과 팸플릿에는 해미읍성에서 천주교 신자를 1,000여 명을 처형했다는 내용과 유적은 많이 있다.

위와 같은 제한된 정보를 인지한 독자들은 나름대로 정약용 유배와 천주교 신자 처형에 대해 대체로 다음과 같은 상상을 하게 될 것이다.

첫째, 정약용은 젊은 시절 천주교 신자였으며, 당시 조선 최고의 실학자이자 과학자로 백성들이 잘 사는 나라를 이룩하기 위해 많은 업적을 남기고, 특히 관련 저서 500여 권을 남긴 인재 중의 인재였다. 이런 훌륭한 인재를 왜 당시 조정에서는 그를 해미읍성과 강진에 귀양을 보냈을까?

둘째, 해미읍성과 인근 해미읍성 순교 성지를 방문한 독자들은 당시 천주교 신자들을 극악무도하게 처형한 당시 조선 정부와 해미읍성 관리들을 원망하게 된다. 그러나 당시 천주교 신자들을 처형한 죄목은 조상 제사를 거부했다는 것인데, 현재는 천주교에서 조상 제사를 허용하고 있다. 이는 당시 로마 교황청에서 제사에 대해 잘못 인식하고 있었다는 방증이다. 그렇다면 당시 해미읍성과 전국에서 천주교 신자들이 억울하게 죽게 된 책임은 누구에게 있는가?

따라서 저자는 **다산 시문집을 포함한 사료와 한국천주교사에 제시된 내용을 토대로**, 누구의 잘못으로 수많은 천주교 신자들이 희생되었는지를 규명하기 위해, 당시 최고의 지성인이었던 정약용과 아래의 순서대로 인터뷰를 시도하였다.

① 문안 인사
② 해미읍성 유배 전, 유배 중, 유배 이후 주요 활동
③ 해미읍성과 전국에서 천주교 신자들을 처형한 책임 문제
④ 21세기 다산 목민 실천 방안
⑤ 21세기 독자들과 대화

(1) 문안 인사

저자 : 21세기 어느 군인이자 천주교 신자가 지금부터 약 230년 전인 1790년에 해미읍성에서 10일간 유배 생활을 했던 다산 정약용 선생님과 대화를 나누기 위해, 경기도 남양주시에 있는 선생님 생가인 여유당과 실학박물관(2022. 5. 10.) 그리고 전라남도 강진군에 있는 다산초당과 다산박물관을 찾았습니다. (2022. 5. 11.)

또한 조선 시대 최고 학자이시며 공직자였던 선생님과 대화에 앞서, 선생께서 개발하신 조선 최고의 첨단기술인 거중기도 살펴보고, 이를 이용하여 구축한 수원 화성도 방문했습니다. 그리고 나름대로 선생님께서 저술하신 사료들을 공부하였습니다. 그러나 내용이 너무 방대하여 일부만 보고, 선생님 묘소를 찾아서 감히 대화를 청하는 것이 송구할 뿐입니다. 그러나 시대를 초월하여 부국강병은

물론, 조선 시대 천주교 신자 박해와 관련하여 궁금증이 많은 저와 21세기 독자들에게 많은 가르침을 부탁드립니다.

정약용 : 송구하다니요? 사실 당시에는 제 나름대로 국가와 백성을 위하는 마음으로 여러 활동을 했지만, 지금은 시대가 변하여 별로 활용할 것이 없으리라 생각합니다. 그러나 문화재청, 남양주시, 강진군, 그리고 저자와 많은 독자의 관심과 배려에 오히려 제가 송구하고 감사할 뿐입니다. 자, 궁금한 것이 있으면 편하게 말씀하세요.

〈표준 영정〉 (출처 : 연합뉴스)[80]

〈경기도 남양주 정약용 묘소〉

---

80 『연합뉴스』(2009. 4. 17.), "안경 낀 다산 정약용 영정 새로 제작"

〈경기도 남양주시 소재 여유당(좌)과 실학박물관(우)〉

〈전남 강진군 다산초당〉

〈전남 강진군 다산박물관〉

저자 : 먼저 편한 질문부터 드리겠습니다. 선생님 묘소 입구에는 선생께서는 생전에 직접 작성하신 '자찬묘지명'이 있습니다. 통상 과거와 현재도 사람이 죽으면 묘지명을 지인들이나 후손이 작성하는데, 이는 선생께서 선생님의 생애(가족관계, 성장환경, 학문에 영향을 주신 분들, 주요 관직과 업적)와 종교관에 대해 직접 작성하였기에, 선생님과 대화를 나누고 싶어 하는 저자와 독자들에게 소중한 선물입니다. 자찬묘지명은 언제, 그리고 왜 작성하였는지요?

〈정약용 선생이 직접 작성한 '자찬묘지명'[81]〉　　〈다산 선생 묘소 입구 '자찬묘지명'〉

정약용 : 자찬묘지명은 제가 천주교인이라는 죄목으로 억울하게

---

[81] 자찬묘지명은 한자로 된 것을 '민족문화추진회'에서 한글로 번역하였다. 민족문화추진회는 2007년에 '한국고전번역원법'이 제정되면서, 같은 해 11월에 설립된 '한국고전번역원'의 전신이다. 한국고전번역연구원은 조선왕조실록, 승정원일기는 물론, 삼국시대 이후 정약용 선생과 같은 주요 인물의 문집을 비롯한 고전문헌을 번역하여, 한국고전종합DB(https://db.itkc.or.kr)를 통해 독자들에게 제공하고 있다. 자찬묘지명은 본 웹사이트에 접속하여 '고전번역서' - '다산시문집 제16권'을 클릭하면, "묘지명"에 수록되어 있다. 묘지명에는 문집에 수록할 목적으로 작성한 '집중본(集中本)'과, 무덤 속에 넣기 위해 작성한 '광중본(壙中本)'이 있다.

전라도 강진에서 18년간 유배를 마친 후, 고향으로 돌아와 60세인 회갑 때 작성했습니다. 묘지명을 제가 직접 작성한 이유는, 제가 젊은 시절에 천주교 서적을 보고 천주교 신자가 되었지만, 천주교의 제사 거부 주장은 제가 수용할 수 없어서 천주교와 단교했음에도 불구하고, 악한 사람(반대 당파)들이 저와 같은 종교관을 가진 사람들까지 모함하여 죽이거나 유배를 보냈습니다. 따라서 이러한 부당한 사실을 역사에 밝히고 싶었습니다.

(2) 해미읍성 유배 전 주요 활동

저자 : 선생께서 자찬묘지명에 제시한 억울한 사연과 한 맺힌 절규에 대해서는 잠시 후에 대화를 나누기로 하고, 먼저 해미읍성을 찾는 독자들을 위해 선생께서 해미읍성에 유배되기 전까지 주요 활동을 말씀해주시면 감사하겠습니다. 선생께서는 1789년 1월, 28세에 과거에 급제하시고, 약 1년간 공직생활을 하시다가 1790년(정조 14) 3월, 29세에 해미읍성으로 유배를 왔습니다.(다산 시문집 제1권) 이에 대해 21세기 독자들은 "29세에 해미읍성에 유배 온 정약용은 도대체 어떤 인물일까?"에 대해 현재의 기준으로 판단하여 아래와 같이 여러 상상을 하게 됩니다.

① 대학 졸업 후 9급 공무원 시험에 합격하고, 1년 공직생활을 한 20대 초급 공무원?

② 대학 졸업 후 고시에 합격하고, 1년 공직생활을 한 20대 중급 공무원?

③ 결혼은 했을까?
④ 과거시험을 준비하며 공부한 내용은? 실학과 서학도 함께 공부했을까?
⑤ 해미읍성에는 왜 유배를 오게 되었을까? 등

이와 같은 독자들의 궁금증에 대해 21세기 독자들이 이해하기 쉽도록 선생님의 답변을 부탁드립니다.

정약용 : 하하하. 21세기 독자들이 이해하기 쉽도록 답변을 요구하시는군요! 예, 최선을 다해보겠습니다. 사실 제가 한글의 우수성을 미리 알고, 21세기 독자를 위해 제 저술내용을 모두 한글로 남겼어야 했는데, 그렇게 하지 못했기에 항상 죄송한 마음을 갖고 있었습니다. 그러나 다행스럽게도 다산연구소, 한국고전번역연구원, 네이버문화재단, 한국인문고전연구소 등의 노력으로 제 저술내용들이 한글로 번역되어(한국고전종합DB '다산시문집', 네이버지식백과 '여유당전서') 인터넷에서 쉽게 활용할 수 있으니, 세부적인 내용은 이를 참고하시기 바랍니다.

저는 15세에 결혼을 하고, 22세에 성균관에 입학했으며, 28세에 과거에 합격하기 전까지, 과거시험 과목에 추가하여 실학과 서학도 공부를 했습니다. 그리고 저는 당시에 문과 과거시험(대과)에서 3등 안에 들면 현재의 고시 합격자와 다소 유사하게 중급 공무원(1등 : 종6품, 2등 및 3등 : 정7품) 자격을 부여하기에 열심히 노력하여, 2등으로 합격하였습니다. (다산시문집 제16권)

저자 : 선생께서는 28세에 대과에 합격하셨는데, 조선 시대에 28세 나이로 문과 대과에 합격한다는 것은 드문 일이었습니다. 왜냐하면 이퇴계 선생은 34세, 이율곡 선생은 29세, 그리고 권율은 46세에 합격을 했기 때문입니다. 그리고 현재 28세에 고시 합격한 남성의 경우, 공부하느라 결혼은 대부분 미룬 상태인데, 선생께서는 이미 15세에 결혼하시고, 과거 시험과목에 추가하여 실학과 서학을 공부하였으며, 공직생활도 말단 공무원부터 시작한 것이 아니라 중급 공무원인 정 7품부터 시작하였습니다. 그런데 과거시험 하나만 공부하기도 벅찼을 것인데, 이런 중요한 시기에 왜 실학과 서학을 공부하였나요?

정약용 : 당시 저는 공직에 계신 부친(호조좌랑, 화순 현감, 예천 군수 등)을 따라 서울과 지방을 다니면서 백성들이 어렵게 사는 것을 목격했지요. 이를 해결하기 위해서는 유학 위주의 과거시험 과목만으로는 부족하다고 고민을 하던 중에, 매부 이승훈(李承薰)이 전해준 이익의 성호사설을 비롯한 관련 서적을 보고 과학기술에 바탕을 둔 실학을 공부했습니다. 그리고 서학은 맏형인 정약현의 처남 이벽(李檗)으로부터 천주교 교리를 듣고, 이벽이 전해준 천주교 관련 서적을 보면서 서학을 공부했습니다. (앞의 책)

저자 : 선생께서는 22세에 성균관에 입학한 첫해부터, 정조께서 성균관 유생들에게 '중용(中庸)'에 관한 80여 조목의 질문을 내리고 답변을 요구했을 때, 선생께서 답변한 글이 1등으로 평가를 받으셨습니다. 또한, 성균관에서 매월, 그리고 열흘마다 치르는 시험에 우

수한 성적을 보이자 정조로부터 많은 상품을 하사받으면서, 정조의 총애를 받았습니다. (앞의 책)

그리고 선생께서는 28세에 과거급제 후에도, 경기도 고양 서삼릉의 희릉 직장, 승정원 가주서(假注書), 그리고 규장각에서 월과 문신으로 근무하면서 정조의 총애를 많이 받으셨습니다. 특히 1789년 한강에 배다리(주교, 舟橋)를 설치할 때에는 선생께서 정조께 여러 아이디어와 규제(規制)를 올려, 배다리 설치가 성공적으로 이루어지자 칭찬을 받으신 바 있습니다. 1789년 12월에는 선생께서 규장각에서 숙직할 때 정조께서 궁중의 음식을 하사하신 바도 있습니다. (다산시문집 제1권 및 16권) 그런데 왜 갑자기 정조께서 선생님을 해미읍성으로 유배를 보냈는지 궁금합니다.

정약용 : 1790년(정조 14) 봄에 김이교와 한림(翰林)에 천거되어 국왕의 측근인 예문관 검열(藝文館 檢閱)이 되었는데, 저는 제가 실력으로 당당히 예문관 검열이 되었다고 생각하였습니다. 그러나 저를 시기하는 반대파의 상소가 있었기에 저는 자존심이 상했죠. 정조께사은 숙배도 하지 않고 출사를 거부하는 글을 정조께 올렸습니다. 이런 일로 화가 나신 정조께서 저를 해미읍성에 유배를 보내신 것 같습니다. (다산시문집 16권)

(3) 해미읍성 유배 기간 중 주요 활동

저자 : 제 생각에는 정조께서 총애하는 선생님을 측근에 앉히려고

예문관 검열로 임명했는데, 선생께서 정조께 감사하다는 말은커녕 사직하겠다니 괘씸한 생각도 들었겠지요. 그러나 선생을 멀리 제주도나 강진으로 유배를 보내지 않고 서울에서 비교적 가까운 해미읍성으로 보낸 것은 일단 선생을 시기하는 반대파들의 주장을 들어주면서, 이들의 여론을 잠재우기 위해 잠시 머리를 식히고 오라고 해미읍성으로 유배를 보내지 않았나 생각합니다.

정약용 : 저도 그렇게 생각했습니다. 왜냐하면, 정조께서 저를 처벌하고 관직을 완전히 박탈할 뜻이 있었다면, 해미 현감이나 충청도 감사와 병사에 지시하여 죄인 취급을 하도록 지시하였겠지요. 그러나 해미 현감이나 주위의 수령들도 저를 따뜻하게 대해주셨습니다.

저자 : 그러면 유배 지시를 받고, 서울에서 해미읍성까지 어느 경로로 오셨고, 그때 느낀 감정은 어떠했는지요?

정약용 : 그때가 제 나이 29세가 되던 1790년 3월 10일입니다. 저는 책 보따리 꾸려 묶고 도성문을 힘없이 나서면서 정조께 총애받던 시절이 꿈속처럼 아련히 느껴졌지요. 그리고 동작나루를 건너 수원에서 하룻밤을 자면서 편히 사는 시골 백성들이 부러웠습니다. (다산시문집 1권)

저자 : 현재는 고위 공직자들을 대상으로 인사청문회를 합니다. 여러 문제점과 비리가 나오더라도 대부분 사퇴하지 않고 임명되는

편인데, 선생께서는 어떤 문제점이나 비리가 나온 것도 아닌데, 선비의 자존심으로 사퇴를 하시고 책 보따리 꾸려 해미읍성으로 오셨군요. 그러면 해미읍성에 도착하시어 느낀 감정은 어떠했는지요?

정약용 : 시 한 수로 해미읍성에 도착하여 느낀 감정을 표현하겠습니다. (앞의 책)

〈탱자꽃〉 (출처 : 위키피디아)

빙 두른 외로운 성 탱자꽃이 피었는데(孤城匼匝枳花開)
포구의 조수 빛이 새파랗기 술잔일레(浦口潮光綠似杯)
적막할 사 봄 진흙 붙어 있는 깨진 난간(漠漠春泥黏破檻)
백 년 이래 바닷물 들어오지 않았나 봐(百年無復海浪來)

저자 : 당시에도 해미읍성에는 적의 접근을 저지하는 탱자나무가 많았군요. 해미읍성에서 드신 음식 중에서 특별한 것이 있었나요?

정약용 : 답변은 시 한 수로 표현하겠습니다. (앞의 책)

〈굴 = 석화〉 (출처 : 위키피디아)

    소동파만 특별히 굴 즐긴 건 아니거니(非是東坡別嗜蠔)
    아침 밥상 밀직을 뉘라서 탐을 내리(朝盤蜜喞有誰饕)
    석화가 이제 금방 성연에서 들어오니(石花新自星淵至)
    갯가 보리 누럴 무렵 그 맛 한결 높고말고(浦麥黃時味更高)

  저자 : 서산 어리굴젓은 지금도 유명한데, 당시 선생께서는 서산의 특산물인 굴을 드시고 중국의 소동파도 부럽지 않다고 하셨군요. 혹시 해미읍성 인근의 고향이 홍성인 남구만 선생에 대해서 잘 알고 계셨나요?

  정약용 : 약천 남구만 선생은 홍성 거북이 마을이 고향이고, 숙종 때 영의정을 세 번이나 하신 분인데, 청렴하시고 부국강병을 위해 많은 업적을 남기셨습니다. 특히 그분은 나라가 발전하려면, 공직자들은 물론 일반 백성들도 부지런해야 한다면서 독자들도 잘 아는 시[82]를 남겼기에, 저도 같은 마음을 담아 시 한 수를 남겼습니다. (앞의 책)

---

82 '동창(동쪽하늘)이 밝았느냐 노고지리(종다리) 우지진다. 소먹이는 아이는 아직도 안 일어났느냐? 고개 너머 이랑이 긴 밭을 언제 갈려고 하느냐'

〈약천초당〉 (출처 : 홍성군청)

꽃 지고 꾀꼬리 우는 한 뙈기 터 옛집에(花落鸎啼一畝宮)
약천 옹의 남긴 자취 다분히 느끼겠네(七分省識藥泉翁)
소년 시절 맑은 논의 소부 마음 애틋하고(少年淸議哀蕭傅)
만년이라 높은 담론 기공을 배웠다네(晚節高談學綺公)

저자 : 해미읍성에 계시는 동안, 태안 군수 유헌가와 함께 현재 충남 서산시 운산면 신창리 상왕산에 있는 개심사를 방문하고 하룻밤을 묵으셨다는데, 개심사에서 주변을 바라본 소감은 어떠했는지요?

〈개심사〉 (출처 : 서산시청)

정약용 : 절경이었습니다. 이에 대한 소감은 시 한 수로 표현하겠습니다. (앞의 책)

우뚝 솟은 동대에서 너른 바다 굽어보고(東臺嵒巚府層溟)
승방에 길손 이르니 술병이 놓여 있네(客到僧房有酒甁)
도라지 캐 돌아올 제 두 갈래 길 새파랗고(桔梗採歸雙徑綠)
꾀꼬리 울음 그치자 한 뫼가 푸르고녀(栗留啼罷一峯靑)
구름과 솔 저 멀리 안면도가 분명한데(雲松遠識安眠島)
바람 안개 그 속에 영보정이 잠기었네(風靄全沈永保亭)[83]
우연히 서로 만나 작별 또한 아쉬워(萍水相逢還惜別)
숲속에 말을 매고 날 저문 줄 모르네(中林繫馬到昏冥)

저자 : 지금까지 선생님의 해미읍성 유배 행적을 살펴보면, 유배를 오신 건지? 유람을 오신 건지? 구분이 어렵습니다. 이를 뒷받침하듯이 선생께서는 해미읍성에 유배된 지 10일 만에 사면을 받았습니다. 사면받고 느낀 소감은 어떠했는지요?

정약용 : 감사한 마음과 죄송한 마음을 담아 시 한 수를 남겼습니다. (앞의 책)

---

83   영보정(永保亭)은 현재 충남 보령시 오천면에 소재하고 있으며, 조선 시대 충청 수사가 주둔했던 충청수영성 북쪽 구릉에 건립된 정자다.

〈탱자꽃〉 (출처 : 위키피디아)

탱자꽃 성 마을에 대궐 꿈을 꾸던 중(枳花城邑夢丹墀)
천상 금계 움직여 금방 사면이 되었네(天上金鷄放未遲)
이웃집서 보내온 병술 아직 남았는데(隣餼尙贏壺裏酒)
보따리엔 객창의 시 지은 게 전혀 없네(客游全少橐中詩)
비 내린 산정에는 매실이 살이 찌고(山亭送雨團梅子)
봄이 지난 역마 길엔 버들가지 치렁치렁(驛路經春長柳絲)
돌보아주신 임금의 후한 마음 입었지만(縱荷莖心紆眷顧)
황혼이라 가기에 감히 가지 못할레라(黃昏不敢赴佳期)

저자 : 지금까지 선생님의 행적을 종합해보면, 선생께서는 당시 평화로웠던 해미읍성과 영보정이 있는 충청수영성에서 장차 천주교 신자들이 피비린내 나는 수난을 받을 것이라고는 전혀 생각하지 못한 것 같습니다. (그리고 앞으로 선생님에게 닥칠 수난도…!)

(4) 해미읍성 유배를 마친 후, 주요 관직 및 활동

저자 : 해미읍성에서 유배 이후에는 주로 어떤 관직에 있었는지요?

정약용 : 1790년 3월에 해미읍성 유배를 마친 후, 1801년(순조 1)에 천주교인이라는 제목으로 강진으로 유배되기 전까지 주요 관직은 다음과 같습니다. (앞의 책 제16권)

① 예문관 검열(藝文館檢閱)
② 사헌부 지평(司憲府持平)
③ 사간원 정언(司諫院正言)
④ 홍문관 수찬(弘文館修撰)과 교리(校理)
⑤ 성균관 직강(成均館直講)
⑥ 비변사 낭관(備邊司郎官)
⑦ 경기 암행어사(1794년. 33세)
⑧ 사간원 사간(司諫院司諫)
⑨ 승정원 동부승지(承政院同副承旨), 우부승지, 좌부승지
⑩ 병조참의
⑪ 곡산 도호부사(1797년, 36세)
⑫ 형조참의(1799년, 38세)
* 정조 : 1800년 6월, 49세 나이로 승하, 당시 정약용 나이 39세

저자 : 선생께서는 수원화성을 설계하시면서 공사하는 백성들의 고통을 덜어주기 위해 거중기를 발명하셨는데, 언제, 어떤 자료들을 참고하였나요?

정약용 : 저는 31세에 성(城)을 설계하면서, 국내 자료로는 서애 류성룡 선생의 '성설(城說)'과 외국 자료는 명나라 윤경의 '보약(堡約)'

을 참고했습니다. 그리고 거중기 설계는 정조께서 제공해주신 '고금 도서집성'과 '기기도설'을 참고했습니다. (앞의 책)

저자 : 선생께서 설계하신 수원화성은 경제적·효율적·과학적으로 구축되었기에 1997년 유네스코 세계문화유산으로 등록되었습니다. 저자가 군사적 측면에서 분석해보면, 수원화성은 서애 류성룡 선생이 임진왜란 시 제시한 당시 조선의 성들의 문제점과 개선방안들이 반영되었기에, 당시로써는 가장 전술적으로 구축되었다고 생각합니다.

대표적으로 성문을 은폐하고 성문에 접근한 적을 측방과 후방에서 공격할 수 있도록 성문 앞에 설치한 옹성(甕城), 성곽 외부에 깊은 도랑을 파서 적의 접근을 차단하는 해자(垓子), 성벽에 대포를 설치하기 위해 만든 누각인 포루(砲樓), 성벽을 일부 돌출시켜 성벽에 접근한 적을 정면 또는 측면에서 공격할 수 있는 치(雉), 성벽 위에서 아군이 몸을 숨기고 총안을 통해 적을 공격할 수 있도록 설치된 여장(女墻) 등이 조선 시대 성(城) 중에서 가장 전술적입니다.

21세기 독자들이 가장 아쉬워하는 것은, 조선 시대 후기에 개혁 군주인 정조가 49세의 젊은 나이에 승하하지 않았다면, 선생께서 정조와 함께 조선을 더 부국강병의 나라로 만들어 일제 침략도 막아내고, 백성들도 평등한 사회에서 신나고 살맛 나는 나라에서 생활하였을 텐데, 정조의 승하와 함께 선생께서 39세의 젊은 나이로 관직을 마감하고 더 큰일을 하지 못하신 것입니다. 그러면 선생께서는 1781년부터 경상도 포항 장기와 전라도 강진에서 18년간 유배 생활을 하시면서 주요 활동 사항이 궁금합니다.

  정약용 : 대표적으로 저는 제가 생전에 다 이루지 못한 것을 후배 공직자들이 올바른 행정을 통해 백성 한 사람이라도 혜택을 입었으면 좋겠다는 바람을 담아 '목민심서'를 저술했습니다. 또한, 당시 법과 제도를 근본적으로 개혁하여 온 천하 사람들이 편하게 살 수 있는 부국강병의 나라를 만들자는 뜻을 담아 '경세유표'를 저술했으며, 형사사건을 다루는 관리들의 자세를 제시한 '흠흠신서'를 저술했습니다.

  저자 : 지금까지 설명하신 저서는 선생님의 대표작인 '1표 2서'이고, 이 밖에도 많은 저술을 하신 것으로 알고 있습니다. 소개 부탁드립니다.

  정약용 : 저는 유배지에 있던 18년 동안 경전 연구에 온 마음을 기울여, 시(詩)·서(書)·예(禮)·악(樂)·역(易)·춘추(春秋) 및 사서(四書)의 여러 주장을 연구하여 저술한 것이 모두 230권입니다. 정밀하게 연구하고 오묘하게 깨우쳐서 옛 성인의 본래 취지를 알아내어 밝힌 것이 많았지요. 시문(詩文)을 엮은 것은 모두 70권인데 조정에 있을 때 지은 작품이 많았습니다. 나라의 전장(典章) 및 백성을 다스리는 일과 옥사, 국방, 국토 지리, 의약, 문자 등을 분석하여 편찬한 저술이 거의 200권입니다. (네이버 지식백과, 여유당전서 16권)

저자 : 그러면 18년간 유배를 마치고 고향으로 오시어 1836년, 75세의 일기로 운명하시기 전까지 주요 활동이 궁금합니다.

정약용 : 저는 고향에 와서 제가 평생 저술한 내용들을 모아 '여유당집(여유당전서)'으로 정리했는데, 임종 직전에 총 182책 503권이 되었습니다. 그리고 앞서 말씀드린 제 묘소 입구에 있는 '자찬묘지명'도 제가 고향에 와서 60세인 회갑 때 작성했습니다.

(5) 해미읍성과 전국에서 천주교 신자들을 처형한 책임 문제

저자 : 당시의 백성들과 21세기 독자들은 선생께서 천주교인이라는 죄목으로 평생 수난을 받고, 더 큰일을 하지 못하신 것에 대해 아쉬워하고 있습니다. 더욱 안타까운 것은 당시 천주교 신자들을 처형한 죄목은 조상에게 제사를 지내지 않았다는 것인데, 현재는 천주교에서 조상에게 제사를 지내는 것을 허용하고 있습니다. 이는 당시 로마 교황청에서 제사에 대하여 편향되게 인식하고 있었다는 방증입니다.

그렇다면 선생께서 천주교인이라는 죄목으로 평생 수난을 받았고, 또한 당시 해미읍성과 전국에서 천주교 신자들이 억울하게 죽게 된 책임은 누구에게 있는지 묻고 싶습니다. 먼저 선생님은 천주교를 언제 누구를 통해 알게 되었으며, 조상에게 제사를 지내는 문제에 대해서는 어떻게 생각하시고 있었나요?

정약용 : 제가 직접 작성한 '자찬묘지명'에 제시된 바와 같습니다.

"그 후 상상(上庠)[84]하여 이벽을 따라 노닐면서 서교(西敎)[85]의 교리를 듣고 서교의 서적을 보았다. 정미년(정조 11, 1787) 이후 4~5년 동안 자못 마음을 기울였는데, 신해년(정조 15, 1791) 이래로 국가의 금령이 엄하여 마침내 생각을 아주 끊어버렸다."

저자 : 명확한 답변을 주시어 감사합니다. 현대적 의미로 쉽게 표현하면 선생께서는 22세에 서울에 있는 대학에 입학하여, 대학 친구이자 친척인 이벽(선생님 첫째 형님 정약현의 처남)으로부터 천주교 교리를 듣고 관련 서적을 보았으며, 그 후 4~5년 동안 천주교에 심취했으나, 1791년 이후로 천주교를 아주 완벽히 끊었다는 말씀이십니다. 그리고 신해년인 1791년에는 선생님의 친척인 윤지충(선생의 외사촌)과 권상연(윤지충 외사촌)이 윤지충의 어머니가 사망하자 제사도 지내지 않고 신주를 불태운 '진산사건'으로, 천주교인들을 탄압하는 '신유박해'가 있었습니다. 그렇다면 선생께서는 천주교에서 조상에게 제사를 거부하는 것에 대해 반대하셨습니까?

정약용 : 예, 조상 제사 금지는 자식의 도리가 아니므로 반대했습니다.

---

84 '상상(上庠)'이란 의미는 '성균관에 입학했다'는 것인데, 다산은 22세에 성균관에 입학하였다.
85 '서교(西敎)'란 현재의 '천주교'를 의미한다.

저자 : 그러면 왜 당시 로마 교황청에서는 조상제사를 조상에 대한 효도와 미풍양속으로 보지 않고 거부했습니까?

정약용 : 예, 1790년 베이징에 머물던 구베아 주교가 로마 교황청의 지시라면서 조선 천주교 신자들에게 제사 금지령을 내렸습니다. 제사 금지령을 내린 이유는 조선에서는 사람이 죽으면 나무 조각에 죽은 사람의 이름, 관직 등을 기록하고 끝에 'ㅇㅇㅇㅇㅇㅇ神位'(ㅇㅇㅇㅇㅇㅇ신위)라는 신주를 안치하였는데, 로마 교황청에서는 이를 미신으로 판단한 것 같습니다.

저자 : 선생님과 당시 천주교 신자들은 시대를 잘못 태어난 죄로, 그리고 종교지도자의 편향된 판단으로 해미읍성을 포함하여 전국에서 박해와 수난을 겪게 됩니다. 사실 저는 부모님이 천주교 신자였기에 태어날 때부터 현재까지 천주교에 다니고 있습니다. 그리고 1939년부터 천주교에서 제사를 허용하고 있기에, 저를 포함하여 많은 천주교 신자들은 부모님 기일과 명절 때 제사를 지내고 있습니다.

정약용 : 21세기 천주교 신자들이 부럽군요. 그러면 현재 천주교 지도자들은 당시 로마 교황청의 제사 금지령에 대해 어떤 생각을 하고 있나요?

저자 : 한국 천주교 주교회의에서도 아래와 같이, 당시 교회 지도

층의 편협한 태도로 인해 박해가 일어났다고 생각하고 있습니다.[86]

"박해가 일어난 데에는 그 당시 교회에도 일부 책임이 있었다. 동양에 천주교가 전래되었던 초기와는 달리, 교회는 18세기에 들어와서 동양의 문화를 이해하는 데에 너무도 인색하였다. 그리하여 동양의 미풍양속에 속하는 조상 제사마저 미신으로 간주하였다. 교회 당국의 이와 같은 생각은 동양의 기존 문화에 대한 전반적인 부정으로까지 해석되었으며, 이에 대한 반발이 천주교 박해라는 형식으로 나타났다. 이와 같은 조상 제사의 금지는 박해의 빌미가 되었고, 그때의 교회 지도층의 편협한 태도에 대해서도 박해의 한 원인을 찾을 수 있다. 교회는 1930년대에 이르러 조상 제사에 관한 문제를 다시 면밀하게 검토한 결과, 조상 제사에 담긴 부모에 대한 효성을 올바르게 평가할 수 있었다. 그래서 오늘날 한국 천주교 신자들은 조상 제사를 떳떳이 지낼 수 있게 되었다."

정약용 : 정말 억울합니다. 우선 당시 로마 교황청의 편향된 판단이 없었다면 저의 친척인 윤지충과 권상연이 처형되지도 않았을 것입니다. 그리고 저의 셋째 형님 정약종도 1801년 41세 나이로 서울 서소문 새남터에서 처형당하지 않았을 것이며, 저의 둘째 형님 정약전도 1816년 흑산도에 유배되어 그곳에서 58세에 운명하지 않았을 것입니다.

---

86   한국천주교주교회의, 『한국 천주교회 총람(2013-2017년)』(서울 : 한국천주교중앙협의회, 2018), p. 513

문제는 그 후로 숱한 천주교 신자들이 제사 거부로 인한 피비린 내 나는 처형도 없었을 것입니다. 그런데 일부 책임이 있다는 것은 무엇을 의미하나요? 물론 로마 교황청에서는 당시에 조선 백성들이 '조상님'이 아닌 '조상신'을 모시는 것으로 오해했겠지요.

저자 : 저도 같은 생각을 하고 있습니다. 왜냐하면 로마 교황 프란치스코가 2014년 한국을 방문한 주목적은 윤지충 바오로와 동료 123위 시복식이었고, 1984년 요한 바오로 2세의 방한 목적은 103위 시성식을 위함이었습니다. 로마 교황청은 한국 천주교회 초창기에 로마 교황청의 편향된 판단으로 억울하게 죽은 천주교인들의 시복시성도 중요하지만, 이와 함께 당시 로마 교황청의 편향된 판단에 대해 사과 내지는 유감을 표시했어야 한다고 생각합니다.

로마 교황청은 사실 사과를 하는 데 너무 인색하고, 시간이 오래 걸립니다. 왜냐하면 로마 교황청은 코페르니쿠스와 갈릴레이가 과학적인 근거로 주장한 '지동설'을 1633년 종교재판을 통해 이단으로 인정하고 온갖 박해를 하였습니다. 그 후 360년이 지난 1992년에 당시 재판이 잘못되었다고 인정하였고, 1999년에 로마 교황 요한 바오로 2세는 자신의 고국 폴란드를 방문하면서 폴란드의 과학자인 코페르니쿠스의 고향을 방문하여 사과를 한 바 있습니다. (위키피디아) 따라서 해미읍성 팸플릿이나 안내판에는 다음과 같은 내용이 추가로 소개되는 것이 바람직하다고 생각합니다.

'조선 후기, 당시 로마 교황청의 편향된 제사 금지령으로 인해, 전국 지방에서는 해미읍성과 홍주성처럼 진영장이 있던 곳, 공주 공산성처럼 감사가 있던 곳, 청주읍성처럼 병사가 있던 곳, 보령 수영성처럼 수사가 있던 곳, 그리고 서울은 포도청이 있던 곳에서 수많은 천주교 신자들이 억울하게 희생되었고, 이곳에 잠시 유배를 왔던 정약용은 로마 교황청의 제사 금지령으로 인해 천주교를 배교할 수밖에 없었다. 역사에 가정은 없지만, 당시 로마 교황청에서 동양의 미풍양속인 제사를 올바르게 인식하였다면, 백 년에 한 번 나오기 힘든 정약용을 비롯한 조선의 개혁 관리들은 조선을 더 평등하고 부국강병의 나라로 만들었을 것이며, 순교자들도 적었을 것이다.'

해미 국제성지[87]

① 국제성지란?

국제성지(순례지)는 많은 신자들이 로마 교황청의 승인 아래 특별한 신심 때문에 빈번히 순례하는 성당이나 그 밖의 거룩한 장소를 뜻한다. 해미 순교성지는 2020년 11월 29일 대림 제1주일에 '해미 순교성지'가 교황청이 승인한 '국제성지'로 선포되었다.

② 이미 선포된 국제성지는 몇 곳이 되는가?

㉠ 역사적 장소(3곳) : 이스라엘(예루살렘), 이탈리아(로마), 스페인(산티아고)

---

87 이하 내용은 해미 순교성지 홈페이지(http://www.haemi.or.kr)와 디지털서산문화대전의 '천주교 해미순교' 제공 자료를 토대로 저자가 재구성하였다.

ⓒ 성모 발현지(20곳) : 멕시코(과달루페), 포르투칼(파티마), 아일랜드(크녹), 프랑스(루르드), 이탈리아(로레토), 폴란드(체스토코바), 아르헨티나(성모대성당) 등

ⓒ 성인 관련 순례지(5곳) : 이탈리아(카시아, 성 리타), 프랑스(리지외, 성 데레사) 등

③ **해미 국제성지는?**

㉠ 이미 선포된 역사적인 장소, 성모님 발현지, 유명한 성인 관련 순례지와 비교하여 볼 때, 해미 국제성지는 유명한 성인이 있거나 특별한 기적이 있었던 곳은 아니나, 매우 독특함이 있다.

㉡ 해미 국제성지는 다른 어떤 순교지보다도 조선 후기 1백 년 동안의 박해 기간에 이름이 밝혀진 132명과 수천 명의 무명 순교자들이 더욱 참혹하게 핍박을 받은 곳이다.

㉢ 비록 그들은 윤지충, 권상연, 그리고 정약용 셋째 형인 정약종처럼 로마 교황청의 조상 제사 금지령을 따랐고, 제사 금지를 정치적으로 이용한 당시 특정 정파(노론)에 의해 희생되었지만, 그들은 죽는 순간까지 신 앞에 모든 인간이 평등한 새로운 세상을 꿈꾸며 하느님 안에서 기쁘게 살다가 기꺼이 죽음까지 맞이하였다.

㉣ 가톨릭 교회에서는 하느님 나라에서 그 누구보다 빛나는 이름을 받았을 무명 순교자들을 신앙의 모범으로 인정하고, 해미 순교성지를 '해미 국제성지'로 선포하였다.

〈해미 국제성지〉

④ 해미읍성의 순교자들은 얼마나 되나?

㉠ 1800~1839년 : 아래의 3명을 포함하여, 이름과 출신지가 파악된 순교자는 10명

• 1800년(순조 1) 1월 : 덕산 출신 인언민(세례명 마르티노)과 이보현(프란치스코)이 장살형(杖殺刑)을 받아 해미에서 처음 순교
• 1814년(순조 14) 10월 : 한국인 최초 신부인 김대건(안드레아)의 증조부인 김진후(비오)가 해미옥에서 10년간의 옥고 끝에 옥사

㉡ 1866~1868년 : 병인박해 기간에 이름과 출신지가 파악된 순교자는 122명

병인양요가 일어난 1866년(고종 3)과 대원군의 부친인 남연군 묘(현 충남 예산군 덕산면 소재) 도굴 사건이 발생한 1868년에 해미 순교자가 급증한 사실은 척사양이(斥邪洋夷)의 기치를 내건 조선 왕조의 의지와 해미 순교가 밀접히 연관되어 있다는 사실을 보여주고 있다. 참고로 병인박해 기간에 해미읍성 순교자는 122명이나, 전국적으로는 전국 각지에서 약 8,000명이 순교하였다.

㉢ 총계

1800년부터 1868년까지 이름과 출신지가 파악된 유명(有名) 순교자는 132명이나, 여기에 문헌상 자료를 토대로 순교한 것이 분명한 47명의 무명(無名) 순교자를 포함하면 총 179명이다. 그러나 구전(口傳)에 의하면, 파악된 순교자 외에 훨씬 더 많은 순교자(수천 명?)가 발생하였다고 전해지고 있다.

⑤ 사형집행 장소와 사형 방법은?

㉠ 해미읍성 서문 밖 순교지 : 교수형, 참수형, 백지사형, 동사형, 자리개질
㉡ 자리개질 : 돌다리 위에 순교자를 서너 명의 군졸들이 들어 올렸다가 돌에 메어치는 것

ⓒ 해미읍성 서쪽 여숫골(현 해미국제성지) : 생매장
　　ⓔ 여숫골 유래 : 순교자들은 죽음의 길을 걸으며 '예수 마리아'를 부르며 기도하였는데, 신앙이 없는 마을 사람들은 이를 '여수머리'로 들었기에, 저들은 이곳을 여숫골로 불렀음

(6) 21세기 다산의 목민 실천 방안

　저자 : 21세기 공무원들은 선생님의 여러 저서 중에서 '목민심서'를 많이 읽고, 선생께서 제시한 여러 아이디어와 사례들을 21세기의 여건에 맞게 실천하기 위해 노력하고 있습니다.

　정약용 : 그동안 세월이 많이 흘렀는데, 과연 제가 오래전에 제시했던 여러 아이디어와 사례들이 21세기에 활용될 만한 것들이 있는지 궁금합니다. 저자의 경우는 어떠했습니까?

　저자 : 사실 저는 목민심서에서 많은 보물을 발견했고, 덕분에 제가 공직생활을 하는 데 정말 크게 도움이 되었습니다.

　정약용 : 정말입니까? 기대됩니다. 대표적으로 몇 개만 소개해주기를 바랍니다.

　저자 : 그러면 공직자들에게 참고가 될만한 사례 몇 가지를 설명하겠습니다. 저는 대대장으로 근무할 당시, 사단의 전 대대장들은 책임 지역의 산 정상과 요충지에 두께 ○○cm의 대형 콘크리트 헬

기장을 각각 ○○개씩 구축하라는 임무를 받은 적이 있습니다. 당시 저는 부하들을 어떻게 하면 고생을 덜 시키면서, 임무는 완벽히 수행할 수 있을까 고민하다가 선생님의 수원화성의 벽돌 공법을 활용했습니다.

 선생께서도 잘 아시는 바와 같이, 벽돌은 표준화된 규격으로 제작할 수 있고, 휴대가 용이하기 때문에 공기 단축과 부하들의 고생을 덜어주는 1석 2조의 효과가 있었습니다. 그래서 가로 세로는 각 ○○cm의 보도블록 크기로 하고, 두께는 ○○cm의 거푸집을 만들어 거푸집 안에 시멘트 회반죽과 철근을 넣고, 보도블록형 콘크리트를 제작하였습니다. 이제 부하들은 시멘트, 모래, 자갈, 철근, 물 대신 개인이 휴대하기 적당한 보도블록형 콘크리트 1개씩만 갖고 산 정상에 올라가 단기간에 공사를 완벽히 완료하였습니다.

〈수원화성 벽돌(좌)과 헬기장(우)〉

 정약용 : 정말 수고 많았습니다. 그러면 제가 그렇게 강조한 애민(愛民) 사상을 실천한 적이 있는지요?

저자 : 예, 1991년 9월에 태풍 글래디스가 안동군 임하면에 내습하여, 지역주민들이 낙동강에 고립되었을 때, 한밤중에 연락받고 출동하여 소중한 인명과 재산을 구해준 사례가 있습니다. 이를 소개하는 이유는 평소에 인명구조에 가장 필요한 수단과 방법이 무엇인지를 생각하고 충분한 예행연습을 해야 위급 시 당황하지 않고 임무를 완수할 수 있으므로, 혹시라도 현재 공직자들에게 참고가 될까 하여 소개를 합니다.

〈저자의 인명구조 작전 보도자료〉 (출처 : 1991년 9월 2일 '경북 북부신문')

정약용 : 정말 애민(愛民) 사상을 행동으로 실천하였군요. 그런데 통상 9월에 태풍이 지나가면 벼도 쓰러지고, 과일나무의 과일들도 떨어지며, 제방과 논둑이 무너지는데, 저자께서는 어떤 대민 지원을 했나요?

저자 : 당시에 저를 포함하여, 군부대 지휘관들은 부하들과 함께

인명구조와 대민 지원에 솔선수범했습니다. 군부대 지휘관들이 이렇게 애민사상을 행동으로 실천한 것은 지휘관에게 주어진 임무이기도 하지만, 모두 선생의 목민심서를 읽고 지역주민을 사랑하고, 지역주민이 어려울 때 반드시 도와야 한다는 생각이 잠재의식에 내재되어 있었기 때문입니다. 참고로 안동 사과는 맛이 좋기로 유명하여 평소 한 박스에 2만 원에 거래되던 것이 그해에는 9월의 태풍과 우박 때문에 사과가 맛은 좋으나 상처로 인하여 가격이 박스당 5천 원으로 폭락하여 주민들이 울상이 되었습니다.

이를 고민하다가 장교들이 많이 교육받는 육군대학과 협조하여, 박스당 1만 원에 판매해주어, 다소나마 지역주민들의 아픔을 달래준 적이 있습니다. 이는 애민사상의 결과로 상호 Win-Win을 달성했기에 공직자 참고용으로 소개를 합니다.

〈저자의 대민 지원 사례 보도자료(1991년 11월 13일 '영남일보')〉

정약용 : 저자를 포함하여 공직자들이 애민사상을 행동으로 실천해주니, 제가 목민심서를 저술한 보람을 느낍니다. 그런데 지금까지 저자가 소개한 사례는 대대장 시절에 관련된 내용이고, 연대장을 하면서 부하 사랑과 강한 훈련을 실천했으리라 생각하는데, 몇 가지만 소개해주기를 바랍니다.

저자 : 먼저 부하 사랑은 부하들을 잘 먹이고, 잘 재우고, 잘 입히는 것은 기본이고, 평소 강한 훈련으로 유사시에 부하들이 자신의 생명을 보호하고 적을 격멸할 능력을 함양시켜 주는 것입니다. 따라서 저는 부하들 진급 시마다 병 공통 과목을 엄격히 측정하여 진급에 반영했습니다. 처음에는 부하 중에 70% 정도 적기 진급했지만, 점차 부하들이 스스로 노력하여 몇 달 후부터는 거의 모두 적기 진급을 했습니다. 이는 선생께서 평소 강한 훈련을 강조하신 바 있으므로 저도 신념을 갖고 추진했습니다.

사실 부하들이 훈련에 전념하기 위해서는 지휘관이 부하들을 내 자식처럼 사랑하고, 부하들의 고충을 적시에 해결해주어야 합니다. 이를 위해 소원수리를 선임병들과 함께 섞어놓고 내무반에서 받기도 하지만, 이렇게 하면 하급 병사가 선임병들 눈치를 보느라 진솔한 애로사항을 제시하지 못합니다. 그래서 저는 디지털 시대에 맞게 전군에서는 최초로 연대 전 장병들에게 제 이메일 주소가 담긴 명함을 나누어주고, 외출·외박·휴가 시, 개인적으로 애로사항과 미담 사례가 있으면 사연을 보내달라고 했습니다.

그러나 이런 사연은 당시 연대장실에 인터넷은 연결되어 있으나 광케이블이 아닌 동케이블로 연결되어 있어 접속 시간이 오래 걸려 사용하지 못하였습니다. 그래서 부대 주위 민간 PC방에 가서 일주일에 한 번씩 내용을 확인하고 필요한 조치를 해주었습니다.

정약용 : 조선 시대에도 일반 백성들이나 군졸들이 국왕이 행차할 때 직소하는 '상언(上言)'이라는 제도가 있었지요. 21세기 기준으로 말하면, 부하 장병들의 고충을 군 통수권자가 직접 알고 조치를 해준 것이지요. 하급 병사들의 고충은 주로 선임병, 부사관, 초급 장교들에 의해 발생합니다. 이를 예방하기 위해서는 부대 지휘관이 직접 해결해주는 것이 가장 현명한 방법이라 할 수 있습니다. 저자께서는 시의적절하게 조치했군요. 그러면 저자의 디지털 시대에 맞는 부하들 애로사항을 해결해주어 나타난 효과가 있었나요?

저자 : 부대장인 저를 보는 부대원들 눈빛이 달라지고, 사기 증진과 함께 전투능력이 향상되었습니다. 특히 자살사고나 안전사고 없이 부대가 안정되었고, 부모 자식의 관계와 같은 전우애가 형성되어 과거 함께 근무했던 전우들이 20년이 지난 현재까지도 SNS로 소통을 하며, 10년 주기로 부대를 방문하여 후배 장병들을 격려하고 있습니다.

〈2010년 10월 1일 전우들과 승리 을지부대 방문 및 후배 장병 격려〉

정약용 : 통상 부대 지휘관은 임기가 끝나면 부대원들의 관리 책임도 끝이 나지요. 그런데 저자께서는 평생 전우들과 후배 전우들에게 각별한 관심과 애정을 갖고 있군요. 이런 훈훈한 분위기는 전군의 지휘관과 부대원들에게 확산되었으면 좋겠습니다. 그리고 부대장 재임 중에 부하들의 고충을 해결해주기 위해 개발한 것이 있으면 소개 부탁합니다.

저자 : 선생께서 백성들의 고통을 덜어주기 위해 거중기를 포함하여 항상 새로운 발명품을 고안하였기에, 저도 따라 한 것이 있어 소개합니다. 전방부대에서는 매년 북한군들이 DMZ에 화공작전을 감행함에 따라 군인들이 진화에 고통이 많고, 특히 연기에 질식하는 사례도 종종 있습니다. DMZ와 전방 격오지에서 이런 화재가 발생하면, 길이 좁아 대형 소방차는 진입이 어렵습니다. 따라서 부하들의 고통을 덜어주기 위해 '경운기 소방차'를 개발하여 활용했더니, 매우 효과가 컸습니다.

〈저자가 개발한 경운기 소방차 보도자료(2001년 3월 29일 '강원일보')〉

정약용 : 저자도 잘 알고 있는 바와 같이, 나는 종교 문제로 평생을 고생한 사람입니다. 혹시 저자는 부대장을 하면서 종교 문제로 고생을 하지 않았는지요?

저자 : 결론부터 말씀드리면, 저는 시대를 잘 타고 태어나 종교 문제로 고생을 하지 않았고, 오히려 여러 종교 단체로부터 큰 도움을 받았습니다. 21세기에 모든 국민은 물론 군인들도 종교 선택의 자유가 있습니다. 그리고 종교를 선택한 군인들은 주말에 교회, 성당,

법당에서 종교행사를 할 수 있도록 여건을 보장해주고 있습니다.

특히 최전방 부대에 근무하는 군인들은 주말에 외부 종교 단체에서 위문 오는 것을 매우 환영하고 있습니다. 이렇게 제 부하들이 좋아하는 외부 종교 단체의 위문에 제가 천주교 신자라고 해서 다른 종교 단체의 위문을 소홀히 해서는 절대 안 되겠지요. 그래서 저는 여러 종교 단체에서 부대를 방문할 때마다 직접 영접하고 부대원을 대표해서 감사 인사를 드렸습니다.

정약용 : 정말 21세기 대한민국의 사회와 군대가 부럽군요. 그러면 저자께서 부대장을 하면서 모든 종교를 포용한 신앙전력화 노력이 부대 관리에 도움이 되었나요?

저자 : 천주교, 기독교, 그리고 불교 단체들로부터 너무나 많은 도움을 받았지만, 대표적인 사례 하나만 소개하겠습니다. 서울에 있는 사찰(기원정사, 설봉스님)에서는 신자들과 함께 한 달에 한 번씩 부대 법당을 방문하여 불교 신자 장병들을 대상으로 법회와 위문 행사를 했습니다. 저는 이분들이 우리 부대를 방문할 때마다 찾아뵙고 감사 인사를 드렸더니, 점차 사이가 가까워졌지요. 어느 날 주지 스님이 저에게 부대 지휘를 하면서 애로사항이 무엇이냐고 물어본 적이 있습니다.

그래서 저는 진중문고를 만들어주고 싶은데 책이 부족하다고 했더니, 신자 중에 출판사(도서출판 답게)를 경영하는 분이 얼마 후에

도서 1천여 권을 기증해주셨습니다. 그리고 이분들은 부대 부사관 자녀의 언청이 수술비용도 모금해주셨습니다.

〈기원정사 설봉 주지스님(좌), 도서출판 답게 장소님 대표(중), 위문품 전달해주는 신자들(우)〉

정약용 : 정말 감동적인 이야기입니다. 앞으로도 모든 종교가 부국강병에 기여하면 좋겠습니다. 다음은 제가 목민심서에서 강조한 백성들과 인재 교육에 관해 저자께서는 어떤 노력을 하였나요?

저자 : 저는 1998년부터 2년간 미국 육군교육사령부에 교환교수로 파견되어 근무한 적이 있습니다. 저는 교환교수로 근무하면서 선진 미 육군의 교육훈련, 교리, 무기체계, 부대편성, 리더십 등에 관해 좋은 제도를 우리 군에 전파하였습니다. 당시 미 육군은 소부대에도 인터넷 PC방을 설치해주고, 군인들이 어학 공부와 자격증 취득, 그리고 대학 학점 취득에 필요한 콘텐츠를 설치하여 스스로 공부할 수 있는 여건을 만들어주었습니다. 저는 이를 벤치마킹하여 2005년에 장군 진급 후 육군본부 정보화기획처장으로 근무하면서, 전군에 사이버지식정보방을 설치하였습니다.

이를 설치하는 데 가장 큰 애로사항은 예산 문제였습니다. 우리 군은 2000년대 중반부터 2010년대 중반까지 연차적으로 동케이블을 광케이블로 교체 중이었습니다. 계획대로라면, 2005년을 기준으로 육군은 향후 10년 동안 정보화시대의 장님이 됩니다. 2005년도에는, 초등학생들도 집에서 인터넷 PC에 쉽게 접속하여 숙제를 할 수 있었는데, 우리 군은 부하 ○천여 명을 거느린 연대장도 부대에서 인터넷 PC를 이용하지 못했습니다.

이를 해결하기 위해 저는 정부 관련 부처와 협조하여, 이를 '임대형 민자사업(BTL)'에 반영하여 10년이 소요되는 광케이블 구축 사업을 3년 이내로 단축하였습니다. 전군의 소부대까지 사이버지식정보방을 설치하여, 군인들이 군 복무를 하며 어학, 각종 자격증, 대학 학점을 획득할 수 있도록 조치하였습니다. 그 결과 지금까지 많은 용사가 이를 잘 활용하고 있으며, 심지어 대학 수능을 준비하여 수능 만점을 받은 사례도 있습니다. 당시 저는 이를 성사시키기 위해 당시 정보통신부 장관(진대제)과 간부들을 전방 부대에 초청하여 협조를 요청하였고, 정보통신부에서는 적극적으로 협조해주었습니다.

〈2005년 정통부장관(좌)과 저자(우)〉　〈사이버지식정보방의 원조 '자기개발교육장'〉

정약용 : 조선 시대에는 지방 향교 시설과 모집 인원, 그리고 서적들이 부족해서 이를 개선하기 위해 노력을 했고, 군에 복무 중인 군졸들의 자기개발을 위한 교육에는 소홀했는데, 21세기에는 군인들이 일과 후에 자기개발에 필요한 교육시스템을 갖추어 주었군요. 많은 군인이 이를 잘 활용하여 부국강병에 활용하면 좋겠군요. 그런데 21세기 한국군을 하늘에서 바라보면 걱정되는 것이 있습니다. 출산율 저하로 군에 입대할 자원이 줄어들어, 육군의 경우 병력이 60만에서 38만 규모로 감축을 하고 있는데, 북한 육군은 100만이 됩니다. 이에 대해 저자는 어떤 노력을 했나요?

저자 : 질문하신 내용은 제가 평생 고민한 내용입니다. 과연 18개월 복무하는 한국군 1명이 10년을 복무하는 북한군 3명과 싸워서 이길 수 있을까? 이런 문제를 해결하기 위해 국방부 차원에서 많은 노력을 기울이고 있습니다. 그러나 정치인들은 표를 잃을까 걱정되어 복무기간 연장에 부정적이고, 선진국처럼 모병제로 하여 직업군인들로 대체하려면 천문학적인 예산이 소요되므로 쉽게 추진이 어렵습니다. 또한 선생께서 강조하신 실전과 같은 대부대 연합훈련과 합동훈련도 정권에 따라 변동이 많이 있습니다.

나름 제가 고민하고 노력한 것은, 북한군과 싸우면서 반드시 국민의 귀한 자식인 우리 군인들만 싸우라는 법이 있는가? 선진국처럼 위험하고 힘든 곳에 로봇을 활용하여 이 문제 해결에 기여하는 것이었습니다. 이를 위해 저는 1998년부터 2년간 미국 육군 교육사령부에 교환교수로 근무하면서, 공중로봇(드론), 지상로봇, 해양로봇 소요 창출 현장과 실증시험 현장을 벤치마킹하였습니다. 2007년부터 한국 육군 교육사령부 전력발전부장을 역임하면서 산·학·연과 협조하여 로봇의 소요 창출과 실증시험을 하여 우리 군에 도입하였습니다. 2010년도에는 한국에서는 최초로 '그때는 거북선, 이제는 로봇'이라는 국방 로봇 관련 책자를 발간하였고, 2010년 전역 후에는 KAIST와 한양대학교에서 로봇 분야 강의와 연구개발을 하였습니다.

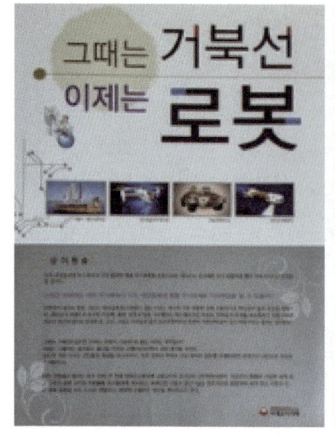
〈졸저 '그때는 거북선, 이제는 로봇'〉

〈저자가 연구개발에 참여한 무인굴삭기〉

(7) 21세기 독자들과 대화

저자 : 그동안 저를 포함하여 해미읍성을 방문한 독자들은 선생께서 왜 해미읍성에 유배를 오게 되었는지, 10일간의 해미읍성 유배 기간에는 어떤 활동을 하였는지를 포함하여 선생님의 생애와 주요 활동에 대해 궁금증이 많았는데, 선생께서 자상한 답변을 해주시어 감사드립니다. 그럼에도 불구하고 21세기 독자들은 선생께서 천주

교인이라는 죄목으로 평생 수난을 받고, 국가와 백성들을 위해 더 큰일을 하지 못한 것에 대해 못내 아쉬워하고 있습니다. 이제 선생께서 21세기 독자들에게 꼭 전하고 싶은 말씀을 해주시면 감사하겠습니다.

정약용 : 지금은 조선 시대에 비해 문제점들이 개선되었지만, 국민들이 신나고 살맛 나는 세상, 나아가 부국강병의 국가를 만들어줄 주역들에게 몇 가지 당부합니다.

첫째, 종교지도자들에게 당부합니다. 조선 시대에는 로마 교황청의 제사 금지령과 이를 번복하는 조치로 인해 많은 사람이 수난을 받고 희생되었습니다. 그리고 일제강점기에는 종교지도자들이 신사참배를 강요한 적이 있고, 최근에는 제주도 강정마을에 해군기지 건설 반대 운동으로 신자들을 분열시켰습니다. 교리(敎理)는 사람을 위해 있는 것이고, 사람들은 국가가 신과 정의를 부정하는 적국으로부터 보호를 해주어야 사람답고 안전하게 살 수 있습니다. 새로운 결정을 할 때는 역사에 죄가 되지 않고, 죄 없는 사람들이 궁지에 빠지지 않게 신중하게 판단해주기 바랍니다.

둘째, 정치인들에게 당부합니다. 조선 시대에는 정파 간 파벌 싸움과 모함으로 많은 인재들이 국가와 민족을 위해 더 큰일을 하지 못하였는데, 지금도 크게 달라진 것이 없는 듯합니다. 왜냐하면 지금도 고위 공직자들과 공기업 임원들은 자신의 직무 관련 능력보다 정권이 바뀔 때마다 대통령 당선에 기여한 정치 동지들이 상당수를 차지하고 있기 때문입니다. 최소한 장관과 공기업 임원들을 임명할 때는 직무 관련 능력과 경력이 없는 요원은 과감하게 배제해주기 바랍니다.

셋째, 공직자들에게 당부합니다. 시대가 달라져도 백성(국민)을 보살피는 목민관(공직자)의 자세는 변함이 없어야 합니다. 비록 제가 다 이루지 못한 목민심서의 내용이 현재 공직자윤리법에 반영되고 시대에 맞게 잘 활용되고 있지만, 가장 중요한 것은 위민(爲民) 정신의 실천입니다.

4 조선 후기, 역대 호서좌영장 겸 해미 현감 명단

 시간과 자료 제한으로 조선 후기 역대 호서좌영장 겸 해미 현감을 모두 찾아뵙지 못했지만, 이분들의 명단을 소개하면 다음과 같다.

〈조선 후기 역대 호서좌영장 겸 해미 현감 명단〉

시기	이름	시기	이름
1652년(효종 3)	이필형(李必馨)	1752년(영조 28)	정희보(鄭熙普)
1664년(현종 5)	최명후(崔鳴後)	1752년(영조 34)	이택(李澤)
1671년(현종 12) 이전	이태서(李台瑞)	1758년(영조 40)	황섬(黃暹)
1682년(숙종 8)	황진문(黃震文)	1758년(영조 40) 이전	구세온(具世溫)
1684년(숙종 10)	이이시(李以時)	1783년(정조 7)	조윤근(曺潤根)
1686년(숙종 12)	강필건(姜必建)	1792년(정조 16)	이영철(李永喆)
1708년(숙종 34)	이희태(李喜泰)	1793년(정조 17)	신계문(申啓文)
1712년(숙종 38)	곽한방(郭翰邦)	1795년(정조 19)	한성양(韓聖養)
1717년(숙종 43)	조정기(趙鼎期)	1803년(순조 3)	이해승(李海昇)
1718년(숙종 44) 이전	이하번(李夏蕃)	1833년(순조 33) 이전	최입(崔笠)
1725년(영조 1)	박민신(朴敏信)	1833년(순조 33)	이용필(李用弼)
1728년(영조 4)	이현(李炫)	1842년(헌종 8)	최윤근(崔允瑾)
1729년(영조 5)	박민웅(朴敏雄)	1847년(헌종 13)	박민환(朴民煥)
1732년(영조 8)	황응수(黃應洙)	1857년(철종 8) 이전	정명행(鄭明行)
1735년(영조 11)	남익엽(南益燁)	1866년(고종 3)	김응집(金膺集)
1745년(영조 21)	최경로(崔慶老)	1892년(고종 29)	윤형대(尹亨大)

지금까지 조선 후기 역대 호서좌영장 겸 해미 현감 명단을 제시하였는데 독자에게 익숙한 인물(박민환)도 있지만, 그렇지 않은 인물도 많이 있을 것이다.[88] 그러나 익숙하지 않은 인물이 바로 역사와 군사에 관심 있는 독자의 흥미 있는 연구 대상이니, 후속 연구로 이들의 부국강병 활동상과 교훈 도출에 참고 바란다.

그리고 역사와 전통을 소중히 생각하고, 조상의 빛난 얼을 오늘에 되살리기 위해서는 충청도 향토사단 관련 여단 본부 역사관과 충청도 관련 시(市)·군(郡)에는 이분들의 명단도 전시하고, 예하 부대와 부서에서는 '향토역사동아리'를 편성하여 즐겁게 관련 연구와 현지답사에 참고하기 바란다. 또한 이를 모델로 전국에도 확산되었으면 한다.

(1) 해미읍성 조선 군대(호서좌영) 해산 1년 전, 동학농민군과의 전투

① 국내 상황

19세기 조선 사회는 왕권이 무력화된 상태에서 과거 제도가 기능을 발휘하지 못하고 매관매직과 탐관오리들의 폭정이 성행하던 시기였다.

---

[88] 위 명단은 조선왕조실록에 검색어 '해미 현감'을 입력한 결과물이다. 그러나 위 명단의 활동 시기와 인물은 일부 누락된 경우도 있고, 연도도 정확하지 않아 관련 사료들의 중복 확인이 필요하다. 예를 들어 '박민환'의 경우, 조선왕조실록에는 부임 연도 기록은 없고, 임기 후 1851년(철종 2)에 어느 암행어사의 조사에 의해 이름이 나타난다. 그러나 진남문 입구 좌측에 있는 비석 2개에 기록된 박민환 관련 자료에는 부임 연도가 1847년(헌종 13)으로 되어 있어, 이를 활동 시기로 추정하였다.

이에 맞서 전봉준 등은 동학 조직을 바탕으로 농민군을 조직하여 1894년 1월 10일에 고부 군수 조병갑의 관아를 공격하였다. 그리고 고부 지역 농민 혁명은 주변 지역으로 확대되며 청일전쟁까지 촉발하였다.[89]

㉠ 1894. 3. 25.~4. 27. : 태인·금구·부안, 그리고 호남의 심장부인 전주성을 점령

㉡ 1894. 4. 29. : 조선 정부 → 청나라에 병력지원 요청(그 결과 5월 2일 청군 2,465명이 아산만에, 5월 6일 일본군 총 7,600명이 인천에 파병)

㉢ 1894. 5. 8. : 청·일 양국군대 파병에 위기를 느낀 농민군과 정부군의 전주화약 체결

㉣ 1894. 6. 21. : 일본군 1개 연대가 경복궁 공격, 조선수비대 무장해제 및 무기고 약탈

㉤ 1894. 6. 23.~6. 28. : 일본군 남하, 아산과 성환 주둔 청군 공격, 청군의 평양 후퇴

㉥ 1894. 7. 1.~1895. 4. : 청·일 전쟁, 일본군 승리

1894년 6월 21일 일본의 경복궁 점령으로 전라도를 비롯해 충청도와 경상도 곳곳에서 일본을 상대로 무장봉기하였다. 10월 하순부터 11월 상순에 이르는 동안 충청도를 비롯한 전국에서는 농민군과 일본군 사이에 크고 작은 전투가 벌어졌다. 특히 전봉준 부대는 11월 8일부터 20여 일간 공주 우금티(우금치) 일대에서 대대적인 공방전을 펼쳤으나 농민군의 패배로 끝나고 말았다.

② 충청도 상황

동학 교주 최시형과 손병희를 중심으로 한 충청지역 농민군은 1894년 6월 21일 일본의 경복궁 점령에 분개하여 동년 10월에 무장봉기하였다.

---

89 국방부 군사편찬연구소, 『한국군사역사의 재발견』(2015), pp. 364~368

주력부대는 전봉준 부대와 공동으로 공주 우금티(우금치) 전투에 참전했으나 11월에 패배하였고, 내포 지역 농민군은 면천 전투에서 승리를 거둔 후, 10월 28일 홍주성을 공격했으나 관군과 일본군에게 패배하여 해미로 후퇴하였다.

③ 해미읍성 상황

내포 지역 농민군은 1894년 11월 5일 해미읍성을 점령하였으나, 11월 7일 중앙 장위영 소속 이두황 군대의 기습공격으로 40명이 전사하고 100여 명의 부상자를 남기고 서산으로 후퇴하였으나, 11월 30일에는 내포 지역 농민군이 모두 진압되었다. (1894년 11월 7일 '양호우선봉일기')

(2) 해미읍성 조선 군대(호서좌영) 해산과 일제강점기 상황

① 해미읍성 조선 군대(호서좌영) 해산

1895년 갑오개혁에 의한 지방 제도 개편으로 조선 8도의 지방 조직이 23개 부(府)로 개편되면서, 충청도는 4개 부(충주부, 청주부, 공주부, 홍주부)로 나누어졌다. 1896년에는 23개 부가 13개 도(道)로 개편되면서, 충청도는 충청북도와 충청남도로 나누어졌다. 또한 전국 지방군의 병사와 영장과 같은 직책이 사라지고 지방 군사들도 해산하였다. 이런 조치로 해미현의 경우는 해미군으로 승격되었으나, 해미읍성의 호서좌영은 폐영이 되었다.[90] 그 후 해미군은 행정구역 개편으로 1917년에 서산군 해미면, 1995년에 서산시 해미면으로 병합되었다.

참고로 1897년에 대한제국이 탄생하면서 1901년까지 모병제로 황제 경호부대인 '시위대', 도성 방어부대인 '친위대', 그리고 지방 방위부대인

---

90 1895년 5월 26일 '고종시대사 3집' & 1896년 8월 4일 '고종시대사 4집'

'진위대'를 편성하였다. 이중 시위대와 친위대는 각 2개 연대 규모, 그리고 진위대는 평양, 북청, 강화, 수원, 대구, 청주에 각 1개 연대, 제주도에 1개 대대를 편성했다.[91] 그러나 1905년 러·일 전쟁에서 승리한 일본은 1907년에 궁궐 수비 병력만 남긴 채 대한제국군을 강제 해산하였다. 이에 해산된 대한제국 군인들이 저항과 의병 활동을 하였지만, 일본군에 의해 진압되면서, 결국 1910년부터 일제강점기가 시작되었다.

② 일제강점기 시대 전국의 읍성 철거와 해미읍성

임진왜란과 동학농민운동 시 조선군은 성곽에 의지하여 일본군에 저항하였기 때문에, 일본은 도시계획을 명분으로 읍성 철거령을 내렸다. 이로 인해 전국의 읍성과 산성은 대부분 허물어졌다. 따라서 전국의 읍성과 산성 대부분이 성벽이 없고 성문만 남은 경우가 많다. 그리고 전국에 있는 읍성의 관아와 객사 건물은 대부분 학교와 행정관서로 사용되었다.

그러나 읍성 철거령에도 불구하고, 해미읍성은 전북 고창읍성, 순천 낙안읍성과 함께 대부분의 성곽은 잘 보존되었다. 해미읍성의 경우는 성 안에 있던 관아 건물은 해미초등학교와 면사무소로 쓰이거나 철거되었다. 또한 청허정도 철거되었고 그 자리에 신사참배를 위한 제단이 설치되었으며, 민가들도 성 안에 건축되었다. 그 후 1970년대에 해미읍성 건물들이 복원되었다.

---

91 국방부 군사편찬연구소, 앞의 책, pp. 371~372

제4장
인터뷰 후속 조치 (1) : 서산 해미읍성

1. 해미읍성 일부 역사적 복원
   (1) 여장 및 총안
   (2) 탱자나무 및 해자
   (3) 비석군
   (4) 진남문 문루의 성벽에 새겨진 글씨

2. '박물관' 건립
3. '왜란·호란 순국 무명용사의 비' 건립
4. '왜란·호란 호국영령 충혼탑' 건립
5. 역사와 흥미를 결합한 축제형 콘텐츠 구축
   (1) 이순신 군관의 진법훈련 및 화포 사격 시연
   (2) 황진 장군과 충청 군사 출정식
   (3) 황진 장군배 전국 궁도대회
   (4) 서산 해미읍성 정기 음악 연주회 및 시문학 발표회
   (5) 진남루 경로잔치

1 해미읍성 일부 역사적 복원

(1) 여장 및 총안
① 필요성
　조선 시대에 구축된 성곽에는 적의 화살이나 화포로부터 군사들을 엄호하면서 근거리로 접근하는 적과 원거리에 있는 적을 관측하고 사격할 수 있는 여장과 여장 내부에 원총안 및 근총안이 구축되어 있으나 해미읍성에는 없음

〈조선 시대 성곽의 여장 위치(좌)와 여장 1개의 구조(우)〉

② 사례분석

〈여장과 총안이 없는 해미읍성 성곽〉

㉠ 병사(현 향토사단장급)가 주둔했던 강진 전라병영성 : 여장과 총안 설치

〈2022년 현재 복원 중인 강진 전라병영성의 여장과 총안〉

㉡ 조선 전기 병마첨절제사 겸 목사(현 여단장급)가 주둔했고, 조선 후기 충청 병사가 주둔했던 청주읍성 : 여장과 총안 설치

〈2013년에 일부 복원된 청주읍성 성곽(약 35m)의 여장과 총안〉

ⓒ 병마동첨절제사 겸 군수(현 대대장급)가 주둔했던 낙안읍성 : 성문 주위 설치[92]

〈성문 주위에만 여장과 총안이 설치된 낙안읍성〉

ⓔ 병마절제도위 겸 현감(현 중대장급)이 주둔했던 고창읍성 : 성문 주위 설치

〈성문 주위에만 여장과 총안이 설치된 고창읍성〉

③ 복원 방안

㉠ 1안 : 역사적 사료에 의거, 여장 688개 복원(1451년 9월 5일

---

92 낙안읍성과 고창읍성의 경우는 성문 주위에만 여장과 총안이 설치되어 있고, 나머지 성곽에는 여장과 총안이 설치되어 있지 않다. 성곽은 전투를 하는 곳이므로 전투에 필요한 여장과 총안은 복원하는 것이 필요하다.

'문종실록')[93]

ⓛ 2안 : 낙안읍성과 고창읍성처럼 성문 주위라도 부분 복원

(2) 탱자나무 및 해자
① 필요성
㉠ 해미읍성의 탱자나무는 너무나 유명(이곳에 잠시 귀양을 왔던 다산 정약용도 탱자꽃을 보고 시를 남겼음)

㉡ 탱자나무와 해자는 성에 진입하려는 적을 저지하기 위한 장애물로, 성곽 외부에 설치하는 것이 원칙(현재 탱자나무들은 성곽 내부에 일부 설치, 해자는 북문 주위에 일부 설치)

㉢ 인적이 많고, 설치 공간이 충분한 지역에 탱자나무와 해자 설치 필요

② 복원 지역 및 복원 방안(예시)
㉠ 진남문 우측 성곽 코너에 약 20m 길이의 탱자나무 숲과 해자 조성 → 선조들이 국방을 위한 노력과 지혜 계승 및 역사적 복원

---

[93] 1451년 9월 5일 '문종실록'에 수록된 해미읍성 관련 내용 : "해미현 내상성(海美縣內廂城)은 주위가 3천 3백 52척, 높이가 12척이고, 여장(女墻)의 높이는 3척이며, 적대(敵臺)가 18개소 내에 16개소는 아직 쌓지 않았고, 문(門)이 4개소에 옹성(擁城)이 없으며, 여장이 6백 88개이고, 해자(海子)의 주위는 3천 6백 26척이고, 성 안에 샘이 3개소가 있습니다."

〈해미읍성에 탱자나무와 해자 복원 조감도〉 (출처 : 서산시)

(3) 비석군

① 필요성

㉠ 해미 국제성지에 있는 대부분 비석군은 과거에 해미읍성 진남문 주위에 위치[94]

㉡ 문화유산은 제자리에 있어야 역사적 가치를 발휘

② 복원 방안

㉠ 해미 국제성지 내부에 있는 비석군을 해미읍성 진남문 주위로 이전

---

94 김종완 전 해미읍성 역사보존회 회장 증언(2022. 4. 1.)

〈해미읍성 진남문〉

〈해미 국제성지에 있는 비석군〉

(4) 진남문 문루의 성벽에 새겨진 글씨

① 필요성

㉠ 마치 중국의 성(城)을 방문한 인상을 주는 붉은 글씨의 명나라 연호

㉡ 글씨체와 돌의 상태를 볼 때 최근에 설치한 것으로 보이나, 관계 기관에 문의 결과, 누가 언제 설치했는지 관련 정보 부재

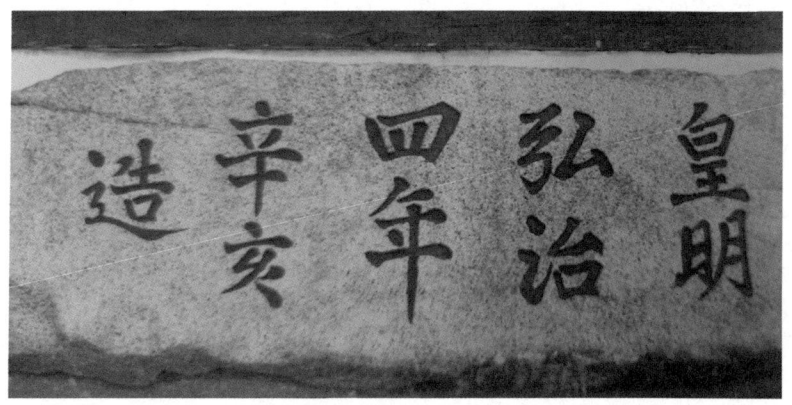

〈진남문 문루 성벽에 새겨진 명나라 연호 글씨〉 (출처 : 해미읍성)

ⓒ 일제강점기부터 1970년대 초까지 성곽 내부에는 초등학교, 면사무소, 우체국, 민가 등이 있었음

ⓓ 이곳에서 초등학교를 졸업한 김종완 전 해미읍성 역사보존회 회장의 증언에 의하면, 과거에는 현재의 명나라 연호 글씨가 없었고, 돌 하단에 '檀紀 三八二四年'이라는 작은 글씨가 새겨져 있었다고 증언(단기 3824년 = 서기 1491년)

② 복원 방안
　㉠ 고증을 통해 원래대로 복원 필요
　㉡ 복원 전까지 붉은 페인트색 제거 검토

2 '박물관' 건립

(1) 필요성

① 조선 시대 지방군의 군사제도와 무기체계를 전문으로 하는 박물관 부재

② 해미읍성은 230년간 충청병영, 그 후 약 270년간 호서좌영이 있었던 조선 지방군의 대표적인 군사 유적지이며, 성곽 보존상태와 성곽 내부 관아 건물들의 복원상태도 국내 지방성 중에서 양호한 편임

③ 해미읍성과 관련된 인물, 그리고 이곳에 근무했던 군사들은 왜란·호란으로 조선이 위기에 처했을 때 조국 수호에 공헌한 위대한 인물이 많이 있으나, 이들에 대한 자료수집, 연구, 홍보 부족으로 해미읍성 방문객들에게 스토리텔링 미제공(태종 이방원, 효종, 이순신, 조숙기, 황진, 정약용, 박민환 등)

④ 해미읍성의 양호한 구조물(H/W), 아래 내용을 테마로 하는 박물관을 건립하여 방문객들에게 스토리텔링(S/W)을 제공함으로써, 해미읍성의 위상 격상 필요

  ㉠ 조선 시대 지방군의 군사제도와 무기체계
  ㉡ 조선 시대 충청도 관군, 의병, 승병의 활약상 등

⑤ 국내·외 대부분 군사 유적지에는 박물관(또는 기념관)을 건립하여, 당시의 군사제도, 무기체계, 관련 전투, 유물, 순국선열 업적에 대한 자료를 수집·전시·교육하고 있으나, 해미읍성의 경우는 없음

(2) 외국 사례 : 뒷장, TIP(외국 사례) 참조
① 미국 : 포트 먼로성 박물관
② 독일 : 하이델베르크성 박물관
③ 스웨덴 : 스톡홀름 육군박물관

(3) 국내 사례 : 뒷장, TIP(국내 사례) 참조
① 진주성 내부 '국립 진주박물관'
② 금산 칠백의총 '칠백의총 기념관'
③ 홍주성 내부 '홍주성 역사관'
④ 금산군 진산면 '진산역사문화관'

(4) 추진방안
① 연구용역 : 박물관 및 미술관 진흥법에[95] 의거, 공립 박물관급 이상 건물 디자인(형상, 규격), 건물 내부와 외부 진열 유물, 운영방

---

95 관련법에 의하면, 박물관은 지자체에서도 공립박물관을 건립할 수 있으며, 박물관 사업에 필요한 학예사를 배치해야 한다. 학예사는 국내박물관과 협조하여 유물 자료를 수집·복제·관리·보존·조사·연구·전시·교육 등 박물관 사업을 수행한다.

안, 운영인력, 건립 장소, 소요 예산 등

　② 추진위원회 구성 : 제안요청서 작성, 용역기관 선정(공모), 예산 확보(성금, 정부예산, 도비, 시비 등), 설계 및 시공업체 선정, 박물관 운영위원회 구성 등

■ 외국 사례

> **TIP**
>
> **(1) 미국 : 포트 먼로성 박물관[96]**
>
> ① 건립 목적 : 포트 먼로성에 주둔했던 부대의 활약상 소개와 관련 유물 등을 수집, 전시, 교육, 기념품 판매 등
> ② 포트 먼로성 : 미국은 18세기에 독립 후, 제1차 세계대전까지 해안 방어를 위해 주요 요충지마다 포병부대를 해안에 배치하고 부대 주위에 성을 구축하여 요새화하였다. 버지니아주에 위치한 성곽 둘레 약 2km인 포트 먼로성은 이와 같은 목적으로 19세기 초에 미 육군 공병이 현재의 모습으로 건립하였으며, 이곳에는 포병부대를 포함하여 미 육군교육사령부가 최근까지 주둔하였다.
>
>
>
> 〈포토 먼로성〉 (출처 : https://fortmonroe.org/place_to_visit/casemate-museum)

---

96   이하 내용은 저자가 1998년 6월부터 2000년 6월까지 포트 먼로에 있는 미육군교육사령부에 2년간 한국군 교환교수로 근무하면서 벤치마킹한 자료들을 요약 정리하였다.

〈성 내부에 있는 박물관(개관 1951년)〉
(출처 : https://fortmonroe.org/place_to_visit/casemate-museum)

③ 교훈 : 해미읍성 박물관 건립 시, 포트 먼로성의 박물관 내부 스토리텔링 자료 참고

포트 먼로성 박물관	해미읍성 박물관(예시)
성곽 건립 배경 및 건축 역사	기연구 자료 및 추가 연구용역으로 수집
성곽 주둔부대 활약상 (훈련, 독립전쟁, 남북전쟁 등)	성곽 주둔부대 활약상(임란 및 호란) : 기연구 자료 및 추가 연구용역으로 수집
성곽 주둔부대 사용 무기체계 전시	국내 박물관 협조, 복제 및 자체 수집, 전시
주둔부대 사용 지도, 교범 등	상동
VIP(링컨 대통령) 성곽 방문 자료	VIP(프란치스코 교황, 김종필 총리) 방문 자료
유명 인사 부대 근무 자료 (지휘관, 소설가 애드가 앨런 포우)	유명 인사 부대 근무 자료 (이순신, 황진, 신립, 원균, 조숙기 등)
유명 인사 유배 자료 (남북전쟁 시, 남부 대통령 : 재퍼슨 데이비스)	유명 인사 유배 자료 (다산 정약용)
기념품 판매점	기념품 및 특산물 판매점

〈무기 전시 & 무기 이용 훈련/전투 장면 그림〉 〈유명인사(애드가 앨런 포우) 근무 소개〉
(출처 : https://fortmonroe.org/place_to_visit/casemate-museum)

(2) 독일 : 하이델베르크성 박물관[97]

① 건립 목적 : 원래 뮌헨에 있던 약국 박물관을 제2차 세계대전 후 이곳으로 이전하여, 고대부터 21세기에 이르기까지 약학 역사에 관한 자료를 소장 및 전시

㉠ 하이델베르크성 : 13세기에 최초 축성되었다가, 1537년 낙뢰(落雷)로 파괴된 뒤 현재의 자리에 옮겨졌다. 그 후 30년 전쟁을 비롯한 잇단 전란으로 황폐해졌는데, 제2차 세계대전 후 현재의 모습으로 복원되었다.

㉡ 인구 14만 도시인 하이델베르크 소재 박물관 : 역사, 과학, 아트 등을 전문으로 하는 15개의 박물관이 있다.

---

[97] 이하 내용은 저자가 이곳을 2차례(2010년, 2015년) 방문하여 벤치마킹한 자료들을 요약 정리하였다.

② 하이델베르크 성 약국 박물관과 22만 L(리터) 술통

〈출처 : 하이델베르그성 홈페이지(https://www.schloss-heidelberg.de)〉

③ 박물관 기념품 판매점

〈출처 : 하이델베르그성 홈페이지(https://www.schloss-heidelberg.de)〉

④ 교훈 : 비즈니스 마인드 참고

하이델베르크성 박물관	해미읍성 박물관(예시)
약국 박물관 기념품 판매점	• 중앙에서 해미읍성에 파견된 종 9품 심약(審藥)이 진상한 약초 및 보약, 특산품 등 판매
22만 리터 술통 : 와인 시음	• 역사성 있는 맛집 운용(수라상, 전통술 등)

(3) 스웨덴 : 스톡홀름 육군박물관[98]

① 건립 목적 : 중립국인 스웨덴이 생존하기 위해 부국강병을 위해 노력했던 관련 자료와 무기들을 고대부터 현재까지 소장 및 전시

② 육군박물관 외부

〈스톡홀름 육군박물관 외부〉 (출처 : 박물관 홈페이지, https://armemuseum.se)

③ 육군박물관 내부

 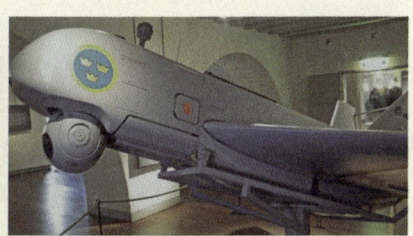

〈스톡홀름 육군박물관 내부〉
(출처 : 신종태, 『세계의 전쟁 유적지를 찾아서 1』(청미디어, 2020), p. 367)

④ 교훈 : 비즈니스 마인드 참고
　㉠ 박물관에 스웨덴 → 외국 수출 최신 무기체계 전시 및 기념품 판매점 운용

---

98 신종태, 『세계의 전쟁 유적지를 찾아서 1』(청미디어, 2020), pp. 363~367

■ 국내 사례

(1) 국립 진주박물관[99]

① 건립 목적 : 국립진주박물관은 경남의 전통문화와 역사에 대한 국민의 관심을 높이고, 임진왜란에 대한 올바른 역사관을 보급하기 위해 건립

② 건립 시기 및 장소 : 1984년, 진주성 내부

〈박물관 외부 모습(좌)과 내부 조선 시대 무기 체험장(우)〉
(출처 : 국립진주박물관)

③ 교훈 : 임진왜란을 중심으로 관람객과 관심 있는 독자들이 ON/OFF 라인으로 쉽고 흥미 있게 즐길 수 있는 다양한 교육 콘텐츠(유튜브 및 현장 사격 체험장) 제공 및 기념품 판매
  ㉠ 대표적 사례 : 승자총통의 경우, 기존과 달리 쉽고 흥미 있게 소개 및 전시, 체험 기회 제공
  ㉡ 기존의 승자총통 소개(국사책) 및 전시 자료(기존 박물관)

ⓒ 진주박물관의 승자총통 소개 및 승자총통 사격 체험 자료:

① 사격 전에 아래와 같이 나무 막대를 승자총통 자루 구멍에 끼운다.

② 심지 꽂기 → 화약 삽입 → 격목 삽입 → 탄환(화살 or 쇠구슬) 삽입 → 심지 점화

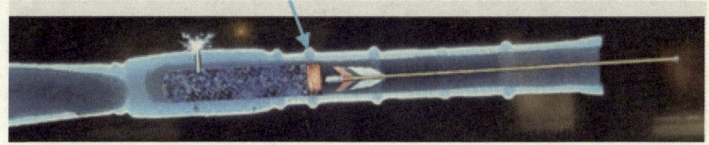

③ 조준 및 사격

〈국립진주박물관의 승자총통 소개 자료 및 체험장〉

(2) 금산 칠백의총 기념관[100]

① 건립 목적 : 임진왜란 당시 금산성에서 싸운 칠백의사의 충절을 국민에게 알리기 위해 문화재청 칠백의총 관리소에서 건립
② 건립 시기 및 장소 : 2021년, 칠백의총 사적지 내부

〈칠백의총 기념관 외부 모습〉

㉠ 1 전시실 : 임진왜란 개요, 1592년 7~8월 1·2차 금산성전투의 전개 과정/ 교훈, 칠백의총의 연혁 소개
㉡ 2 전시실 : 금산성전투 의병장들(조헌, 영규대사, 고경명 등) 소개, 관련 유물 전시, 추모공간
㉢ 기타 : 4차원 입체(4D) 영상관에서 금산성전투 상영

〈칠백의총 기념관 내부 추모공간 모습〉

③ 교훈 : 금산성전투 시 이름이 밝혀진 20명(의병장과 참모)과 무명용사 추모공간 조성 → 해미읍성에 박물관 건립 시, 이름이 밝혀진 순국선열과 무명용사 추모공간 조성

(3) 홍성군 홍주성 역사관

① 건립 목적 : 홍성의 고유한 역사와 문화를 소개하고 과거의 역사를 객관적으로 돌아보기 위해 건립
② 건립 시기 및 장소 : 2011년, 홍주성 내부

〈역사관 외부 모습〉 (출처 : 홍성군청, https://www.hongseong.go.kr)

㉠ 주요 전시 내용 : 홍주성 유래 및 복원도, 조선 시대 역대 홍주 목사와 의병 활약상 및 관련 유물 + 홍성의 역사(고대~현재) + 홍성의 유명 인물(최영, 성삼문, 한용운, 김좌진 등) 소개 및 관련 유물 등

③ 교훈 : 해미읍성에 박물관 건립 시, 조선 시대 500년간 충청병사영과 호서좌영 관련 역사와 유물에 추가하여, 서산의 역사와 유명 인물 소개 및 관련 유물 전시

---

99 이하 내용은 저자가 2022년 2월 17일 칠백의총 기념관을 벤치마킹하고 재구성하였다.

(4) 금산군 진산면 진산 역사문화관[101]

① 건립 목적 : 진산의 독특한 역사와 문화, 임진왜란 시 주요 전투, 특히 조선 시대 천주교 최초 순교자인 윤지충과 권상연을 포함하여 진산 성지 순교자들 소개

② 건립 시기 및 장소 : 2018년, 진산 성지 성당 인근

〈진산 역사문화관(좌)과 진산 성지 성당(우)〉

③ 교훈 : 해미읍성에 박물관 건립 시, 조선 시대 500년간 충청병영과 호서좌영 관련 역사와 유물에 추가하여, 해미읍성에서 순교의 길을 선택한 천주교 신자들 소개

---

100 이하 내용은 저자가 2021년 4월 18일 진산 역사문화관을 벤치마킹하고 재구성하였다.

(5) 해미읍성 '박물관' 미래 모습(예시)

① 외국 및 국내 사례 참조, 해미읍성 박물관 건립

㉠ 특화 콘텐츠

- 조선 시대 지방군의 군사제도와 무기체계 전시(개인화기 - 공용화기)
  * 무기별 특성 / 제원 소개 + 사격 원리 및 사격 훈련 장면 그림 + 사격 체험
  * 전시용 무기 수집 : 국내박물관 협조, 복제 및 자체 수집

- 조선의 적국(일본, 청) 무기체계 전시(개인화기 - 공용화기)
- 조선 시대 군사 교범 및 지도 전시
- 조선 시대 충청도 관군의 활약상
  * 왜란/호란 패전사례 모두 제시 : 임진왜란 시 탄금대 전투, 수원 원정 작전 실패, 의·승병과 청주성 및 금산성전투 시 협동작전 미흡, 병자호란 시 지원 실패
  * 승전 및 선전 사례 모두 제시 : 안성 죽주산성 전투, 제2차 진주성 전투 등

- 조선 시대 진법 소개
- 4차원 입체(4D) 영상관 : 주요 전투 및 훈련 내용 제작, 상영
  * 안성 죽주산성 전투 : 임진왜란 시 충청 병사 황진의 신출귀몰한 작전으로 아군 약 1천 명의 병력으로 일본군 약 1~5천 명이 점령한 죽주산성 탈환
  * 제2차 진주성 전투 : 임진왜란 시 충청 병사 황진과 아군 7백 명이 진주성에서 혈전으로 일본군의 호남과 충청도 진출 저지
  * 의병과 승병의 청주성 탈환 및 금산성전투
  * 이순신 군관의 진법 훈련과 화포 사격 훈련 등

ⓒ 추가 콘텐츠
- 해미읍성 축성 및 복원 관련 역사자료
- 서산과 해미 역사자료
- 조선 시대 충청도 관군, 의병, 승병 추모 공간
- 다산 정약용 귀양 관련 자료
- 전국 및 해미읍성 천주교인 순교 자료
- 해외 수출 방산무기 전시 공간
- VIP(프란치스코 교황, 김종필 총리) 방문 자료
- 기증 유물 자료 등

ⓒ 기념품 판매점
- 특화 및 추가 콘텐츠 관련 기념품 및 서적
- 해미읍성에 파견된 종 9품 심약(審藥)이 진상한 약초 및 보약, 특산품 등

ⓔ 기타(박물관 외부) : 역사성 있는 맛집 운용(수라상, 전통술·차 등)
- 전통술의 경우는 제조법 수강 후, 현지서 담근 술은 집으로 가져감

ⓜ 특화 콘텐츠 중에서 무기 콘텐츠 및 프로그램 개발 추진
- 전국 박물관 및 역사관과 업무협력 MOU 체결 : 전시 품목 복제 및 제작 협조
- 조선 시대 무기 복원 및 사격 시연 요원(예 : 신기전 사격 시연 채연석 박사 등)과 협조체계 구축(자문위원, 또는 소속기관과 MOU 체결)
- 한국정보문화원과 MOU 체결 : 전시 품목을 2D, 3D 등으로 다양하게 디지털화
- 전국 대학 군사학과와 MOU 체결 : 디지털화된 무기 활용, 훈련 및 전

투 모형 개발 → 훈련과 전투 장면을 4차원 입체(4D) 영상 제작 및 AR/VR 체험 콘텐츠 개발에 활용

- 특화 콘텐츠
- 추가 콘텐츠
- 기념품 판매점
- 기타

〈해미읍성 '박물관'(예시)〉 〈출처 : 국립진주박물관〉

3 '왜란·호란 순국 무명용사의 비' 건립

(1) 필요성

① 세계 역사를 통해 외세의 침입을 극복하며 500년 역사를 이어간 국가를 찾아보기 어려움

② 해미읍성은 230년간 충청병사영, 그 후 약 270년간 호서좌영이 있었던 곳으로 조선의 500년 역사 유지에 기여한 지방 군사 유적지임(충청 병사는 충청도 전 지역을, 호서좌영장은 해미읍성 인근 12개 군·현을 관할)

③ 왜란·호란으로 조선이 위기에 처했을 때, 충청 병사의 지휘를 받는 군사들은, 충청도의 향토방위와 조국 수호를 위해 책임 지역은 물론 전국으로 출동하여 하나뿐인 소중한 목숨을 조국을 위해 바쳤음(특히 임진왜란 시 황진 장군은 700명의 충청도 군사와 함께 제2차 진주성 전투 시 참전하여 장렬히 전사하였음. 이중 이름이 알려진 경우는 황진 장군과 예하 군수 및 현감 몇 명에 불과하고, 대부분은 무명용사들임)

④ 무명용사를 선양하는 외국의 사례와 비교하면 너무나 늦었고, 부끄러움

⑤ 최소한 이들의 소속 부대가 있었던 해미읍성에서는 임진왜란은 물론, 정유재란, 정묘호란, 병자호란 시 무명 전사자 여부를 확인

하고 추모하는 것이 후손의 도리임

(2) 외국 사례 : 뒷장, TIP(외국 사례) 참조
　① 국가 차원 : 미국 알링턴 국립묘지, 영국 웨스트민스트 사원, 프랑스 파리 개선문 등
　② 지방 자치 차원 : 미국(필라델피아, 미시시피 등), 이집트(알렉산드리아, 이스말리아 등)

(3) 국내 사례 : 뒷장, TIP(국내 사례) 참조
　① 경주 통일전 '삼국통일 순국 무명용사비'
　② 강화도 '신미양요 순국 무명용사비'
　③ 서울 현충원 '대한독립군 무명용사 위령탑', '학도의용군 무명용사탑'
　④ 서울대학병원 '이름 모를 자유 전사의 비'
　⑤ 충남 논산시 '무명용사 기념상'
　⑥ 강원도 속초 '이름 모를 자유 용사의 비'

(4) 추진방안
　① 연구용역 : 충청병영 소속 군사를 중심으로 왜란·호란(임진왜란·정유재란·정묘호란·병자호란) 참전 기록 및 무명 전사자 확인. 무명용사비 내용(비명·건립취지문), 무명용사비 디자인(형상, 규격) 2개안,

설치 장소, 소요 예산 등

② 추진위원회 구성 : 제안요청서 작성, 용역기관 선정(공모), 디자인 2개안 의견수렴 및 최선안 선정, 예산 확보(성금, 정부 예산, 도비, 시비 등), 설계 및 시공업체 선정

■ 외국 사례

(1) 미국 : 알링턴 국립묘지 무명용사비[102]

① 건립 목적 : 전쟁별로 신원이 확인되지 않은 수많은 무명용사 추모(제1차 세계대전, 제2차 세계대전, 한국전쟁, 베트남 전쟁)
② 건립 시기 : 1932년
③ 건립 장소 : 버지니아주 알링턴

〈미국 알링턴 국립묘지 무명용사비〉 (출처 : https://www.arlingtoncemetery.mil)

④ 교훈 : 이곳을 방문하는 미국의 초등학생은 이곳에 대해 얼마나 알고 있을까?

---

101 미국 알링턴국립묘지 홈페이지(https://www.arlingtoncemetery.mil, 검색일 : 2022. 3. 25.) 참조

〈미국 알링턴 국립묘지 무명용사비〉 (출처 : https://www.arlingtoncemetery.mil)

미국 알링턴 국립묘지 홈페이지에는 무명용사비와 관련하여, 초등학생과 중학생, 그리고 교사용으로 구분하여 사전 학습이 가능토록 ppt자료를 제공하고 있다.

(2) 미국 : 지방의 무명용사비[103]

① 독립전쟁 무명용사비
　㉠ 건립 시기 : 1957년
　㉡ 건립 장소 : 필라델피아 광장

② 남북전쟁 무명용사비
　㉠ 건립 시기 : 1865년
　㉡ 건립 장소 : 버지니아

(출처 : 위키피디아)

(출처 : 위키피디아)

102　위키피디아 및 www.cem.va.gov/CEM/cems/nchp/coldharbor.asp 참조 (검색일 : 2022. 3. 25.)

③ 남북전쟁 무명용사비   ② 남북전쟁 무명용사비
㉠ 건립 시기 : 1980년   ㉠ 건립 시기 : 1877년
㉡ 건립 장소 : 미시시피   ㉡ 건립 장소 : 버지니아주 콜드하버

(출처 : 위키피디아)   (출처 : www.cem.va.gov/CEM/cems/nchp/coldharbor.asp)

(3) 영국 : 웨스트민스터 사원 무명용사비[104]

① 건립 목적 : 영국 왕의 대관식 등 왕실 행사를 거행하거나 왕족과 위인의 묘지와 수많은 무명용사 추모
② 건립 시기 : 1920년
③ 건립 장소 : 런던

〈웨스트민스터 사원〉

---

103 영국 웨스트민스터 사원 홈페이지(https://www.westminster-abbey.org, 검색일 : 2022. 3. 25.) 참조

〈사원 내부 실내 무명용사비〉 (출처 : https://www.westminster-abbey.org)

④ 교훈 : 무명용사를 왕과 같이 예우

"무명용사는 하느님과 가문에게 선을 이루었으므로 이곳에 왕들과 함께 묻노라."

(4) 프랑스 : 파리 개선문 무명용사비[105]

① 건립 목적 : 파리의 상징적 기념물인 개선문에서 무명용사 추모
② 건립 시기 : 1921년
③ 건립 장소 : 파리

---

104   파리 개선문 홈페이지(http://www.paris-arc-de-triomphe.fr, 검색일 : 2022. 3. 25.) 참조

〈파리 개선문(좌)과 하단 무명용사비(우)〉

〈개선문 하단 무명용사비 '추모의 불꽃'과 헌화 모습[106]〉

④ 교훈 : 매일 저녁 6시 30분에 '추모의 불꽃'(flamme du souvenir)을 점화하고, 시민들의 자발적인 헌화가 지속되고 있음(기념물 건립도 중요하나 정성스러운 관심과 관리가 더욱 중요)

---

105   저자가 2022년 6월 9일, 개선문 하단 무명용사비를 찾았는데, 이곳은 파리의 교통 중심지에 있으며 이곳을 찾는 프랑스 국민과 관련 단체에서는 매일 점화와 헌화를 계속하고 있었다. 한편 미국 알링턴 국립묘지의 고 케네디 대통령 묘소에도 꺼지지 않는 추모의 불꽃이 있는데, 이는 미국이 파리 개선문 추모의 불꽃을 벤치마킹한 것이다.

(5) 러시아 : 모스크바 크렘린궁 무명용사비[107]

① 건립 목적 : 제2차 세계대전 시 전사한 무명용사 추모
② 건립 시기 : 1967년
③ 건립 장소 : 모스크바

〈크렘린궁〉 (출처 : https://www.kreml.ru)

〈크렘린궁 무명용사비〉 (출처 : https://www.kreml.ru)

---

106 크렘린궁 홈페이지(https://www.kreml.ru, 검색일 : 2022. 3. 25.) 참조

④ 교훈 : '꺼지지 않는 불' - 조국을 위해 목숨을 바친 이름 없는 병사들의 애국심과 정신을 기리기 위한 것임(러시아를 방문하는 외국 정상은 이 묘지를 방문해 예를 표한 후 일정 시작)

(6) 이집트 지방의 무명용사 기념물[108]

① 1973년 10월 전쟁 무명용사 추모

<카이로>

<알렉산드리아 : 전군(좌), 해군(우)>

<이스말리아>

<사다트시>

<데수크(인구 13만)>

② 교훈 : 이집트는 1973년 10월 전쟁은 물론 1948년 이스라엘과 전쟁 시 4명의 무명용사를 추모하기 위해, 1979년 이스라엘과 평화조약 체결 후 이스라엘과 협조하여 이스라엘 Sde Yoav 지역에 아래의 무명용사탑 을 건립했다.

---

107 사진과 내용은 위키피디아 'Unknown_Soldier_Memorial_(Egypt)'(검색일 : 2022. 6. 25.) 참조

〈이스라엘 Sde Yoav 지역에 있는 이집트군 무명용사탑〉

■ 국내 사례

(1) 경주 통일전 '삼국통일 순국 무명용사비'[109]

① 건립 목적 : 통일전은 신라의 삼국통일의 위업을 기리고 한국의 평화통일 염원을 담아 고(故) 박정희 전 대통령의 지시로 건립되었으며, 태종무열왕, 문무대왕, 김유신 장군 등 삼국통일의 대업을 완수한 영정이 모셔져 있는 호국의 성지이다. 이곳에는 삼국통일 순국 무명용사비가 있다.
② 건립 시기 : 1977년
③ 건립 장소 : 경북 경주시 칠불암길 6 서원문

〈통일전〉 (그림 출처 : https://blog.naver.com/gyeongju_e)

108　경주시청 공식블로그(https://blog.naver.com/gyeongju_e, 검색일 : 2022. 3. 26.) 참조

〈삼국통일 순국 무명용사비〉 (그림 출처 : https://blog.naver.com/gyeongju_e)

(2) 강화도 '신미양요 순국 무명용사비'[110]

① 건립 목적 : 광성보는 덕진진, 초지진, 용해진, 문수산성 등과 더불어 강화해협을 지키는 중요한 요새로, 1866년 병인양요 때 프랑스 극동함대와 공방전이 있었고, 1871년 신미양요 때에는 미국의 아시아 함대와 치열한 백병전을 벌인 곳으로 어재연 장군 휘하 전 수비군이 용감히 싸우다 장렬히 순국한 곳이다. 신미양요 순국 무명용사비는 고(故) 박정희 전 대통령의 지시로 건립되었다.

② 건립 시기 : 1976년

③ 건립 장소 : 인천시 강화군 불은면 덕성리

109　문화재청 국가유산포탈(http://www.heritage.go.kr, 검색일 : 2022. 3. 26.) 참조

〈광성보〉 (출처 : 문화재청 국가유산포털)

〈신미양요 순국 무명용사비〉 (출처 : 문화재청 국가유산포털)

(3) 서울 현충원 '대한독립군 무명용사 위령탑'[111]

① 건립 목적 : 대한독립군 무명용사 위령탑은 일제에 나라를 빼앗기고 이름도 없이 나라를 되찾기 위해 끊임없이 독립 투쟁을 했던 수많은 무명

---

110   이하 내용은 국립서울현충원 홈페이지(https://www.snmb.mil.kr. 검색일 : 2022. 3. 26.) 참조

지사의 위훈을 기리고 넋을 위로하기 위해 광복회에서 국가보훈처의 지원을 받아 건립하였다.
② 건립 시기 : 2002년
③ 건립 장소 : 국립 서울 현충원

〈대한독립군 무명용사 위령탑〉 (출처 : https://www.snmb.mil.kr)

(4) 서울 현충원 '학도 의용군 무명용사탑'

① 건립 목적 : 6·25전쟁이 발발하자 약 5만 명으로 추산되는 학생들이 구국 전선에 뛰어들어 포항 지역을 비롯한 각 지구 전투에서 용감히 싸우다가 7,000여 명이 전사하였다. 그러나 그들 시신이나 무덤을 찾을 수가 없었다. 당시 포항전투에서 중대급(48명) 규모의 학도 의용군이 북한군 전초 부대를 맞아 분투하다가 전몰, 포항여자중·고등학교 부근에 가매장되어 있었다. 1963년 9월 24일 국무회의에서 전몰 학도 의용군을 국군묘지에 안장할 것을 의결함에 따라 1964년 4월 25일 '대한학도의용군 동지회' 주관 다음 국군묘지 1번 묘역에 안장하였다가 현재의 '학도 의용군 무명용사탑'으로 이장하게 되었다.

② 건립 시기 : 1968년

③ 건립 장소 : 국립 서울 현충원

〈학도 의용군 무명용사탑〉 (출처 : https://www.snmb.mil.kr)

(5) 서울대학병원 '이름 모를 자유 전사비'[112]

① 건립 목적 : 6·25전쟁 당시 서울대학교병원에 입원해 있던 이름 모를 국군 부상병과 일반 환자 및 가족 등 인민군에 의해 참혹하게 학살당했던 900여 명의 넋을 기리기 위한 현충탑이다. 1963년 한국일보사가 희생자가 묻힌 장소 위에 탑을 세웠고, 1999년 서울대학교병원이 '이름 모를 자유 전사비 유래' 안내판을 만들었다.

② 건립 시기 : 1963년

③ 건립 장소 : 서울 종로구 서울대학병원 장례식장

---

111 국가보훈처 공식 블로그(https://blog.naver.com/mpvalove, 검색일 : 2022. 3. 26.) 참조

〈이름 모를 자유 전사비〉 (출처 : https://blog.naver.com/mpvalove)

(6) 충남 논산시 '무명용사 기념상'[113]

① 건립 목적 : 육군훈련소의 무명용사 기념상은 대한민국 초대 대통령이 셨던 이승만 대통령께서 "무명용사 기념상"이라는 친필 휘호를 하사

---

112 논산시청 홈페이지(https://www.nonsan.go.kr. 검색일 : 2022. 3. 26.) 참조

하여, 6·25전쟁 전·후 공비 토벌전에서 무명으로 전사한 용사들의 넋을 추모하기 위해 1958년 6월 25일 무명용사 기념상을 연무대 정문 앞 (약 30m 지점)에 건립하였다. 그 후 2004년에 1번 국도의 교통량 증가에 따른 도로 확장으로 현 위치로 이전하면서 무명용사 기념상의 건립 취지 구현을 위하여 주변을 현충 공원화하여 무명용사의 충혼을 달래는 기념공원으로 조성하였다.
② 건립 시기 : 1958년
③ 건립 장소 : 논산시 연무읍 마산리 660-13

〈무명용사 기념상〉 (출처 : https://www.nonsan.go.kr)

(7) 강원도 속초 '이름 모를 자유 용사의 비'[114]

① 건립 목적 : 6·25전쟁 당시 이곳에서는 북한군 3개 사단과 중공군에 맞서 수도사단, 11사단, 5사단 전몰장병들과 학도결사대, 호림 유격대원들이 활약하였다. 한국일보사와 제1군 사령부에서는 설악산을 배경으로

113 　국가보훈처, '현충 시설 정보 서비스'(http://mfis.mpva.go.kr/main/main.do. 검색일 : 2022. 3. 27.) 참조. 현충 시설은 조국의 독립, 국가의 수호 또는 국민의 생명과 재산 보호를 위해 희생하거나 공헌한 사람들을 추모하고 이들의 숭고한 정신을 널리 알리고 기리기 위한 시설임

한 여러 전투에서 희생당한 무명용사들을 기리기 위해서 강원도의 후원을 받아 건립하였다.
② 건립 시기 : 1965년
③ 건립 장소 : 속초시 설악동 191-2

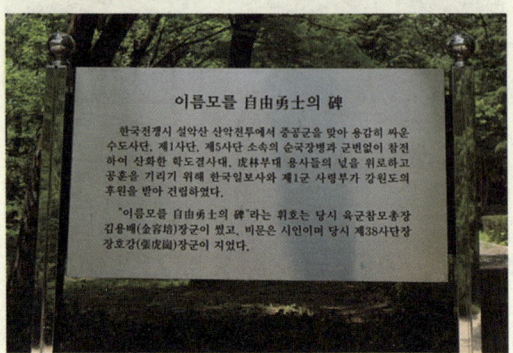

〈이름 모를 자유 용사의 비〉 (출처 : http://mfis.mpva.go.kr)

(5) 해미읍성 '왜란·호란 순국 무명용사의 비' 미래 모습(예시)

　(가) '왜란·호란 순국 무명용사의 비 건립 시 고려사항
　　① 외국 및 국내 사례 참조, 연구용역 및 추진위원회 설치 긴요
　　② 연구용역은 사료에 근거하여 충청병영 소속 군사들의 왜란·호란(임진왜란·정유재란·정묘호란·병자호란) 참전 기록 및 무명 전사자 여부를 확인하고, 추가로 왜란·호란 전후 왜구 섬멸 공적 등을 확인

　(나) 사료에 근거한 충청병영 소속 군사들의 왜란·호란 참전 기록 및 무명 전사자 확인(추가 연구 필요)

　　① 임진왜란
　　　㉠ 충주 탄금대 전투(1592년 4월 27일) : 충주 목사 이종장(李宗長)과 충청도 군사 8,000여 명 참전 전사(선조실록, 류성룡 '징비록', 위키실록사전 등)
　　　㉡ 용인 전투(1592년 6월) : 삼도 근왕군으로 충청 감사 윤선각(尹先覺), 충청 병사 신익(申翌)과 충청도 군사 수만 명 참전(선조실록, 류성룡 '징비록', 위키실록사전 등)
　　　㉢ 안성 죽주산성 전투(1593년 3월) : 충청 병사 황진과 충청도 군사 1,000여 명 참전(위키실록사전 등)
　　　㉣ 제2차 진주성 전투(1593년 6월) : 충청 병사 황진과 충청 군사 700여 명 참전 전사(선조실록, 위키실록사전 등)

② 정유재란

직산 전투(1597년 9월) : 충청남도 천안시 직산읍 소사평(素沙坪, 소사벌)에서 벌어진 조·명 연합군과 일본군 간의 전투(디지털천안문화대전, 선조실록 등)

③ 정묘호란

임진강 방어(1627년 1월) : 인조가 강화도 피난 시, 충청 병사 유림(柳琳)과 충청도 군사들이 임진강 방어(1627년 1월 19일 '인조실록')

④ 병자호란

용인 험천 전투(1636년 1월) : 인조가 남한산성으로 피난 시, 충청 감사 정세규(鄭世規), 충청 병사 이의배(李義培), 공주영장 최진립(崔震立), 나성 현감 김홍익(金弘翼), 남포 현감 이경징(李慶徵), 금정 찰방 이상재(李尙載)와 충청도 군사 7,000여 명이 용인 험천(險川) 전투에 참전하여 최진립, 김홍익, 이경징, 이상재를 포함하여 충청도 군사 태반이 전사(디지털용인문화대전 등)

(다) 해미읍성의 옛 모습과 조화되도록 무명용사의 비 건립 : 경주 통일전 '삼국통일 순국 무명용사비'와 강화도 '신미양요 순국 무명용사비' 등 참고

(라) 해미읍성 왜란·호란 순국 무명용사의 비(예시)[114]

왜란·호란 순국 무명용사의 비

- 임진왜란 : 충주 탄금대 전투(1592년 4월), 용인 전투(1592년 6월), 안성 죽주산성 전투(1593년 3월), 제2차 진주성 전투(1593년 6월)
- 정유재란 : 천안 직산 전투(1597년 9월)
- 정묘호란 : 임진강 방어(1627년 1월)
- 병자호란 : 용인 험천 전투(1636년 1월)

(예시 그림 출처 : 문화재청 국가유산포털 '신미양요 순국 무명용사비')

114　예시에는 주요 전투와 일정을 개략적으로 제시하였다. 더 구체적인 내용은 연구용역을 통해, 사료에 근거하여 충청병영 소속 군사들의 왜란·호란(임진왜란·정유재란·정묘호란·병자호란) 참전 기록과 무명 전사자 인원 등을 확인하고, 추가로 왜란·호란 전후 왜구 섬멸 기록과 무명 전사자 인원 확인이 필요하다.

403

4 '왜란·호란 호국영령 충혼탑' 건립

(1) 필요성

① 왜란·호란으로 조선이 위기에 처했을 때, 충청 병사의 지휘를 받는 군사들은 충청도의 향토방위와 조국 수호를 위해 하나뿐인 소중한 목숨을 조국을 위해 바쳤음

② 왜란·호란 동안 이름이 밝혀진 호국영령 선양 충혼탑 건립 필요함

㉠ 임진왜란 시 충청 병사 황진 휘하 전사자 명단은 기존 연구 자료로 파악 가능

㉡ 그러나 임진왜란은 물론, 정유재란, 정묘호란, 병자호란 시 전사자 명단을 파악하고 추모하는 것이 후손된 도리임

③ 호국영령 소속 부대·지자체·학교·교회에서 이들을 선양하는 외국의 사례와 비교하면 너무나 늦었고, 부끄러움

(2) 외국 사례 : 뒷장, TIP(외국 사례) 참조

① 미국 : C. A. 로즈빌 한국전 참전비 & 포트 베닝 보병박물관

한국전 전시관 & 하버드대학교 및 MIT

　② 캐나다 : 윈저, 에식스 카운티 한국전 참전비 & 캐나다 로열 22연대 한국전 참전비

　③ 벨기에 : 신트-니콜라스 한국전 참전비 & 국립 성심 대성당 한국전 참전 기념물

(3) 국내 사례 : 뒷장, TIP(국내 사례) 참조

　① 충남 청양군 칠갑산 '충혼탑'
　② 강화도 광성보 '쌍충비각'
　③ 강릉 중앙고등학교 '6·25 참전 국가유공자명비'
　④ 충남기계공고 '호국영웅동산'

(4) 추진방안

　① 연구용역 : 충청병영 소속 군사를 중심으로 왜란·호란(임진왜란·정유재란·정묘호란·병자호란) 참전 기록 및 호국영령 명단 파악(왜란·호란 전후 호국영령 추가 파악). 충혼비 내용(비명·건립취지문), 충혼비 디자인(형상, 규격) 2개안, 설치 장소, 소요 예산 등

　② 추진위원회 구성 : 제안요청서 작성, 용역기관 선정(공모), 디자인 2개안 의견수렴 및 최선안 선정, 예산 확보(성금, 정부 예산, 도비, 시비 등), 설계 및 시공업체 선정

■ 외국 사례

> TIP
>
> **(1) 미국 : 로즈빌 한국전 참전비[116]**
>
> ① 건립 목적 : 고향 출신 중에서 한국전 참전 전사자 이름을 비에 새기고 추모
> ② 건립 시기 : 1988년 　　　③ 건립 장소 : 캘리포니아주 로즈빌
>
>
>
>
> 〈로즈빌 한국전 참전비〉 (출처 : 국가보훈처, '현충 시설 정보 서비스')

115　국가보훈처, '현충 시설 정보 서비스'에 의하면, 외국의 수많은 전사자 충혼탑 중에서, 한국전 참전 기념 충혼비는 총 381개소가 있다. 구체적으로 미국 272개소, 캐나다 22개소, 벨기에 12개소, 뉴질랜드 8개소 등이다.

④ 교훈 : 인구 12만의 소도시이나 고향 출신 호국영령 추모공간 조성 - 미국은 중앙정부 차원에서 워싱턴 DC에, 캘리포니아주는 주 정부 차원에서 플러턴 힐 크레스트 공원에 각각 한국전 참전 전사자 36,591명의 이름 새긴 기념비 건립

(2) 미국 : 포트 베닝 보병박물관 한국전 전시관

① 건립 목적 : 소속 부대원 중에서 한국전에 참전하여 전사한 전사자들의 이름을 비석에 새기고 추모
② 건립 시기 : 1998년   ③ 건립 장소 : 조지아주 군부대

〈전사자 충혼비〉 (출처 : 국가보훈처, '현충 시설 정보 서비스')

〈박물관 내부〉 (출처 : 국가보훈처, '현충 시설 정보 서비스')

④ 교훈 : 실외 충혼비 + 실내 전시관에 한국전 시 소속 부대원 활약상 제시

(3) 미국 : 하버드대학교 Memorial Church[117]

① 건립 목적 : 하버드대학 출신 중에서 제1·2차 세계대전, 한국전, 월남전 참전 전사자 이름을 교회 내부 벽의 동판에 새기고 추모
② 건립 시기 : 1932년   ③ 건립 장소 : 메사츄세츠주 케임브리지시

〈하버드대학교 전경(좌)과 영내 교회(우)〉
(출처 : https://memorialchurch.harvard.edu)

〈대학 교회 내부 벽에 새겨진 전사자 명단〉
(출처 : https://memorialchurch.harvard.edu)

---

116   이하 내용은 하버드대학 Memorial Church 홈페이지(https://memorialchurch.harvard.edu) 참조, 재구성

④ 교훈 : 세계 최고 명문대학과 교회에서 모교 출신 호국영령 추모공간 조성 - 미국이 강대국이 된 저력은 최고 엘리트들의 솔선수범 리더십이 뒷받침

(4) 미국 : MIT Grate Dome[118]

① 건립 목적 : MIT 출신 중에서 외국 참전 전사자 이름을 MIT 상징건물인 Grate Dome 내부 벽에 새기고 추모
② 건립 시기 : 1916년　　　③ 건립 장소 : 메사츄세츠주 케임브리지시

〈MIT 상징 건물 Grate Dome〉

〈MIT 상징 건물 Grate Dome 내부 전사자 추모공간〉

117　이하 내용은 저자가 2014년 9월에 MIT를 방문, 벤치마킹 결과를 토대로 재구성하였다.

④ 교훈 : 세계 최고 이공계 명문대학의 상징건물에 모교 출신 호국영령 추모공간 조성
　㉠ 현관 정면에 호국영령 추모공간이 있고, 노벨상 수상자들과 고액 기부자 명단은 측면에 있음
　㉡ 한국의 경우는 통상 대학 총장·고액 기부자 사진과 명단이 정면에 있음

(5) 캐나다 : 윈저, 에식스 카운티 한국전 참전비[119]

① 건립 목적 : 고향 출신 중에서 한국전 참전 전사자 이름을 비에 새기고 추모
② 건립 시기 : 2009년　　　　③ 건립 장소 : 온타리오주

〈에식스 카운티 한국전 참전비〉 (출처 : 국가보훈처, '현충 시설 정보 서비스')

118　이하 내용은 국가보훈처, '현충 시설 정보 서비스' 참조, 재구성

④ 교훈 : 인구 6천 명의 시골이나 고향 출신 호국영령 추모공간 조성 - 캐나다는 중앙정부 차원에서 오타와에, 온타리오주는 주 정부 차원에서 윈저시에 각각 한국전 참전 전사자 이름을 새긴 기념비를 건립

(6) 캐나다 : 캐나다 로열 22연대 한국전 참전비

① 건립 목적 : 소속 부대원 중에서 한국전에 참전하여 전사한 전사자들의 이름을 비석에 새기고 추모
② 건립 시기 : 1989년   ③ 건립 장소 : 퀘벡주

〈캐나다 로열 22연대 한국전 참전비〉 (출처 : 국가보훈처, '현충 시설 정보 서비스')

〈참전비에 새겨진 전사자 명단〉 (출처 : 국가보훈처, '현충 시설 정보 서비스')

④ 교훈 : 소속 부대원 중에서 해외 참전 전사자들의 추모공간 조성

(7) 벨기에 : 신트-니클라스 한국전 참전비[120]

① 건립 목적 : 고향 출신 중에서 한국전 참전 전사자 이름을 비에 새기고 추모
② 건립 시기 : 1987년　　　③ 건립 장소 : East Flanders

〈신트-니클라스 한국전 참전비〉 (출처 : 국가보훈처, '현충 시설 정보 서비스')

〈참전비에 새겨진 전사자 명단〉 (출처 : 국가보훈처, '현충 시설 정보 서비스')

④ 교훈 : 인구 7만여 명의 작은 도시에도 고향 출신 호국영령 추모공간 조성 - 벨기에는 제1·2차 세계대전 시 독일군에게 가장 피해를 많이 본 경험이 있기에, 전사자 추모는 물론, 해외 참전도 적극적이다.

119　이하 내용은 국가보훈처, '현충 시설 정보 서비스' 참조, 재구성

(8) 벨기에 : 국립 성심 대성당 한국전 참전 기념물

① 건립 목적 : 한국전에 참전하여 전사한 전사자들을 추모하기 위해 성당 안에 설치된 6·25전쟁 참전 기념 스테인드글라스는 모두 9개의 유리창이 3개 주제로 나누어져 구성되어 있다.(전쟁을 상징하는 야간 순찰대 3, 희망과 평화의 비둘기가 한반도 위를 나는 모습 3, 한국의 풍경 3)

② 건립 시기 : 1996년   ③ 건립 장소 : 브뤼셀

〈립 성심 대성당〉 (출처 : 국가보훈처, '현충 시설 정보 서비스')

〈국립 성심 대성당 한국전 추모공간〉 (출처 : 국가보훈처, '현충 시설 정보 서비스')

④ 교훈 : 천주교 성당에서도 해외 참전 전사자들의 추모공간 조성 - 제1·2차 세계대전 패배 후, 종교 시설도 전사자 추모공간 조성에 참여

■ 국내 사례

> TIP
>
> **(1) 충남 청양군 칠갑산 '충혼탑'**[121]
>
> ① 건립 목적 : 고향 출신 중에서 임진왜란, 이몽학의 난, 정묘호란, 병자호란, 홍주 의병, 순창 의병, 임시정부, 광복단, 철원 애국단, 광복회, 군자금 모금, 의열단, 3·1운동, 6·25전쟁(군인, 경찰, 군속, 교도관, 소방대원, 향토방위대 등), 4·19혁명 관련 전사자 이름이 새겨진 충혼탑 건립 (1972년에 청양군 출신 6·25 전쟁 전사자 충혼탑 건립 → 1993년에 임진왜란까지 확대)
>
> ② 건립 시기 : 1993년
>
> ③ 건립 장소 : 충남 청양군 칠갑산
>
>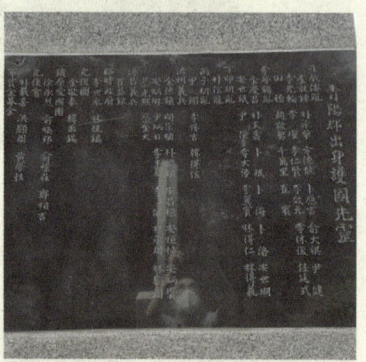
>
> 〈청양군 충혼탑〉 　　〈임진왜란까지 포함된 전사자 명단〉

---

120 이하 내용은 국가보훈처, '현충 시설 정보 서비스' 참조, 재구성

(2) 강화도 광성보 '쌍충비각'[12]

① 건립 목적 : 1871년 신미양요 당시 전사한 어재연·어재순 형제, 김현경, 박치성 등의 장수와 휘하 군사를 기리는 비를 1873년에 건립, 비각은 1973년에 건립
② 건립 시기 : 1976년   ③ 건립 장소 : 인천시 강화군 불은면 덕성리

〈쌍충비각〉 (출처 : 한국학중앙연구원, '한국민족문화대백과사전')

〈쌍충비각 내부에 전사자 명단이 새겨진 비석군〉
(출처 : 한국학중앙연구원, '한국민족문화대백과사전')

---

121   한국학중앙연구원, '한국민족문화대백과사전'(http://encykorea.aks.ac.kr) 참조, 재구성

(3) 강릉 중앙고등학교 '6·25전쟁 참전 국가유공자명비'[123]

① 건립 목적 : 모교 출신 중에서 6·25전쟁 당시 개인의 안위를 뒤로하고 소중한 생명과 젊음을 바친 학도병의 숭고한 호국정신과 애국심을 기리고 후배 학생들이 본받아야 할 표상으로 삼고자 이들의 이름을 새겨 건립

② 건립 시기 : 2016년　　　　　③ 건립 장소 : 강원도 강릉시

(출처 : 국가보훈처, '현충 시설 정보 서비스')

(4) 충남기계공고 '호국영웅 동산'[124]

① 건립 목적 : 1996년 강릉 무장공비 소탕작전 중 불의의 총탄에 맞아 전사한 고 오영완 장군(4회 졸업생)과 2010년 천안함 폭침으로 전사한 고 임재엽 상사(38회 졸업생)의 투철한 사명감과 군인정신을 기리기 위해 건립

② 건립 시기 : 1996년　　　　　③ 건립 장소 : 대전시 중구 문화동

122　이하 내용은 국가보훈처, '현충 시설 정보 서비스' 참조, 재구성
123　이하 내용은 국가보훈처 공식 블로그(https://blog.naver.com/mpvalove/221339718224)

〈충남기계공고 '호국영웅 동산'〉

참조, 재구성

(5) 해미읍성 '왜란·호란 호국영령 충혼비' 미래 모습(예시)

(가) 왜란·호란 순국 호국영령 충혼비 건립 시 고려사항

① 외국 및 국내 사례 참조, 연구용역 및 추진위원회 설치 긴요
② 충청병영 소속 군사의 왜란·호란(임진왜란·정유재란·정묘호란·병자호란) 참전 기록 및 호국영령 명단 파악을 위한 연구용역이 긴요하며, 추가로 왜란·호란 전후 호국영령 파악

(나) 사료에 근거한 충청병영 소속 군사들의 왜란·호란 참전 기록 및 호국영령 명단 반영(추가 연구 필요)

① **임진왜란**

㉠ 충주 탄금대 전투(1592년 4월 27일) : 충주 목사 이종장(李宗長)과 충청도 군사 8,000여 명 참전 전사(선조실록, 류성룡 '징비록', 위키실록사전 등)

㉡ 용인 전투(1592년 6월) : 삼도 근왕군으로 충청 감사 윤선각(尹先覺), 충청 병사 신익(申翌)과 충청도 군사 수만 명 참전(선조실록, 류성룡 '징비록', 위키실록사전 등)

㉢ 안성 죽주산성 전투(1593년 3월) : 충청 병사 황진과 충청도 군사 1,000여 명 참전(위키실록사전 등)

㉣ 제2차 진주성 전투(1593년 6월) : 충청 병사 황진, 조방장 겸 해미 현감 정명세, 태안 군수 윤구수, 결성 현감 김응건, 당진 현감 송제, 남포 현감 이예수, 황간 현감 박몽열, 보령 현감 이의정과 충청도 군사 700여 명 참전 전사(선조실록, 위키실록사전 등)

② 정유재란

직산 전투(1597년 9월) : 충청남도 천안시 직산읍 소사평(素沙坪, 소사벌)에서 벌어진 조·명 연합군과 일본군 간의 전투(디지털천안문화대전, 선조실록 등)

③ 정묘호란

임진강 방어(1627년 1월) : 인조가 강화도 피난 시 충청 병사 유림(柳琳)과 충청도 군사들이 임진강 방어(1627년 1월 19일 '인조실록')

④ 병자호란

용인 험천 전투(1636년 1월) : 인조가 남한산성으로 피난 시 충청 감사 정세규(鄭世䂓), 충청 병사 이의배(李義培), 공주 영장 최진립(崔震立), 나성 현감 김홍익(金弘翼), 남포 현감 이경징(李慶徵), 금정 찰방 이상재(李尙載)와 충청도 군사 7,000여 명이 용인 험천(險川) 전투에 참전하여 최진립, 김홍익, 이경징, 이상재를 포함하여 충청도 군사 태반이 전사(디지털용인문화대전 등)

 (다) 해미읍성의 옛 모습과 새로 건립할 '왜란 호란 순국 무명용사비'와 조화 : 경주 통일전 '삼국통일 순국 무명용사비'와 강화도 '신미양요 순국 쌍충비각' 등 참고

(라) 해미읍성 '왜란·호란 호국영령 충혼비'(예시)[124]

왜란·호란 호국영령 충혼비

임진왜란
- 1592년 4월, 탄금대 전투 : 충주목사 이종장외 충청도 군사 8,000여명
- 1593년 6월, 제2차 진주성 전투 : 충청병사 황진, 해미현감 정명세, 태안 군수 윤구수, 결성현감 김응건, 당진현감 송제, 남포현감 이예수, 황간현감 박몽열, 보령현감 이의정 외 충청도 군사 700여 명

병자호란
- 1636년 1월, 용인 험천 전투 : 공주영장 최진립, 나성현감 김홍익, 남포현감 이경징, 금정찰방 이상재외 충청도 군사 수천명

(예시 그림 출처 : 문화재청 국가유산포털 '신미양요 순국 무명용사비')

---

[124] 예시에 제시된 내용은 주요 호국영령 명단을 개략적으로 제시하였다. 구체적인 내용은 연구용역을 통해, 사료에 근거하여 충청병영 소속 군사들의 왜란·호란 (임진왜란·정유재란·정묘호란·병자호란) 참전 기록과 전사자 명단을 확인하고, 추가로 왜란·호란 전후 왜구 섬멸 호국영령 명단을 확인하는 것이 필요하다.

5 역사와 흥미를 결합한 축제형 콘텐츠 구축

(1) 이순신 군관의 진법훈련 및 화포 사격 시연
① 필요성
㉠ 현재 해미읍성의 이순신 군관과 관련된 축제에는 이순신 군관이 신임 충청 병사를 영접하는 것을 재현하고 있는데, 개선 필요

　* 신임 사단장(병사)이 부임 시 부사단장(병마우후)이 영접하고 참모 (군관)들이 도열하는 것이 군대 예절

㉡ 신임 병사가 부임 시 병마우후가 영접하고 군관 5명이 도열하는 것으로 개선

㉢ 이순신 군관은 충청 병사를 보좌하여 경국대전에 명시된 충청 병사의 임무를 가장 모범적으로 수행했을 것이므로, 이순신 군관에 걸맞은 진법훈련 시연과 화포 사격 시연을 하는 것이 바람직

② 진법훈련 시연
㉠ 앞서 소개된 진법에는 학익진을 포함한 다양한 방식의 육군 훈련모델이 있음

㉡ 여러 훈련모델 중에서 가용 공간, 동원 가능한 쌍방 병력 인원, 전문가 고증, 수원 화성 행궁의 무예 시범 등을 참고하여 연구용

역을 추진 → 최선의 훈련모델 선정

〈수원 화성 행궁 무예 시범〉
(출처 : 수원시청, http://www.suwon.go.kr)

③ 화포 사격 시연

㉠ 독자들은 이순신이 임진왜란 시 학익진을 포함한 각종 진법과 화포를 시의적절하게 사용하여 일본군과 싸워 백전불패의 신화

를 이룬 영웅으로 인식

ⓒ 그러나 전쟁 영웅, 특히 지휘관은 갑자기 탄생하는 것이 아니고, 초급장교로부터 실전과 같은 훈련, 그리고 실전에서 생사를 넘나드는 경험을 통해서 가용병력과 무기를 운용하는 리더십과 전술 능력이 축적되어야 가능함

ⓒ 이순신이 임진왜란 때 23전 23승의 신화를 이룩하고, 특히 화포를 주로 사용하여 승리하게 된 것은 초급장교 시절부터 화포 전문가가 되었기 때문임. 이순신이 1588년에 함경도에서 여진족과의 전투에서 화포로 구성된 부대의 지휘자(우화열장, 右火烈將)로 활약하여 대승을 거둔 바가 있는데, 이는 이순신이 과거에 근무했던 모든 부대에서 화포의 사격과 운용에 지대한 노력과 경험이 없이는 불가능함. 아래는 1588년 함경북도 병사 장양공(壯襄公) 이일의 조선 육군이 여진족을 토벌하는 기록화이다.

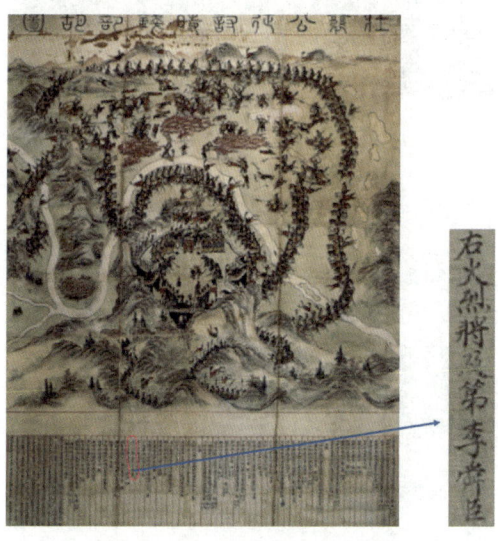

〈장양공정토시전부호도(좌)와 이순신의 당시 참전 기록(우)〉
(출처 : 육군박물관)

㉣ 따라서 이순신은 1579년 10월부터 해미읍성에 약 10개월 간 군관으로 근무하면서 경국대전에서 부여된 임무인 화포 사격 연습을 가장 훌륭하게 수행하였을 것으로 추정된다. 그 결과 이순신은 1588년 함경도에서 여진족 토벌, 그리고 1592년 임진왜란 발발 후부터 일본군 격멸에 화력 전문가로서 면모를 발휘할 수 있었음

㉤ 여러 무기 중에서 사격이 가능한 조선 시대 복원 무기, 복원 전문가 자문, 가용 공간, 안전 등을 참고하여 연구용역 → 시연 가능한 최선의 조선 무기 선정

㉥ 해미읍성에서 조선 시대 무기 사격 시연(예시)

〈승자총통 사격 시연〉 (출처 : 국립진주박물관)

〈2011년 11월 전남 장성 육군포병학교에서 변이중화차 사격 시연〉 (출처 : 장성군청)

〈2013년에 고양 역사 600년을 기념하기 위해
전 항공우주연구원 채연석 박사가 복원한 소·중·대 신기전 사격 시연〉
(출처 : 고양시청)

ⓐ 기타 : 이순신이 해미읍성 군관 근무 시 무기체계 + 임진왜란 시 개발된 무기 사격 시연 검토[125]

(2) 황진 장군과 충청 군사 출정식
① 필요성
㉠ 임진왜란 초기에 충청 병사와 관군들은 청주성을 탈환한 의병장 조헌 휘하의 의병들이나 의승장 영규 휘하의 승병들에 비해 활약상이 미흡

---

125 특히 이순신이 전라좌수사로 근무하면서 1593년 9월에 휘하의 훈련주부 정사준(鄭思竣)을 시켜 개발한 조선 조총도 복원하여 사격 시연을 하는 것도 검토 필요

ⓛ 그러나 황진이 충청 병사로 부임한 1593년 3월부터는 분위기가 확 달라졌음. 황진과 충청도 군사들은 조국 수호를 위해서라면 전국 어디든 출동하여 적을 격파하고 장렬히 순국

ⓒ 충청 병사 황진과 충청도 군사들의 주요 업적

- 1593년 3월, 충청 병사 황진과 충청도 군사 약 1,000여 명(추정)은 경기도 안성으로 출정하여 죽주산성을 점령 중인 일본군 약 3,000~4,000여 명을 유인하여 격멸하고 죽주산성 탈환(실록위키사전 & 포저집 등)

- 1593년 6월, 충청 병사 황진이 해미 현감 정명세(鄭名世), 태안 군수 윤구수(尹龜壽), 결성 현감 김응건(金應健), 당진 현감 송제(宋悌), 남포 현감 이예수(李禮壽), 황간 현감 박몽열(朴夢說), 보령 현감 이의정(李義精) 휘하 충청도 군사 700여 명과 함께 진주성으로 출정하여 전공을 세우고 장렬히 순국(1953년 7월 10일 '선조실록')

- 충청 병사 황진과 충청도 군사들이 이룩한 업적을 잘 알리기 위해서는 해미읍성에서 경기도 안성과 경상도 진주로 출정하는 출정식 장면을 재현 시, 볼거리 제공과 함께 역사적 스토리텔링 제공 가능

② 추진방안

㉠ 성곽 내부 출정식 장소, 소요 복장과 장비, 행사 진행 계획, 황진 장군 출정 연설문, 소요 예산 등은 연구용역

- 국내외 뜻깊고 멋진 출정식 장면 벤치마킹
- 충청 병사 황진과 수령들은 말을 타고, 진법에 제시된 깃

발과 북, 징 등으로 시각 및 청각 효과
- 군사들 역할은 해미읍성 축제 참가 인근 학교 학생들, 단체 관광객이나 체험학습 단체 학생들 검토

③ **기대효과**
㉠ 임진왜란 시 충청병영이 있었던 해미읍성의 가장 큰 자랑거리
㉡ 관광객들에게 충청도는 인심만 좋은 곳이 아니라, 전국 어디나 위기에 처한 곳이 있으면 목숨을 아끼지 않고 지원하는 애국애족 이미지 제고

〈말을 탄 조선군 장수들〉 (출처 : https://dongbeiren.tistory.com/426)

〈조선군 출정식〉 (출처 : 2014년 KBS 드라마 '정도전')

(3) 황진 장군배 전국 궁도대회

① 필요성

㉠ 임진왜란 시 황진은 육군장수 중에서 활과 칼, 그리고 화포를 잘 다루었고, 특히 활 쏘는 솜씨가 타의 추종을 불허하는 백발백중 사수로서, 직접 적장을 사살하고 많은 적을 사살하여 각종 전투를 승리로 이끈 명장임

㉡ 근거 자료
- 1592년 7월 1일, '선조수정실록'
- 연려실기술 제16권
- 강한집 제15권 '무민 황공의 묘지명'
- 포저집 제35권 '충청도 병마절도사 황공 행장' 등

㉢ 역대 충청 병사 중에서 가장 큰 업적을 남기고, 진주성 2차 전투에서 장렬히 순국한 황진을 선양하며, 황진 장군배 전국 궁도대회 개최 및 황진 후손 초청 필요

② 추진방안

㉠ 연구용역 : 관련 사례 벤치마킹, 참가 대상, 시상 규모 등
㉡ 해미읍성 안에 있는 기존의 국궁장에서 황진 장군배 전국 궁도대회 유치

〈해미읍성 성곽 내부에 설치된 국궁장〉

ⓒ 시상 : 황진 장군 후손

(4) 서산 해미읍성 정기 음악 연주회 및 시문학 발표회
① 필요성
㉠ 세계적으로 고성(古城)과 고택(古宅)에서 음악 연주회와 시문학 발표회는 현대인들에게 새로운 트렌드로 각광을 받고 있음

〈미국 포트 먼로성 야외 음악 연주회〉

〈윤보선 고택 음악회〉 (출처 : 조선일보, 2022. 4. 26.)

ⓛ 특히 해미읍성 청허정은 음악 연주회와 시문학 발표에 이상적인 인프라가 구축되어 있고, 실제 조선 유명 시인들(매계 조위와 다산 정약용)이 이곳에서 시를 남긴 곳이므로, 청허정 활용방안 연구 필요

② 청허정 문화행사 사례 및 추진방안

㉠ 청허정 문화행사 사례

■ 1494년(성종 25), 충청도 도청 소재지인 충주에 근무하는 충청 감사 매계 조위(曺偉)가 충청 병사 이손(李蓀)이 근무하는 해미읍성을 방문하여 긴밀한 업무협조를 하고, 또한 함께 말을 타고 육상과 해안을 현장 지도한 후, 일과 후에는 청허정에서 술 한 잔 나누며 시를 남겼음(매계집 '梅溪先生文集卷之二')

■ 관례에 의거, 관기(官妓)나 주변 기생에 의한 악기 연주

예상

■ 다산 정약용이 과거 급제 후, 공직에 근무하다 주위의 모함으로 나이 29세가 되던 1790년 3월에 해미읍성에 귀양 왔을 때 슬픈 마음으로 남긴 시가 전해진다. 곧이어 10일 후 귀양이 풀리고 다시 중앙 관직에 복귀하라는 명을 받고 나서 기쁜 마음으로 남긴 시가 전해짐

■ 신미양요(1871년) 때 군함에 승선해 미국에 떨어진 한 소년이 미국 군인 신분으로 자신을 버린 조국인 조선으로 돌아와 주둔하며 벌어지는 일을 그린 드라마 '미스터 션샤인'이 tvN에서 2018년 7월부터 9월까지 24부작으로 절찬리에 방영된 바 있는데, 해미읍성 청허정에서 주요 장면을 촬영하였음. 또한 2002년 제작 영화 'YMCA 야구단'과 2004년 '바람의 파이터'도 청허정을 배경으로 촬영하였음

〈'미스터 션샤인' 촬영지인 청허정〉 (출처 : tvN)

〈'YMCA 야구단'(좌)과 '바람의 파이터'(우)〉

ⓒ 청허정 문화행사 추진방안
- 연구용역 : 관련 사례 벤치마킹, 참가 대상, 시상 규모 등
- 야외 문화행사에 적합한 청허정과 주변 공간을 활용하여, 아래 문화행사 추진
- 야외 정기 음악 연주회
- 야외 시 낭송 대회

〈청허정〉

〈청허정에서 '전통악기 연주 및 시 낭송' 예시〉
(출처 : 서산포스트)

〈청허정에서 '현대 악기 연주' 예시〉

(5) 진남루 경로잔치

① 필요성

㉠ 해미읍성 입구인 진남문 좌측 비석군에는 지금부터 약 170년 전에, 해미읍성에서 해미 현감과 호서좌영장을 겸임했던 박민환이 이곳에 부임 후, 진남문을 비롯한 성벽 보수를 끝내고, 그동안 고생한 백성과 병사들의 노고를 위로하며, 노인 어르신들의 만수무강을 기원하며 경로잔치를 베풀어준 역사적 기록이 전해지고 있음

〈진남루 경로잔치〉 (출처 : 서산시)

 ⓛ 2021년의 경우, 코로나 감염병 확산으로 노인 어르신 초청 경로잔치는 생략하고, 마을공동체 탱자성협동조합(이사장 정진호)에서 '진남루에 울리는 북소리'라는 공연만 하였음. 당시 연극은 '극단 서산' 소속 배우들이 진행했고, 국악 공연은 '홍주 국악관현악단' 단원들이 진행하였음

 ⓒ 2022년부터 사회적 거리두기가 완화됨에 따라 진남루 경로잔치를 확대 필요

② **추진방안**

 ㉠ 연구용역 : 전국 경로잔치 벤치마킹, 초청대상, 개최 시기, 초청 극단 및 악단, 선물, 행사비용 등

 ㉡ 초청대상 : 해미읍성, 서산시, 나아가 충청도의 경로우대 정신을 전국에 알리고, 국민들에게 해미읍성에 대한 좋은 이미지를 각인시킬 수 있도록 연구 필요

  ■ 1안 : 100세 이상 전국 어르신 중, 자녀들이 이곳까지 모

시고 올 수 있는 분[126]

- 2안 : 호서좌영 관할이었던 인근 12개 고을 거주 100세 이상 어르신 중, 자녀들이 이곳까지 모시고 올 수 있는 분
- 3안 : 서산시 거주 100세 이상, 또는 90세 이상 어르신 중 자녀들이 이곳까지 모시고 올 수 있는 분

ⓒ 사회의 귀감이 되는 장수 귀빈 특별 초청 추진 : 김형석 교수 등
ⓔ 백종원 등 전국 유명 셰프와 협조, 경로잔치 음식 준비
ⓜ 21세기 진남루 경로잔치(예시)

〈2021년 행사 장면〉 (출처 : 서산시대)

〈김형석, 백종원〉 (출처 : 연합뉴스 & 위키피디아)

---

126 『머니투데이』(2022. 1. 13.), '정현수의 인구 이야기'. 2021년 12월 기준으로 100세 이상 노인은 7,961명이며, 실제 보건복지부에서 100세 이상 노인에게 전해주는 지팡이(청려장)를 받은 분은 약 2,000명이다. 이분들 중에서 요양병원이나 요양원에 입원하지 않고 김형석 교수처럼 거동이 가능하신 분들은 실제 확인이 필요하다.

제5장
인터뷰 후속 조치 (2) : 전국 지자체 현충시설

1. 한자로 된 호국영령 위패 옆에 한글 해설판 부착
   (1) 필요성
   (2) 사례(진주성 창열사)
   (3) 추진방안

2. 5천 년 조국 수호 무명용사탑 & 충혼탑 건립
   (1) 필요성
   (2) 사례(서산시)
   (3) 추진방안

1 한자로 된 호국영령 위패 옆에 한글 해설판 부착

(1) 필요성

① 호국영령의 위패를 모시는 사당은 전국에 많이 있다. 후손들이 이곳을 방문하여 추모하는 것은 후손들의 도리이고, 바람직한 일인데 이를 가로막는 이유는 다음과 같다.

㉠ 위패의 글씨는 한자로 되어 있어, 한글세대 학생들은 이해할 수 없음. 따라서 이들이 쉽게 읽을 수 있는 살아있는 역사자료 제시가 필요

㉡ 기독교와 천주교 신자들에게는 미신을 모시는 곳처럼 오해받기 쉬움. 이런 선입관으로 이들은 방문 자체를 꺼리는 경향이 있음. 따라서 이곳은 '조상 신(神)'을 모시는 곳이 아니고, 외국의 추모공간처럼 종파와 관계없이 국민들이 훌륭한 '조상님'을 추모하는 현충 시설로 개선 검토 필요

(2) 사례(진주성 창열사)

창열사에는 임진왜란 시 제1차 진주성 전투(1592년)와 제2차 진주성 전투(1593년)에서 순국한 김시민 장군, 창의사 김천일, 충청 병

사 황진, 경상 우병사 최경회 등 39분의 위패를 모시고 있음

〈진주성 창열사〉

① 제2차 진주성 전투 시 충청 병사 황진 휘하 충청도 군사 700여 명은 황진 장군과 함께 조국 수호를 위해 진주로 출정하여 일본군과 싸우다 장렬히 순국했으며, 호국영령 중에서 이름이 밝혀진 인사들은 아래와 같음(1953년 7월 10일 및 7월 16일 '선조실록')

❶ 해미 현감 정명세
❷ 태안 군수 윤구수
❸ 결성 현감 김응건
❹ 당진 현감 송제
❺ 남포 현감 이예수
❻ 황간 현감 박몽열
❼ 보령 현감 이의정

② 그러나 창열사에 모신 39분의 위패에는 충청도 군사들 중에서

3분(충청 병사 황진, 당진 현감 송제, 보령 현감 이의정)의 위패만 있음. 여기에 사료에 이름이 파악된 해미 현감 정명세, 태안 군수 윤구수, 결성 현감 김응건, 남포 현감 이예수, 황간 현감 박몽열의 위패를 추가하여 모시는 것을 진주시, 경상남도, 국가 차원에서 적극 검토 필요

〈武愍公 黃進(좌), 兵曹參議 李義精(중), 兵曹參議 宋悌(우) 위패〉

③ 또한 충청 병사 황진, 당진 현감 송제, 보령 현감 이의정 3분의 위패 내용은 모두 한자로 되어 있고, 시호나 순국 후 추증된 직책만 제시되어 있음. 따라서 이곳을 찾는 관람객이 이분들의 소속과 숭고한 업적에 대해 이해가 불가능하므로, 역사 대중화 차원에서 위패 우측에 한글 해설판 설치 필요

(3) 추진방안

① 창열사 건물 3개 동에는 이곳에 모신 39분의 위패에 추가하여 진주성에 출정하여 순국한 충청도 수령들 위패를 모실 수 있는 공간이 충분하므로 관계 부처인 진주시, 경상남도, 문화재청, 보훈처 관련 요원들이 협의체를 구성하여 추진

② 매년 음력 3월 초정일(初丁日)에 진주시 주관으로 배위된 39분의 후손들이 제를 봉행하고 있는데, 여기에 추가된 배위들의 후손도 함께 제를 봉행토록 추진

　　※ 이렇게 추진한다면, 창열사에 모신 39분의 호국영령과 그 후손들은 '함께 조국을 수호하다 순국한 전우들의 만남'이라는 뜻깊은 행사로 승화

　　※ 행사 시 역사성과 국민 대통합 차원에서, 충청·경상·전라도 향토사단장과 도지사, 그리고 진주성 전투에 참여한 충청·경상·전라도 향토부대장과 지자체 단체장 참가. 행사 시 대통령이 참가하여 연설(영웅 추모, 국민대통합과 애국애족 정신 계승 강조)

③ 진주성을 방문하는 관람객들은 인지도가 높은 촉석루나 논개사당은 찾지만, 창열사는 잘 찾지 않음. 사실 진주성의 주인공은 진주성을 사수하다 순국한 호국영령이므로, 수학여행이나 체험학습 시 진주성을 방문하는 학교는 창열사 방문을 권장

　　※ 진주 대아중학교 : 매년 학생들과 교직원들이 창열사 방문 및 추모

④ 한글세대 학생과 기독교 및 천주교 신자들도 이해가 쉽도록 위패 우측에 한글 해설판을 부착하여, 조국 수호를 위해서는 우리 조상들이 출신 지역을 떠나 전국 어디든 신속히 출동하여 결사 항전 의지로 순국했던 사실을 홍보

　그 결과, 21세기에는 남녀노소, 종교, 그리고 출신 지역을 막론하고 애국애족과 국민 대통합의 교육 도장으로 활용

〈'武愍公 黃進'으로 표기된 위패 우측에 이해가 쉽도록 작성한 한글 해설판(예시)〉

〈'兵曹參議 李義精'으로 표기된 위패 우측에 이해가 쉽도록 작성한 한글 해설판(예시)〉

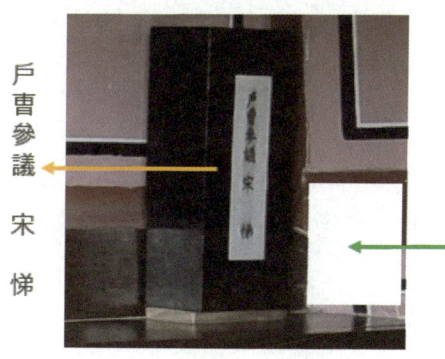

〈'兵曹參議 宋悌'로 표기된 위패 우측에 이해가 쉽도록 작성한 한글 해설판(예시)〉

⑤ 창열사에 모신 39분 + 추가된 분들의 위패 우측에도 위와 같은 한글 해설판 작성

⑥ 진주시

　㉠ 경상남도 문화재청과 협조하여 진주성 전투 시 순국 요원을 정확히 파악할 수 있도록 연구용역을 발주하여, 검증된 인물들의 신위를 추가로 모시도록 추진

　㉡ 진주성과 진주박물관을 찾는 관람객들에게 보여줄 가장 큰 유산은 아래 호국영령의 순국정신이므로, 이분들의 선양에 주안

　❶ 진주성 1차 및 2차 전투 시 순국한 7만의 민·관·군 : '금산 칠백의총'과 '남원 만인의총'처럼 '진주 7만의총' 건립 검토

　❷ 7만의 호국영령 중에서 무명용사들 : 진주성 외진 곳(창열사 구석)에 있는 무명용사비에 추가하여, 별도로 관람객들 접근성이 좋은 호국 종각 인근에 무명용사비 설치 검토

　❸ 이름이 밝혀진 호국영령

　※ 창열사에 위패를 모시고, 위패 우측에 한글 해설판 작성[127]

　※ 진주박물관 가용 공간에 '금산 칠백의총 기념관 추모공간'처럼, 추모공간 설치 검토

127　진주시 창열사를 포함하여 전국 사당의 호국영령 위패 우측에 한글 해설판을 작성하기 위해서는 우선 성균관유도회총본부와 공감대 형성이 필요하다. 마침 조선일보 기사(2022. 7. 18.)에 의하면, 유도회총본부 최영갑 신임 회장은 "유교는 '꼰대', '고리타분함'이라는 이미지로 인식되고 있으므로, 시대에 맞게 우선 차례와 제사를 간소화하는 방안을 곧 발표하겠다"고 하였다. 이런 관점에서 진주시와 성균관유도회총본부가 긴밀히 협조하여 창열사가 서양의 현충 시설처럼 종교와 시대를 초월하여, 모든 국민으로부터 사랑받는 추모공간이 되길 바란다. 진주시가 다음으로 협조할 단체는 기독교와 천주교를 포함한 종교 단체들이다. 그러나 광림교회, 명성교회, 새에덴교회 등은 오래전부터 해외의 6·25 참전용사와 유족을 초청하여 보은 행사를 하고 있다. 창열사가 미신(조상신)을 모시는 곳이 아니고, 호국영령을 모시는 추모공간으로 분위기를 개선하여 관련 종교 단체에 홍보한다면, 이들도 호국영령 추모에 적극 참여할 것으로 기대된다.

〈칠백의총 기념관 추모공간 모습〉

※ 시대를 초월한 전쟁 교훈

아무리 돈이 많은 국가도, 아무리 좋은 무기를 보유한 국가도, 아무리 병력이 많은 국가도, 군 통수권자 - 군인 - 국민이 삼위일체가 되어 죽을 각오로 싸우겠다는 항전 의지가 없으면 전시에는 모든 것이 물거품이다. 이런 이유로 선진국은 국가 생존 차원에서 순국한 호국영령을 추모하고 선양하고 있으나, 한국의 경우는 호국영령을 영원히 잊지 않겠다고 하면서 실천은 미흡한 편이다.

2 5천 년 조국 수호 무명용사탑 & 충혼탑 건립

(1) 필요성

　① 우리 민족은 반만년 역사를 가진 민족으로, 약 5천 년간 외세의 침입을 막아냈다고 주장하고 있으나, 실제 전국의 거의 모든 지자체 충혼탑에는 일제강점기 독립운동, 6·25전쟁, 그리고 베트남전쟁 위주의 순국선열과 호국영령 명단만 수록

　② 조선의 호국영령 명단은, 조선이 기록의 나라라고 할 만큼 풍부한 자료가 있으나, 후손들의 관심 부족으로 발굴 및 선양 노력이 미흡

　③ 그러나 충남 청양군에서는 칠갑산에 충혼탑을 건립하면서 조선 시대(임진왜란, 병자호란 등) 호국영령 명단을 파악하여, 이분들의 이름을 충혼탑에 수록하고 매년 정기적인 선양 행사 추진

　※ 전국 지자체 충혼탑에 삼국 시대로부터 조선 시대의 호국영령 명단은 지자체별로 명단 파악과 검증에 오랜 기간이 걸릴 것이므로 장기 과제로 지금부터 연구용역 추진이 필요함. 그러나 우선은 충남 청양군 충혼탑 사례를 참고하고, 한국학중앙연구원에서 구축한 '향토문화전자대전'을 활용하여 시범적으로 서산시 나라사랑공원의

현충 시설에 삼국 시대로부터 조선 시대의 호국영령 명단을 추가하여 건립하는 방안을 제시

(2) 사례(서산시)

① 국가보훈처와 서산시에서는 순국선열과 호국영령을 추모하기 위해 나라사랑공원에 여러 기념탑을 건립하였는데, 기념탑은 16m 높이의 주탑과 6m 높이의 보조탑 3개(일제강점기 독립유공자탑, 6·25 참전유공자탑, 베트남참전유공자탑)로 구성되어 있음

〈 서산시 현충 시설 '나라사랑기념탑' 〉

〈 서산시 나라사랑공원 독립유공자탑(좌), 6·25전쟁 참전유공자탑(중),
베트남전 참전유공자탑(우) 〉

② 탑별로, 하단부 검정 대리석 벽면에 읍·면·동 유공자 명단 수록

(3) 추진방안

① Hardware(구조물) : 가용 공간에 2개의 보조탑 추가
　㉠ 보조탑 (1) : 5천 년 조국 수호 무명용사탑
　㉡ 보조탑 (2) : 5천 년 조국 수호 유공자탑

〈 서산시 현충 시설에 삼국~조선 시대 순국 무명용사탑과 유공자탑(예시) 〉

② Software(보조탑 (2)에 기록할 5천 년 조국 수호 유공자 명단)
　㉠ '향토문화전자대전' 활용 : 한국학중앙연구원에서는 전국 시·군 단위로 맞춤형 '향토문화전자대전'을 2003년부터 편찬 중에 있음. 2022년 5월 31일 현재, 충청남도의 경우 15개 시·군 중에서 7개 지자체(논산시, 아산시, 공주시, 당진시, 서산시, 예산군, 천안시)는 편찬을 완료하였음. 따라서 서산시의 경우는 서산시를 클릭하여 '문무관인', '충신', '의병' 명단을 확인하면, 서산 출신 인사와 서산에 파견된 관리가 외세의 침입에 대항하기 위해 참전한 사례와 순국(전사)

한 사례가 자세히 수록되어 있음

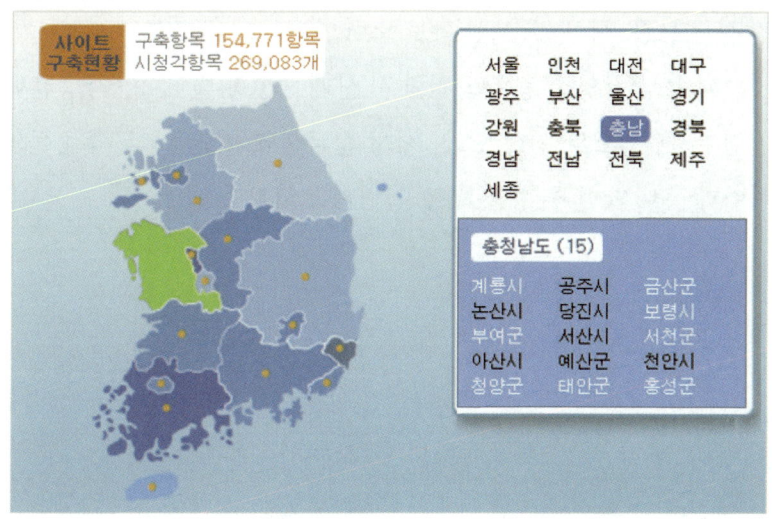

〈향토문화전자대전 구축현황〉 (출처 : 한국학중앙연구원)

※ 한국학중앙연구원에서는 한국향토문화전자대전의 '서산시' 내용을 작성하기 위해, 관련 전문가 48명(서산시청, 서산문화원, 문화재청, 충남대, 공주대, 한밭대, 한서대, 천주교 대전교구, 불교문화재연구소, 서산향토연구회 소속 역사학자와 관계관 등)과 함께 서산의 시대별 지리, 역사, 인물, 유적 등의 자료를 종합적으로 연구하여 데이터베이스를 구축하고 서비스를 제공 중

ⓒ 충남 청양군 충혼탑 건립 시 사례 참고 : 서산시 관할 읍면동(邑面洞) 단위로 역사에 조예가 깊고 덕망 있는 인사를 2명씩 선임, 추진위원으로 편성하여 한국향토문화전자대전 자료와 필요하면 관

련 사료(동헌비고, 환여승람 등)를 토대로 5천 년 조국 수호 유공자 검증과 2개의 탑(5천 년 조국 수호 무명용사탑과 충혼탑) 구축에 필요한 시민 성금 모금, 시 및 도 예산 확보 노력

　　ⓒ 충남 청양군 충혼탑 건립 시 사례 : 면(面)별로 2명씩 충혼탑 건립추진위원으로 편성, 조선 시대 순국선열 명단 파악, 후손들의 증언과 족보 확인 후 명단 확정, 건립기금 확보 노력 등

맺음말

우리는 과거 반만년 역사와 무한한 미래를 연결하는 오늘의 주역으로 살고 있다. 우리는 우리가 살아있는 동안은 물론이고 우리가 죽은 후에도 우리 후손들이 부국강병의 주역을 넘어, 통일 한국의 주역, 나아가 세계사의 주역이 되기를 염원하고 있다. 이런 관점에서 저자를 포함하여 독자들은 오늘의 주역으로서 우리 민족의 염원을 달성하는 데 다소나마 이바지하기 위해 무엇을 할 것인가를 두고 늘 고민하였을 것이다.

저자의 경우는 1978년에 육군사관학교를 졸업하고, 전·후방 각지와 미국에서 근무하며, 한국의 문화유산 중에서 해미읍성과 해미순교성지는 물론 미국을 포함한 외국의 군사 유적지를 방문하면서, 조국의 부국강병과 민족문화의 정통성 수호를 위해 무엇을 할 것인가 고민을 하였다. 저자가 고민 끝에 내린 결론은 이와 관련된 저서를 발간하는 것이었으나, 게으르고 추진력이 부족한 탓도 있었지만 바쁜 공직생활로 인해 틈틈이 자료만 일부 수집하였고, 본격적인 집필은 공직생활을 마치고 은퇴를 하면서 착수하였다.

평생 군생활과 공직생활 경험을 토대로 약 2년의 노력 끝에 저서 발간을 앞두고 내린 결론은 한마디로 "부족한 것이 너무 많았다" 또한 "산 넘어 산"이라는 말처럼 계속적으로 연구할 분야가 너무 많이 있었다. 그럼에도 저자가 본 책자를 발간하기로 결심한 이유는 다음과 같다.

첫째, 지금까지 살펴본 바와 같이, 조선 시대 영웅호걸의 부국강병 노력은 시대를 초월하여 현재와 미래에도 계승 발전시킬 분야가 많이 있다. 먼저 군 통수권자인 대통령과 국가안보실, 그리고 국가안전보장회의 관련 부서의 장은 본 책자에서 제시한 태종과 세종, 그리고 효종의 국가안보와 부국강병 노력을 교훈 삼아 시대에 맞는 정책을 수립하고 솔선수범해야 한다.

특히 태종과 세종은 정부 관료들과 함께 먼저 백성들의 민생과 부국에 노력을 집중했다. 그리고 상비군과 예비군은 물론, 민방위(잡색군)를 포함한 총력전 수행태세(동원, 편성, 훈련)를 강무와 대열을 통해 직접 점검했다. 그리고 전투에 필요한 교범을 직접 감수하고 적보다 우위의 무기체계 개발을 위해 정성과 혼을 투자했다. 그 결과 이런 일련의 노력으로 대마도와 4군 6진을 개척했다. 우리는 이런 훌륭한 업적을 계승해야 한다. 그리고 순국한 호국영령들에 대해서는 구호로 그치지 말고 시대를 초월하여 추모해야 한다.

우리 군(軍)은 이순신 장군과 황진 장군처럼 항상 적의 위협에 대비한 지형정찰, 교범 탐구, 전술토의, 작전계획 수립, 교육훈련과 사격에 역량을 집중해야 한다. 이를 위해서는 부대 관리는 미군처럼 주임원사에게 책임과 권한을 부여하는 것이 필요하다. 저자는 연대장 시절에 연대장 운영비의 1/2을 주임원사에게 주면서 부대 관리를 맡겼는데 아주 바람직한 성과가 있었다. 끝으로 국민은 총력전 수행에 필요한 3위 일체(군 통수권자 - 군(軍) - 국민)의 한 축이다. 정부의 전시 연습과 민방위 훈련에 적극 참여해야 한다.

둘째, 흔히 역사는 '과거와 현재의 대화'라고 한다. 저자가 시도한 영웅호걸과 대화 방식은 역사의 대중화에 다소나마 이바지할 것으로 생각한다. 정부 관련 기관에서는 역사 대중화를 위해 다양한 노력을 하고 있다. 그러나 한자(漢字) 교육을 받지 않은 세대와 역사에 관심이 적은 세대들, 특히 현재 해미읍성을 포함한 지방 군사 유적지를 방문하는 관광객들에게 제공하고 있는 것은 건물 겉모습(하드웨어)이 대부분이다.

그런데 군사 유적지의 소프트웨어에 해당하는, 당시 수많은 영웅호걸과 군사들의 숨결, 즉 우리 조상들의 조국 수호 활동과 생활상에 대한 스토리텔링 부족으로 이를 통한 교훈을 찾기 힘들다. 대표적으로 해미읍성의 경우, 이와 관련된 연구 논문과 자료들은 단편적으로 많이 있지만, 이를 종합하여 독자들의 눈높이에 맞추어 쉽게 풀어쓴 책자는 단 한 권도 없는 실정이다.

이에 저자는 시범적으로 해미읍성 관련 인물들과 대화 내용을 제시하였다. 이를 통해 독자들이 해미읍성의 겉모습과 함께, 6백 년 역사의 숨결(소프트웨어)을 느낄 수 있는 데 조금이나마 도움이 될 것으로 생각한다. 특히 저자의 이런 스토리텔링 노력은 조선 시대 지방 성의 복원(하드웨어)의 촉진제가 될 것으로 생각한다.

셋째, 반만년 역사와 무한한 미래를 연결하기 위한 노력은 오늘의 주역인 저자와 우리 모두의 시대적 사명이다.

우리는 흔히 반만년 역사를 가진 민족이라고 자랑은 많이 한다. 그러나 우리 생활 주변, 특히 지자체별 현충 시설이나 해미읍성을 포함한 전국의 군사 유적지에 이를 증명하는 반만년 역사의 주인공, 즉 호국영령들에 대한 업적 소개는 거의 없는 실정이다.

따라서 저자는 본 책자를 통하여 우선 해미읍성에 조선 시대 호국영령의 업적을 기리고 선양하기 위해 하드웨어 측면에서 무명용사비, 충혼탑, 박물관 건립, 그리고 여장과 총안의 복원 등을 제시하였고, 소프트웨어 측면에서 역사와 흥미를 결합한 축제형 콘텐츠 구축방안을 제시하였다. 그리고 이를 전국에 확산하여 전국의 주요 군사 유적지와 지자체 현충 시설에 5천 년 조국 수호 무명용사비(또는 탑)와 충혼탑(또는 비) 건립방안을 제시하였다.

또한, 전국의 호국영령 위패를 모신 사당은 기독교인과 후손들도 부담 없이 호국영령을 추모할 수 있도록 조상 신(神)을 모신 곳이 아닌, 호국영령인 조상님들을 추모하는 곳으로 분위기를 쇄신할 필요가 있다. 이에 서산시와 진주 창열사를 모델로 하여 개선방안을 제시하였으니, 전국 지자체에서는 이를 참고 바란다.

넷째, 본 책자는 해미읍성의 미래 모습을 구현하고, 나아가 전국 지자체 현충 시설을 보완하는 데 필요한 예산 확보에 이바지할 것으로 생각한다. 해미읍성 축성 600주년을 기념하여 저자는 관광객들에게 흥미 있고 교육적인 콘텐츠를 제공하여 해미읍성과 천주교 해미 국제성지가 세계적 관광명소로 탈바꿈하는 데 기여하고, 해당 지자체에서 지역 발전과 문화유산 복원에 다소 참고가 되었으면 하는 바람에서 정책 대안을 제시하였다.

주지하는 바와 같이, 역사를 연구하는 목적은 교훈을 얻기 위함이고, 교훈을 통해 더 나은 미래 모습을 설계하고 실천하는 것이다. 저자는 이런 관점에서 해미읍성과 전국 지자체 현충 시설의 미래 모습을 제시하였다. 그러나 해미읍성을 포함한 군사 유적지에 무명용사비, 충혼탑, 그리고 박물관과 같은 하드웨어와 역사와 흥미를 결합한 축제형 콘텐츠와 같은 소프트웨어를 구축하기 위해서는 예산 확보가 필요하다.

그리고 인터뷰 후속 조치로 제시한 전국 지자체 현충 시설을 보완하기 위해서는 관련 법령 검토와 예산 획득 노력이 필수적이다. 이를 위해서는 국민과 관계 기관의 공감대 형성이 선행되어야 하는데, 본 책자는 나름대로 이에 이바지할 것으로 생각된다. 저자의 공직 경험에 의하면 어떠한 사업도 공감대가 확실하게 형성되면 예산 획득은 어렵지 않다.

담당 지자체와 관련 부처에서는 본 책자를 토대로 예산 관련 부서 담당 요원과 지역 주민들에게 공감대를 형성하고, 다음에는 아래의 관련 법령*을 검토하여 예산 획득에 활용하기를 바란다.

참고로 문화재청은 '문화재보호법'과 '문화재보호기금법'에 근거하여 관련 예산을 획득하기 위해 노력을 많이 하고 있으나, 소요보다 정부의 지원 예산은 부족한 편이다. 따라서 담당 지자체에서는 문화재청 예산에 추가하여, 아래의 법령을 근거로 국토교통부와 보훈처의 관련 예산을 획득하고, 또한 민간업체의 투자와 지역 주민 성금 등으로 소요 예산을 획득하는 데 참고 바란다.

※ 관련 법령

① 동·서·남해안 및 내륙권 발전 특별법 : 전주시와 전라북도는 조선 시대 전주 부윤이 근무했던 전주 부성을 복원하고 문화공원을 조성하는 데 필요한 예산을 국토부로부터 획득하기 위해, 관련 법을 활용하고 있음

② 사회기반시설에 대한 민간투자법 : 저자가 법령 검토를 통해 광케이블을 사회기반 시설로 인정받아 전군에 신속하게 광케이블을 구축하여 사이버지식정보방을 구축했듯이, 관련 지자체에서도 법령 검토를 통해 사업추진이 필요함. 참고로 '복합문화시설'은 사회기반시설에 해당하여 민간투자가 가능

③ 국가보훈 기본법 : 국가와 지방자치단체는 나라 사랑 정신을 선양하기 위하여 희생·공헌자를 발굴하고 공훈 선양 시설을 설치·관리하며, 모든 국민은 희생·공헌자의 공훈과 나라 사랑 정신을 존중하고 선양하기 위한 국가와 지방자치단체의 시책에 적극 협력해야 함

이 책은
조선 시대의 호국영령을 포함하여
반만년 동안 조국을 지키다 순국한
모든 호국영령에게 바친다

참고문헌

인터뷰에 필요한 전문정보를 수집하도록 구체적으로 제시

1. 웹사이트

(1) 국회도서관(https://www.nanet.go.kr)

국회도서관은 장서 710만 여권을 소장하고 있으며, 또한 방대한 원문 자료와 함께 다양한 디지털 서비스를 제공하고 있다.

(2) 국립중앙도서관(https://www.nl.go.kr)

장서 약 1,300만 점과 함께 1억 1,600만 건의 디지털 콘텐츠, 그리고 25만 건의 동영상 자료를 보유하고 있다.

(3) 국사편찬위원회(http://www.history.go.kr)

한국의 역사자료를 체계적이고 종합적으로 전산화하여 사용자들에게 제공하고 있다. 주요 콘텐츠로는 한국사데이터베이스, 한국역사통합정보시스템, 조선왕조실록, 승정원일기, 우리역사넷, 전자사료관, 전자도서관이 있다.

(4) 한국고전번역원 : 한국고전종합DB(https://db.itkc.or.kr)

조선왕조실록을 완역한 곳으로 유명하며, 최근에는 인공지능을 이용한 승정원일기의 번역을 추진하고 있다.

(5) 문화재청 : 국가문화유산포털시스템(http://www.heritage.go.kr)

국보·보물 등 지정문화재 등 범국가적인 문화유산 정보를 서비스한다.

① 서울대학교 규장각 박물관(http://e-kyujanggak.snu.ac.kr)
② 디지털 장서각(http://jsg.aks.ac.kr)
③ 국립중앙박물관(https://www.museum.go.kr)
④ 국립고궁박물관(https://www.gogung.go.kr)

(6) 국방부 군사편찬연구소(https://www.imhc.mil.kr)

개인이나 단체가 필요로 하는 군사사(軍事史) 관련의 각종 자료를 신속하고 효율적으로 지원하는 양질의 정보 지원 체계를 갖추고 서비스를 한다. 군사 관련 소장품(무기체계, 병서 등) 관련 서비스 활용이 가능하다.

① 전쟁기념관(https://www.warmemo.or.kr)
② 육군박물관(https://museum.kma.ac.kr)

(7) 국가보훈처, '현충 시설 정보 서비스'(http://mfis.mpva.go.kr)

일제강점기로부터 현재까지 국내·외 현충 시설(탑, 비석, 조형물, 기념관 등) 정보가 수록되어 있으며, 크게 독립운동 시설과 국가수호 시설로 구분된다.

① 독립운동 시설 : 조국의 자주독립을 위해 희생하거나 공헌한 사람들을 기리기 위한 시설(981건, 2022년 기준)
② 국가수호 시설 : 한국전과 베트남전 등 국가의 수호 또는 국민의 생명 등을 위해 희생하거나 공헌한 사람들을 기리기 위한 시설

(1,288건, 2022년 기준)

(8) 국방일보(https://kookbang.dema.mil.kr)

　과거의 전우신문과는 다르게, 다양한 분야의 국방 관련 자료들이 방대하게 축적되어 있다. 역사 관련 자료는 기획 기사와 라이브러리에 많이 있다.

(9) 한국학중앙연구원(https://www.aks.ac.kr)

　① 한국민족문화대백과사전(http://encykorea.aks.ac.kr)
　② 위키실록사전(http://dh.aks.ac.kr/sillokwiki) : 조선왕조실록 전문사전 위키
　③ 한국향토문화전자대전(http://www.grandculture.net) → '충남' → '서산시'

　서산시청, 서산문화원, 문화재청, 한국학중앙연구원, 충남대, 공주대, 한밭대, 한서대, 천주교 대전교구, 불교문화재연구소, 서산향토연구회 소속 역사학자와 관계관들(49명)이 서산의 시대별 지리, 역사, 인물, 유적 등의 자료를 종합적으로 연구하여 데이터베이스를 구축하고 서비스를 제공한다.[128]

128　다음 쪽의 그림을 보면, 2022년 5월 31일 현재, 충남의 15개 시·군 중에서 서산시를 포함하여 검은색으로 표시된 7개 지자체가 DB구축 후 서비스를 제공하고 있다.

(10) 법제처 : 국가법령정보집(https://www.law.go.kr)

　조선 시대 관련 법과 현재의 법 내용을 비교하고, 나아가 교훈 도출을 통한 발전 방향 제시와 해미읍성의 미래 모습을 제시하기 위해서는 관련 법령에 부합되어야 가능하다.

(11) 충청남도역사문화연구원(https://www.cihc.or.kr)

　충남의 역사와 문화를 종합적·체계적으로 수집·조사·발굴·연구하여 이를 현대에 재조명하고, 전시·보존·홍보를 하고 있다.

(12) 유용원의 군사세계 (http://bemil.chosun.com)

　조선 시대와 현대 무기체계 사진 및 동영상, 전쟁사 등 자료를 제공한다.

2. 전문 서적 및 연구 논문

(1) 전문 서적

① 국방부 군사편찬연구소 홈페이지에서 PDF 파일 무료 제공

㉠ 군사문헌집 : 조선 시대 기본법전인 '경국대전'과 군 형법에 해당하는 '대명률' 중에서 군사 관련 분야를 발췌한 '조선 시대 군사 관계법'을 비롯하여, '국토정토록', '동국병감', '동국 전란사', '무신수지', '민모의 민보집설', '백전기법', '병장설 진법', '병학지남의 3권', '서정록', '해동명장전', '풍천유향', 무기체계 관련 '신기비결', 병법 관련 '역대병요 5권'과 '연기신편'

㉡ 전쟁사 분야 : '한국 군사 역사의 재발견', '임진기록' 등

㉢ 외교 분야 : '조선 초기 한중군사 관계사'(김경록 저) 등

㉣ 인물 분야 : '한국 군사 인물 연구(조선편)'(전호수 저) 등

㉤ 군사사상 및 전략 분야 : 한국 군사사상 및 조선 시대 군사전략 등

㉥ 성곽 분야 : '한국의 성곽 공방전 연구'(백기인 저) 등

㉦ 군사제도 분야 : '한국 군사사 연구'(여호규 저) 등

㉧ 병법 및 교리 분야 : '기효신서', '한국 전통 병서의 이해' 등

㉨ 무기체계 분야 : '한국의 무기 발달사', '한국 군사 유물집' 등

② 유료 서적[129]

　㉠ 역사 : 한국사, 세계사 등

　㉡ 전쟁사 : 한국전쟁사, 세계전쟁사, 중동전쟁사, 임진왜란사 등

　㉢ 기타

- 김동진, 『임진무쌍 황진』(교유서가, 2021)
- 박계호, 『총력전의 이론과 실제』(북코리아, 2012)
- 박석무, 『목민심서』(현암사, 2021)
- 신종태, 『세계의 전쟁 유적지를 찾아서』(청미디어, 2020)
- 유홍준, 『나의 문화유산답사기』(창작과 비평사, 1993)
- 윤국일 역, 『新編 經國大典』(신서원, 2005)
- 이종학·길병옥, 『군사학개론』(충남대학교출판부, 2009)
- 조선일보 신문은 선생님 팀, 『뉴스 속의 한국사』(파랑새, 2017)
- 최형국, 『陣法, 조선군 진법 속 무예와 전술신호』(민속원, 2021)
- 한국천주교주교회의, 『한국 천주교회 총람(2013~2017년)』
- 엘빈토플러 著, 이계행 譯, 『전쟁과 반전쟁』(한국경제신문사, 1994)
- 헨드릭 하멜 著, 신동운 譯, 『하멜표류기』(스타북스, 2020) 등

(2) 연구논문

　① 김진우, '문헌을 통한 해미읍성(海美邑城) 고찰'(2011)

　② 나태종, '의병장 조헌과 금산성 전투의 재조명'(2012)

　③ 서태원, '朝鮮後期 海美鎭營研究'(2004)

　④ 임선빈, '조선 시대 해미읍성의 축성과 기능변천'(2011)

　⑤ 서산문화원, '서산 해미읍성 역사체험 축제 개발계획에 관한 연구'(1999) 등

129　동일한 책의 이름에 저자가 많이 있는 경우는 독자의 수준에 맞게 선택할 수 있도록 저자와 출판사를 제시하지 않았다.

(3) 언론 보도 및 동영상 자료[130]

① KBS(https://www.kbs.co.kr), '영상 한국사' & '역사 스페셜'

② 국방TV, 임용환 & 이세환 외 2인, '토크멘터리 전쟁사'(2016-2020)

③ 국방TV, 유용원 & 원종우 외 2인. '본게임'(2017-2020)

④ EBS 다큐, '한국기행, 유네스코 세계유산 등재 성곽기행'(2014)

⑤ 국립고궁박물관, '군사의례 특별전 관련 영상'(2021)

⑥ 유튜브, 역사공부, '한국의 역사와 문화 13, 성곽이야기'(2017) 등

(4) 관련 현장 답사와 전문가 증언 청취

1) 관련 현장 답사

① 성곽

해미읍성, 청주읍성, 청주 상당산성, 공주 공산성, 홍주성, 충주성, 보령 수영성, 태안 안흥성, 강진 전라병영성, 고창읍성, 순천 낙안읍성, 진주성, 강화성, 수원화성, 남한산성, 북한산성, 서울산성 등(외국 : 미국 포트몬로성, 독일 하이델베르그성 등)

② 박물관, 도서관 및 기념관

국립중앙박물관, 국립고궁박물관, 국립민속박물관, 국립공주박물관, 국립진주박물관, 국회도서관, 국립중앙도서관, 충남대학교 도서관, 용산 전쟁기념관, 육군박물관, 태안해양유물전시관, 금산

---

130 언론 보도자료는 독자들이 유튜브를 통해 쉽게 정보를 획득할 수 있는 자료들을 중심으로 제시하였다.

칠백의총 기념관, 홍주성 역사관, 금산군 진산역사문화관 등[외국 : 미국(소미스 소니언 박물관, 포트 먼로성 박물관, 포트 베닝 박물관, 포트 리 박물관), 영국 박물관, 독일 하이델베르크성 약제 박물관, 프랑스 루브르 박물관, 로마 바티칸 박물관 등]

③ 무명용사비

경주 통일전 '삼국통일 순국 무명용사비', 강화도 '신미양요 순국 무명용사비', 서울 현충원 '대한독립군 무명용사 위령탑' 및 '학도의용군 무명용사탑', 서울대학병원 '이름 모를 자유 전사의 비', 충남 논산시 '무명용사 기념상', 강원도 속초 '이름 모를 자유 용사의 비'(미국 알링턴 국립묘지 무명용사비, 영국 웨스트민스트 사원 무명용사비, 프랑스 개선문 무명용사비 등)

④ 충혼탑 및 현충시설

강화도 광성보 '쌍충비각', 진주성 '창렬사', 충남 청양군 충혼탑, 충남 예산군 충혼탑, 충남 서산시 나라사랑공원, 충북 옥천 가산사 '2천 4백 순국 충혼 위령탑', 서울 현충원, 대전현충원 등(미국 : 알링턴 국립묘지, 워싱턴 기념탑, 워싱턴 한국전 참전용사 기념비, 포트베닝 보병박물관 한국전 전시관, 하버드 대학교 및 MIT 현충 시설 등)

2) 관련 전문가 증언 청취
  ① 해미읍성 역사보존회장(現 윤명병, 前 김종완)
  ② 복진서 충남 청양문화원 향토사연구회 부회장
  ③ 안선영 충남 청양군 충혼탑추진위원회 위원장

④ 이수열 육군 중령(이순신 장군 후손)
　　⑤ 정동호 전 서산시 문화시설사업소 소장
　　⑥ 조규태 경상대 교수(충청 병사 조숙기 후손)
　　⑦ 조성훈 전 국방부 군사편찬연구소 소장
　　⑧ 편세환 서산문화원 원장
　　⑨ 황의옥 장수황씨 무민공파 중종 회장(충청 병사 황진 후손)
　　⑩ 충북 옥천 가산사 지원 주지 스님
　　⑪ 학예연구사 : 김현주·박영섭(서산시), 이강렬(예산군) 등

(5) 관련 기관에 정보공개청구(질문) : https://www.open.go.kr

　정보공개제도는 국가기관·지방자치단체 등 공공기관이 업무 수행 중 생산·접수하여 보유·관리하는 정보를 국민에게 공개함으로써, 국민의 알 권리를 보장하고, 더 많은 정보를 바탕으로 국정운영에 대한 참여를 유도하기 위한 제도로, 1996년 '공공기관의 정보공개에 관한 법률'을 제정·공포하고, 1998년 1월 1일부터 시행하고 있다. 관련 기관에 질문과 자료 요청을 하고 싶다면, 위 포털에 접속한 후, '청구/소통' → '청구신청'을 클릭하고, 청구정보 내용을 2,000자 이내로 작성하면 된다.

　저자는 본 저서를 집필하면서 2021년 4월~2022년 6월까지 여러 관련 기관(문화재청, 한국학중앙연구원, 재단법인 충청남도 역사문화연구원, 충남 서산시청, 충남 청양군청 등)에 정보 청구를 하여, 관련 기관으로부터 질문에 대한 답변과 함께 요청한 자료를 이메일로 제공받았으며, 이중 대표적인 사례를 제시하면 다음과 같다.

1) 사례 #1 : 한국학중앙연구원 정보 청구

저자는 조선 시대 무관 중 '군관'의 품계와 이충무공의 초급 간부 시절 세부 직책 등에 대해 한국학중앙연구원에 정보 청구를 한 바 있는데, 신속 정확하게 전문성 있는 답변 자료를 저자에게 이메일로 발송해주었다. 그리고, 이메일 내용 중 이해가 안 되는 부분에 대해서는 담당자에게 전화로 질문하였을 때 친절하게 응답해주었다.[131]

2) 사례 #2 : 충남 청양군청 정보 청구

저자는 '콩밭 매는 아낙네~'로 유명한 충남 청양군 칠갑산을 2003년에 등산한 적이 있다. 이곳에서 청양 출신으로 임진왜란에 참전하여 전사한 순국선열들의 명단이 새겨진 충혼탑을 보고 깊은 감동을 받은 적이 있다. 저자는 해미읍성과 전국 지자체에서도 임진왜란과 정유재란 시 장렬히 전사한 선배 군인들의 명단을 찾아 충혼탑을 세우는 것이 바람직하다는 생각으로, 청양군청에 아래와 같은 내용의 정보를 청구한 바 있다.

❶ 청양 출신으로 임진왜란에 참전하여 전사한 순국선열들의 명단이 새겨진 충혼탑 건립에 가장 공헌한 군수 이름, 그리고 생존하고 있다면 찾아뵙고 감사와 함께 여러 증언을 듣고자 하니, 이분의 주소와 전화번호

---

131 저자의 정보 청구에 대해 신속 정확하게, 그리고 친절하고 자상하게 답변을 해주신 한국학중앙연구원 김현 선생, 오평균 선생, 그리고 정행은 선생께 감사드리며, 한국학중앙연구원의 무궁한 발전을 기원한다.

❷ 당시 충혼탑 건립을 주관한 부서와 주무관의 주소와 전화번호
❸ 당시 충혼탑 건립 총예산과 이중 청양 출신으로 임진왜란에 참전하여 전사한 순국선열들의 명단을 수집하는 데 소요된 예산. 또한, 총예산 중 군청예산과 도비와 국비
❹ 청양 출신으로 임진왜란에 참전하여 전사한 순국선열들의 명단 수집 방법

이에 대한 청양군청 담당 요원의 답변은 아래와 같았다.

❶ 충혼탑 설립하자고 제안하고, 계획을 수립하여 설립에 기여한 군수
   ⇨ 청양군수 이병준
❷ 당시 충혼탑 건립을 주관한 부서와 주무관의 주소 전화번호
   ⇨ 정보부존재 / 민간단체 충혼탑추진위원회에서 주관
❸ 충혼탑 건립 재원별 총예산 : 133,000천원
   ⇨ 도비 3,000천 / 군비 50,000천 / 성금 및 이자 80,000천
❹ 청양출신으로 임진왜란에 참전하여 전사한 순국선열들의 명단 수집방법
   ㉮ ~ ㉱ : 충혼탑건립추진위원회에서 민간이 중심이 되어 건립되어 우리기관은 이 정보는 부존재임.
   ㉲ 충혼탑에 새겨진 시대별 순국선열 명단(임진왜란……) : 부록 참조

관계 기관에 정보공개 청구를 하였지만, 추가로 필요한 자료를 수집해야 할 경우가 있다. 충남 청양군 칠갑산 충혼탑과 관련하여 청양군청에 정보공개 청구를 하여 유익한 정보를 많이 받았지만, 청양 출신으로 임진왜란에 참전하여 전사한 순국선열들의 명단 수집 방법에 대해서는 정보를 얻지 못했다. 그러나 답변서 내용에는 '민간단체 충혼탑추진위원회'에서 주관했다는 내용이 있기에, 청양군청 담당 요원에게 전화로 '과거 청양군 충혼탑추진위원회에서 활동하신 분이 있으면 인적사항을 알려달라'고 부탁하였다. 결국 이분

들을 찾아뵙고서야, 임진왜란에 참전하여 전사한 순국선열들의 명단을 수집하고 검증했던 방법을 파악할 수가 있었다.

> **TIP**
>
> 저자는 2021년 5월 7일, 청양군청을 방문하여 칠갑산 충혼탑과 관련된 좋은 정보를 보내준 청양군청 이윤영 담당관에게 감사를 드리고, 이어서 이윤영 담당관의 소개로 두 분의 전문가와 면담하였다.
>
> 1993년 충혼탑 건립 시 충혼탑추진위원회 위원장을 역임하신 안선영 선생님(105세)과 충혼탑 건립 당시 청양군청 사회계장을 역임한 바 있는 복진서 선생님에게, 청양 출신으로 임진왜란에 참전하여 전사한 순국선열들의 명단 수집 방법에 대해 질문을 드렸다.
>
>
>
> 〈안선영 선생님(우)과 저자〉   〈복진서 선생님(좌)과 저자〉
>
> 이에 대한 두 분의 답변을 종합하면, 청양 출신으로 임진왜란에 참전하여 전사한 순국선열들의 명단은 '동헌비고'와 '조선환여승람' 등에 수록된 애국지사들의 명단을 토대로, 면(面)별로 2명씩 선정된 추진위원들이,

이분 후손들의 증언과 족보 등을 확인하고, 위 사료(史料)들과 대조 후, 명단을 확정하였다. 참고로 고령의 전문가는 청력이 다소 떨어질 수 있어, 노트를 준비하여 필담을 나누고, 대화 내용의 녹음이 필요하다. 그리고 이분들에게 식사 접대 시에는 치아 상태를 고려하여 메뉴를 선정하는 것이 좋다.

다음은 **저자가 파악한 105세 안선영 선생님의 건강 비결**이다.

첫째는, 육체적 운동이다. 선생님은 90대까지 자전거를 타고 테니스를 즐겼으며, 2022년 현재, 지팡이를 짚고 매일 동네를 산책하고 있다.

둘째는, 정신적 운동이다. 선생님은 지금도 생활비를 노트에 일일이 기록하고 있고, 순국선열들과 그 후손들을 위해 재능기부를 많이 하고 있다. 선생님은 일제강점기 홍주 의병을 주도했던 독립유공자 안병찬(건국훈장 애국장) 지사의 증손이다. 홍주(홍성) 의병은 민비 시해 사건이 일어난 1985년 을미의병과 을사늑약이 체결된 1906년 병오의병 등 두 차례에 걸쳐 홍성군을 비롯한 충남 서부지역에서 일어난 대규모 의병이다.

안선영 선생은, 칠갑산 충혼탑을 포함하여, 지역 독립유공자를 발굴하고, 3·1만세 기념비, 홍주의병 출진 기념비, 병오의병 전적비, 애국지사 사당(청대사) 건립과 함께, 지역 의병 운동사를 발간하였으며, 지금도 이와 관련된 행사에 꼭 참여하여 순국선열과 호국영령의 선양과 추모에 앞장서고 있다.